读懂游戏系列丛书

幼儿园教师的游戏观察

搭建理论与实践之间的桥梁

鄢超云　魏　婷　李园园　著

教育科学出版社
·北 京·

出 版 人　郑豪杰
责任编辑　徐　杰
版式设计　梧桐影　吕　娟
责任校对　贾静芳
责任印制　李孟晓

图书在版编目（CIP）数据

幼儿园教师的游戏观察：搭建理论与实践之间的桥梁 / 鄢超云，魏婷，李园园著. -- 北京：教育科学出版社，2025. 6（2025.10重印）. -- (读懂游戏系列丛书).

ISBN 978-7-5191-4459-3

Ⅰ. G613. 7

中国国家版本馆 CIP 数据核字第 2025V28N06 号

幼儿园教师的游戏观察——搭建理论与实践之间的桥梁
YOU'ER YUAN JIAOSHI DE YOUXI GUANCHA —— DAJIAN LILUN YU SHIJIAN ZHIJIAN DE QIAOLIANG

出版发行	教育科学出版社		
社　　址	北京·朝阳区安慧北里安园甲9号	邮　　编	100101
总编室电话	010-64981290	编辑部电话	010-64989592
出版部电话	010-64989487	市场部电话	010-64989009
传　　真	010-64891796	网　　址	http://www.esph.com.cn
经　　销	各地新华书店		
制　　作	北京梧桐影电脑科技有限公司		
印　　刷	保定市中画美凯印刷有限公司		
开　　本	720毫米×1020毫米　1/16	版　　次	2025年6月第1版
印　　张	21	印　　次	2025年10月第3次印刷
字　　数	261千	定　　价	85.00元（含视频）

丛书序

读 懂 游 戏

对幼儿园教师来说，读懂游戏太重要了，无论怎么强调都不为过。

读懂游戏，支持游戏，提升游戏质量。幼儿园以游戏为基本活动，这是幼儿园教育的基本命题。只有读懂了游戏、读懂了儿童的游戏、读懂了每一名儿童的游戏，教师对游戏的支持才是有针对性的、才是适宜的、才会是有效的，这样的游戏质量也才会是高的。不可否认，幼儿园与幼儿园之间、同一幼儿园不同班级之间、同一班级不同教师之间，其游戏活动的质量是有差异的。游戏质量提升需要教师的支持，而教师支持的前提是读懂。

读懂游戏，理解儿童，形成科学观念。游戏是儿童的生活，是其存在方式，儿童的其他活动，常常以游戏的方式呈现出来。因此，读懂游戏也就意味着读懂儿童。在读懂儿童的基础上，形成科学的儿童观、教育观、课程观、质量观。不可否认，园长之间、教师之间、领导之间、家长之间，其与幼儿园教育有关的各种观念是有很大差异的。实践混乱的背后，常常是观念的混乱。科学观念的形成，需要理解儿童的规律和特点，需要读懂儿童。

读懂游戏，成就教师，铸造强教之师。教师读懂游戏、支持儿童的同时，也是在成就自己的专业成长。游戏活动中，总是充斥着不确定性。凡是能够把幼儿园游戏开展得很好的教师，其环境创设与利用、一日生活的组织与保育、教育活动的计划与实施等各方面的专业能力也很优秀。不可否认，幼儿园教师的水平差异客观存在，甚至非常巨大。强国必先强教，强教必先强师。优秀的幼儿园教师，需要外部培养，也需要自我成就，需要在观察儿童、读懂游戏中自我成就。

读懂游戏，转变家长，造就教育同盟。对大多数家长来说，他们不太能理解游戏的重要性，甚至会觉得游戏浪费了时间。家长的不正确观念给幼儿园园长、教师带来不小的压力。读懂游戏，才能帮助家长看懂游戏，看到孩子在游戏中的学习与成长，感悟到游戏的力量。家长是幼儿园教育的“盟军”，而非“敌军”。不可否认，很多家长对幼儿园强调生活、游戏，是不怎么理解的。要真正造就家园社协同育人良好氛围，需要转变家长的观念，需要读懂儿童、读懂游戏。

这一套丛书，是我和我的学生、同事、广大幼教同行们多年探索的结果，是集体智慧的结晶。2001年，我有幸接触儿童朴素理论这一领域，在经历了“儿童友好家园”“爱生幼儿园”等项目之后，更加关注儿童视角，倡导要做一名懂儿童的幼儿园教师。2006年，我有幸接触学习品质这一领域，并沉醉于游戏中儿童的学习品质表现、在游戏中培养儿童的学习品质等话题，在学习、感受、体验了“安吉游戏”之后，倡导幼儿园教师应该在游戏中发展儿童、成就自我。2018年，我有幸接触美国的“儿童观察与评价”这一课程，并将其进行了彻底的本土化改造，站在幼儿园教师和儿童的立场，倡导充分观察，观察每一名儿童、每一种游戏，以及持续不断地对游戏、儿童进行观察。2021年，我将这些探索连成线、织成网，以“充分观察·读懂儿童·有效支持”为题申报了四川省基础教育教学成果奖，获特等奖并被推荐参评国家级基础教育教学成果奖，获二等奖。

我和团队成员一起，再次梳理这些理论和实践探索，突出工作逻辑、实践逻辑，淡化（实际上是隐藏）学术逻辑、学科逻辑，努力深度地以更加“幼儿园教师友好”的形式将这些成果呈现在您的眼前。

四川师范大学　鄢超云

本书序

幼儿园教师的游戏观察：搭建理论与实践之间的桥梁

读懂游戏，才能支持游戏。而读懂儿童的游戏，就需要幼儿园教师的游戏观察。关于幼儿园教师游戏观察的书、文章、讲座、培训，已有不少。但广大幼儿园教师、园长还是将观察，特别是游戏观察，列为最急需培训、学习的内容之一。

幼儿园教师的游戏观察，不同于专职研究者的游戏观察。类似研究生这样的专职研究者，对游戏观察的目的，常常是为了验证自己的假设，或是提炼出一些原则、理论，而幼儿园教师的游戏观察，其最主要的目的不是创造出某一个游戏理论、写一篇文章，而是理解儿童、读懂游戏，以便支持儿童的游戏，让儿童获得更好的学习与发展。专职研究者们关心的是数据的客观、关心的是工具的信效度，而幼儿园教师更关心儿童在玩什么、是怎么玩的，他们遇到了什么困难，是如何面对这些困难的，与昨天、前天相比有什么变化，以及作为幼儿园教师的自己，可以做点什么或是尽量不要做什么。

这在一定程度上可以解释，为什么我们关于游戏观察的书、文章、培训如此丰富，但园长和教师们又感觉非常急需。如果幼儿园教师游戏观察方面的书、文章、培训不能架起理论和实践之间的桥梁，如果只是简单地将研究方法中的观察法的知识、原则、方法直接搬到幼儿园教师的游戏观察之中，幼儿园教师会更加“急需”游戏观察的培训，甚至可能造成极大的干扰、混乱。

事实上，幼儿园教师的游戏观察，是整个幼儿园游戏开展、整个幼儿园教育活动开展中的一环，不应该孤立地理解、看待。

第一，游戏观察与游戏解读、游戏支持是相互联系在一起的，观察是为了解读（读懂），解读是为了支持，幼儿园教师的游戏观察肯定不是从零开始的观察，而是对前面解读、支持的观察。从这个意义上讲，过于强调幼儿园教师观察的客观性，是不切实际的。作为一种观察训练，当然应该强调客观性，但作为幼儿园教师工作组成部分的游戏观察，特别是有一定经验的幼儿园教师的游戏观察，是难以将观察、解读、支持彻底分开的。

第二，幼儿园教师的游戏观察，不只是某一位教师的工作任务，也不只是两位教师的事情，而是所有幼儿园教职员工的事情。在好多幼儿园，为了减轻压力，教师的游戏观察会有所分工，比如，两位老师一人看一半儿童。观察者应该成为一个整体，是一个团队，这样才能信息共享，才能更好地读懂儿童、支持儿童。

第三，幼儿园教师的游戏观察，还应尽最大可能卷入家长。一方面，教师所观察、解读、支持的内容，应向家长分享，让家长了解孩子在园的情况。另一方面，家长也是游戏观察的主体、信息的提供者。儿童在家、社区游戏和生活的情况，既可以帮助幼儿园教师理解儿童的游戏，也可以促进儿童游戏的生长。

幼儿园教师的游戏观察，是与幼儿园教师关于游戏、关于儿童的基本知识和素养密不可分的，不应将游戏观察简单理解为认真看、仔细听、客观记。幼儿园教师游戏素养的提升，是一个系统工程，不应想得太简单、过于绝对。总的来说，需要做好下面四点。

第一，需要做好游戏观察的计划与准备。这里所讲的计划与准备，并不是要强调只观察计划好的游戏，而是指为游戏观察这个活动，做好计划与准备。比如，观察哪些儿童、哪些游戏，在什么时间、什么地方观察，观察者之间如何配合，需要什么材料、如何进行记录等。做好计划与准备的目的，是增加观察的有效性、公平性。比如，如果不做好计划与准备，就可能出现有些儿童被观察得多、有些儿童被观察得少这样有失公平的可能。

第二，需要有儿童游戏的知识。要看懂儿童的游戏、支持儿童的游戏，观察者的头脑中需要有一定的儿童游戏的知识。观察者能看到什么，取决于观察者的头脑里有什么。如果对儿童游戏一无所知，那就会对游戏视而不见；如果对游戏充满“玩物丧志”之类的偏见，看到的就是儿童浪费时间、不学无术；如果没有角色游戏、表演游戏及其区别的知识，就会将一般的动作表现当作表演游戏。对幼儿园教师来说，真正提升自己游戏观察的重要途径之一，就是努力学习有关儿童游戏的知识。

第三，需要有儿童学习与发展的知识。要看懂儿童的游戏、支持儿童的游戏，观察者头脑中有关“儿童”的知识也非常重要。当我们说看懂儿童的游戏时，其实是在看游戏中的儿童。因此，观察者头脑中关于“儿童”的知识，决定着我们看到了什么、看懂了什么。如果我们头脑里有很多关于儿童学习品质的知识，我们就能够在游戏中看到儿童的好奇兴趣、积极主动、认真专注等；如果我们非常关注儿童的社会情感，就会更多关注儿童在游戏中是不是开心、快乐，而不一定是有没有学到数学、语言。对于幼儿园教师来说，提升自己有关“儿童”的知识的快速途径，就是不断努力学懂、弄通《3—6岁儿童学习与发展指南》的框架与内容。

第四，需要游戏观察的工具、量表。当然，游戏观察的工具、量表，可能会成为游戏观察的重要抓手、有效手段。在游戏观察的实践中，有些地方甚至有些过度依赖这些工具、量表。实际上，这些工具、量表是前面所述的各种游戏知识、儿童知识的具体化。因此，重要的是幼儿园教师应该用好这些工具、量表，而不是依赖它们、被它们控制。

游戏观察的目的是读懂游戏、支持儿童，而不是写出一篇游戏案例。但是，撰写游戏案例，能够帮助我们反思我们的观察、解读与支持。本书以幼儿园教师进行游戏观察实践为逻辑，期望能够搭建起广大幼儿园教师游戏观察的理论与实践之间的桥梁。我相信每一位读者，都能通过对本书的阅读和行动，读懂儿童、支持儿童、发展儿童，同时也在观察、解读、案例撰写中，发现自我、超越自我、成就自我。

四川师范大学　鄢超云

目录

中篇 | 游戏观察的计划与准备

下篇 | 游戏观察的实施

绪论

人们常说，理论联系实践（际）。以游戏、幼儿园游戏为例，理论工作者提出了非常丰富、多样甚至相互矛盾、冲突的理论，实践工作者也在努力实践、不断创新，但理论与实践究竟是否联系，又联系得如何呢?

观是看、听，察是思考，观察是一边看（听）一边思考（当然也可能是看之后思考，或看之前思考）。游戏观察正是游戏理论联系游戏实践的重要途径。更进一步说，游戏观察让我们能够在理论与实践之间搭建起一座桥梁，实现了理论与实践的联系、融通。

阅读与思考

搭建桥梁这一思想，来源于美国芝加哥埃里克森学院的G.D.麦克纳米和陈杰琦在2007年出版的《建桥：学前教育中为了教和学的评估》一书。在这一持续十多年的研究里，研究者设计了一系列真实、日常的活动，儿童在参与这些活动的同时，教师对儿童进行观察。在这一研究中，评估（assessment）与观察（observation）的含义比较接近。观察包括内容维度（类似五大领域）和过程维度（类似学习品质）。“建桥”项目强调在教学中观察，为教学而观察。通过教师的观察，可以搭建起评估与教学、学习过程和学习内容、已有水平和未来水平、一组活动与教师整体水平提高之间的桥梁。

2024年，这本书再版，书名为《倾听年幼儿童的学习：搭建评估与教学的桥梁》。

你对“搭建桥梁”项目，有何评论?

根据幼儿园落实“以游戏为基本活动”的实践与困惑，结合儿童游戏的相关研究，我们发现幼儿园教师的游戏观察有可能搭建起多座“桥梁”。

• **搭建游戏观察的理论与游戏观察的实践之间的桥梁。**游戏有很多理论，观察也有很多理论，这些理论在实践中如何运用却未必清晰。比如，游戏理论里有比较明确的游戏的定义和特点，但在具体观察中，究竟如何判断一个活动是游戏，还是不是游戏。一名儿童在沙池里挖了一个很深的洞，这个活动就一定是游戏吗？有没有可能不是游戏？再比如，在一些书籍和讲座中，常常会提到时间取样观察、事件取样观察、定点观察、定人观察等方法，但对幼儿园教师来说，这些方法该如何使用？对正在当班的教师和非当班的教师来说，又分别该如何使用？

• **搭建观察、记录、解读、支持之间的桥梁。**幼儿园教师对游戏进行观察，常常需要记录，并在观察、记录的基础上解读儿童，在读懂儿童的基础上支持儿童，并通过进一步的观察、记录、解读来判断支持的适宜性和有效性，由此形成一个持续性的循环。观察、记录、解读、支持四个环节并非孤立存在，而是紧密联系在一起的。

• **搭建起儿童现有游戏水平和未来游戏水平之间的桥梁。**不可否认，儿童的游戏水平是有高低之分的。作为教育工作者，我们总是期望儿童的游戏水平能够提高，总是期望儿童在游戏中有更多方面的发展，有更有深度的学习。教师通过游戏观察，能够了解儿童现有的游戏水平，能够发现儿童的可能发展水平（最近发展区），能够获得支持儿童游戏的有效方法。

• **搭建起儿童的游戏与教师的教学之间的桥梁。**儿童在游戏中获得了丰富的经验，这些经验需要成人的回应；幼儿园教师有目的、有计划的“教”（教学），需要基于儿童的经验。由此，幼儿园教师可以通过游戏观察，了解儿童的经验，生成适宜的教学。

• **搭建起幼儿园教师做、说、写之间的桥梁。**幼儿园常常有丰富而有创意的行动，但又常常讲不清楚，特别是写不出来。幼儿园教师通过对自己班级的游戏观察，对其他班级、其他幼儿园的游戏观察，在自己说、听他人说，在记录、整理、分析、撰写案例中，口头和书面表达能力也会不断成长。有人也许会说，幼儿园教师只要做得好就行了，没必要说，更没必要写，这都是在加重负担。但事实上，基于游戏观察的说、写，其实非常有助于教师自己的反思，也能进一步提升教师教育实践的质量。

• **搭建起游戏交流的桥梁。**这里的交流有多个方面的含义。一是儿童与儿童之间的交流。幼儿园教师观察、记录的材料，如图片、视频等，可以在游戏结束之后，与儿童一起回顾，总结经验教训，发现问题、寻找对策，同伴间有了互相倾听和表达的机会。二是幼儿园与家庭之间的交流。通过幼儿园教师的游戏观察，使儿童在幼儿园游戏中的学习与发展可视化，家长透过教师的观察和分析，能够发现游戏的价值、从内心认可游戏，最终实现家园协同。三是幼儿园教师之间的交流。对幼儿园教师来说，如何观察游戏，最好的办法是提供各种各样的案例，在游戏观察案例中学习如何进行游戏观察。四是实践工作者与理论工作者的交流。当理论工作者与实践工作者围绕着一个个游戏案例开展对话时，理论工作者能够看到理论在实践场的样态，而实践工作者也很可能从理论工作者那里获得思路上的启发。

我们使用“搭建桥梁”这样的表达是想传递一个联结的意象，希望通过一些从理论而且又紧密关切实践的讨论，来建立多重联结，帮助幼儿园教师更好地胜任在游戏中观察、解读和支持儿童的工作。

上篇

游戏观察的基础知识

第一章

游戏观察与游戏质量

游戏是幼儿园的基本活动，这是幼儿园教育的根本性命题。当“幼儿园以游戏为基本活动”的观念已经逐渐获得学前教育工作者的认同和践行，“游戏质量”成为大家的关注焦点。游戏质量的高低，影响甚至决定着幼儿园的质量。关于游戏质量的概念、价值和判断标准人们有一些基本的共识，如高质量的游戏不仅更好玩，也有更突出的发展价值，高质量的游戏应该给予儿童充分的自由自主，但教师在儿童游戏中的“作为”同样决定了游戏质量的高下……同时，我们也发现游戏质量是一个相对模糊不清的概念，站在不同角度会做出不同的解读。接下来，我们将从质量要素和游戏水平两个角度来理解游戏质量，然后讨论游戏观察与游戏质量的相互关系。

第一节 游戏质量及其差异

每个幼儿园、每个班级、每位教师，都在开展游戏，但游戏的质量是存在差异的。同一名称的游戏活动，如积木游戏，在不同的幼儿园、班级之间，也是有差异的，甚至可能差异非常巨大。这种差异，只要我们走进幼儿园的游戏活动，就能够感受到。

练习活动

图中呈现了建构游戏中的四个“搭高”场景，你如何评价这些游戏的质量?

图1-1 搭高

图1-2 搭建高塔

图1-3 搭建“平衡城市”

图1-4 搭建能够开起来的小车

思路提示

虽然都是搭高，但场景体现出的游戏质量和背后反映出的儿童能力与教育支持水平却很不相同。

从儿童搭建水平看，图1-1中儿童的搭高是堆叠积木，图1-2中的儿童在搭高基础上有意识地在表现塔楼的细节，图1-3中的儿童在搭高时也在探索平衡，而图1-4中的儿童不仅有搭高，还搭建出了小车的挡风玻璃、方向盘、座位等特征，而且通过圆柱体积木的排列实现了让小车“开起来”的功能。

从儿童社会性水平看，图1-1和图1-3中的儿童是独立在搭建，图1-2中的儿童独立搭建后能够向同伴介绍自己的作品，而图1-4则是四名儿童齐心协力设计、搭建、调整之后的结果，运用了复杂的分工、协商、合作的技能。

此外，儿童活动背后教师投放的材料，提供的活动机会，过程中与儿童互动时给予的情感上、方法上、思维上的支持也都代表了不同的教育质量。

一、从质量要素看幼儿园游戏质量

从质量的构成要素角度来看，可以将质量分为条件性质量、过程性质量和结果性质量。①条件性质量，也称作结构性质量，是指那些可以具体规范和控制的变量的质量，如幼儿园的基本物质条件、教师与儿童的比率、班级规模、师资条件等。过程性质量，是指与儿童的生活和学习经验有更直接联系的变量的质量，如师幼互动、学习环境、课程、健康和安全、家长参与等。结果性质量，是指幼儿园教育所取得的结果、产生的影响。大多数人将结果性质量等同于儿童在学习与发展上所取得的进步、变化，值增加了多少。②也有研究者关注儿童发

① 周欣.托幼机构教育质量的内涵及其对儿童发展的影响[J].学前教育研究，2003，（Z1）：34-38.

② 李克建.中国托幼机构教育质量评价研究[M].北京：北京师范大学出版社，2017：4.

展之外的结果，如家长、教师、幼儿园、社区等所产生的变化。

（一）游戏的条件性质量

一个地区、幼儿园或教师为儿童游戏提供的条件性质量包括时间、空间、材料等多个方面。

时间。所提供的时间是否有助于儿童开展高质量的游戏。例如，是否提供游戏的时间，提供了多少时间，是否充足，时间是碎片式的还是相对连续的等。

空间。所提供的空间是否有助于儿童开展高质量的游戏。例如，空间是否充足，是否有多种类型的空间，如既有室内空间也有户外空间，既有公共空间也有私密空间，空间之间的规划是否合理，既相互连接又相互区隔等。

材料。所提供的材料是否有助于儿童开展高质量的游戏。例如，材料是否安全、卫生，是否丰富、适宜，是否低结构、多功能，是否可以移动、组合等。

多种游戏。是否为儿童开展各种类型的游戏提供了条件。幼儿园游戏的类型是否丰富多样，不能因为强调某种类型的游戏，而忽略了其他类型的游戏。以建构游戏为例，按材料的不同，有积木、积塑、废旧材料、自然材料等多种类型。即使是积木，也有不同类型、型号。

特殊情况下的游戏条件提供。幼儿园在开展游戏时，总是存在一些特殊的情况。在条件不太允许或不具备条件的情况下，创造条件开展游戏，特别能够彰显游戏质量。例如，幼儿园、班级儿童人数的多少（如特别多或特别少），师资情况（如教师数量不足，教师为非学前教育专业毕业），游戏场地有限（如面积不足、场地不规则、与小学共享户外空间、由小学等改扩建等），自然因素（如季节、区域、地理、气候、天气等），混龄（如全园只有一个班）。

案例

成都地处四川盆地中部，冬季空气流动性差，雾霾常发。为了保证儿童的呼吸道健康，儿童的户外体育游戏常常因为雾霾而无法开展。成都市双流区的部分幼儿园开始探索室内大肌肉活动空间的创设，他们把软垫放在楼梯上，在走廊靠墙侧安装儿童攀爬悬吊设备，并在走廊投放了高跷、软梯、小球等小型体育活动器械。与此同时，幼儿园还带着儿童探索如何共享不同楼层不同班级的空间，让儿童可以在不同的场地穿梭，实现大肌肉锻炼的目的。

这样的探索从当时当地的实际情况出发，正是在追求儿童体育游戏更高水平的结构质量。

图1-5　室内投掷

图1-6　室内跳跃

图1-7　高跷足球赛

图1-8　拖拉机

（二）游戏的过程性质量

儿童游戏的具体过程的质量，至关重要。在幼儿园里，教师提供了非常好的游戏条件，但却不能使用，或游戏过程完全被教师控制，这样的幼儿园、班级的游戏，其过程质量是不高的。

在游戏过程中，儿童的游戏状态体现着游戏的过程性质量。儿童的游戏状态，可以用幼儿园游戏的特点来判断。越是符合幼儿园游戏的特点，如自愿、自主、过程导向、积极的情绪体验等，儿童的游戏状态就越好，游戏的过程性质量也越高。

在游戏过程中，教师的角色也影响着游戏的过程性质量。教师越是能够充分观察、读懂儿童、有效支持，游戏的过程性质量也就越高。这里的有效支持，往往就表现为游戏中高质量的师幼互动。根据儿童活动室计分系统（CLASS）对师幼互动质量要素的划分，儿童游戏时教师的支持主要包括情感支持、班级管理和教学支持三个部分。情感支持关注教师是否为儿童提供了安全积极的氛围并给予了充分的尊重，比如倾听儿童的想法，允许儿童选择主题、材料和玩伴，对儿童的需要保持敏感。班级管理关注教师是否为儿童游戏做好了充足的材料和规则的准备，如教师是否为儿童游戏提供了充足的时间、材料和机会，是否建立了恰当的常规来保证游戏的顺利进行。教学支持则关注教师是否在游戏过程中通过参与和提问等方式为儿童提供了语言表达或认知发展方面的支持，如教师是否鼓励儿童去判断和推理，是否有意识地在儿童游戏中引入恰当的概念，是否鼓励儿童使用开放的、复杂的语言。这些支持的频率和成效体现出的就是游戏的质量。

案例

吴老师在初任幼儿园教师时曾经坚信儿童进行自由游戏时，教师应该尽可能少地介入，让儿童自己寻找材料、自己选择玩伴、自己探索玩法。但是，随着入职后与儿童相处时间的增加，她逐渐放弃了曾经的想法，开始越来越多地用各种形式参与儿童游戏：当儿童在游戏中想出了好点子时，她随即给出具体的肯定；当儿童简单重复已有的游戏玩法时，她会悄悄坐在旁边用创新的方法游戏，让儿童观察从而模仿；有的时候，她则直接以伙伴的身份加入儿童的游戏中，与儿童一起推进游戏情节。现在的她不但很少让儿童纯自由地玩耍，反而相信游戏中适宜的互动正是教师支持儿童游戏的最佳方式。

（三）游戏的结果性质量

幼儿园游戏的结果性质量，主要是指儿童在游戏过程中获得了什么样的发展。

儿童在健康、语言、社会、科学、艺术等领域所获得的发展与学习，在一个具体的游戏中，不一定获得多个领域里的全面、均衡的发展，但在幼儿园所有的游戏之中，儿童的发展应该是全面、均衡的。

儿童学习品质的发展。儿童学习发展的每个领域里都有学习品质，如健康、语言、社会、科学、艺术等领域里都有兴趣好奇、积极主动、不怕困难等。因此，学习品质能够相对集中地体现儿童在游戏中的学习与发展。

结果性质量的评价对象既可以是个别，也可以是一个集体，如一个班级、一所幼儿园、一个地区等。要注意的是，当谈及一个班级、一所幼儿园的结果质量时，需要关注本园、本班所有儿童的发展。也就是说，不能用一两名儿童或部分儿童的发展，代替、代表全班、全园儿童的发展，也不能简单地用一个平均值来概括所有儿童的发展，应该看到其中的丰富性、复杂性和差异性。在运用结果质量的评价数据时，要避免仅仅给出一个带有等级区分含义的“好还是不好”的结论的做法，这种方式会给评估对象造成巨大的压迫感。评价者应该把结果性质量作为探索“评估对象为什么会这样”的资料，帮助评估对象找到自己为什么会这样的内在原因，如此，结果性质量才能与评估对象建立真正的联系，才能真正实现以评价促发展。

幼儿园游戏的结果性质量，常常可以通过儿童在游戏时所展现出的游戏水平来进行判断。例如，儿童的游戏复杂性越高、挑战性越大，在一定程度上就展现出其游戏水平、游戏质量越高。

二、从游戏水平看幼儿园游戏质量

不可否认，游戏质量是存在高低之分的，就如同一个人、一个班的跳远、阅读、计算能力等方面存在水平高低一样。有研究者指出，幼儿园存在三种水平的游戏。①

（一）混乱、失控的游戏

这样的游戏具有如下特征，如：儿童的声音很大，音调很高；肢体接触较多，有时儿童的行为处于危险的冒险行为的边缘；极端的欢闹，儿童不可控制地大笑和咯咯地傻笑；争议较多，经常导致身体伤害或情感伤害。混乱、失控的游戏是低水平的游戏。

要注意的是，这里的“失控”是指儿童对游戏“失控”，而不是

① 盖伊·格朗兰德. 发展适宜性游戏：引导幼儿向更高水平发展[M]. 严冷，译. 北京：北京师范大学出版社，2014：16-24.

指成人“失控”。成人对游戏的高控，不是高水平的游戏。此外，有些高水平的游戏也可能体现出一定的“混乱”，比如打闹游戏，看上去有些混乱，但对于儿童来说，并不是混乱。

（二）简单、重复的游戏

这样的游戏的突出特征，就是简单、挑战性不够，儿童不断重复，甚至一直重复。相对混乱、失控的游戏来说，简单、重复的游戏可能不太能够引起教师的重视。这种游戏也是低水平的游戏。

需要注意的是，一定要从儿童的角度来判断游戏是否简单，而不是成人认为的简单。低水平的重复常常是机械的、被动的重复。而在高水平的游戏中，儿童也可能重复，但这种重复是主动的、积极的重复。另外，儿童的有些行为，在成人看来是完全重复的，但实际上儿童可能是在小步递进地尝试。

（三）有目的的、复杂的、能够让幼儿聚精会神的游戏

这样的游戏具有如下特征，如：无论是15分钟还是1个小时，儿童都能高度参与游戏；儿童相互分配角色并且在游戏中扮演角色；即使存在异议也不会出现行为问题，儿童会通过协商和妥协解决争议，协商的过程通常时间较短并且能达成一致；富有成效的游戏的噪声水平合理，并且在他人善意提醒时较易安静下来；有特定需要时，会向教师寻求帮助，如需要某件物品去完善游戏，或者需要教师帮助解决争议以便游戏能够继续下去；儿童会邀请教师观看他们的游戏，批准他们的做法和提供反馈意见，然后儿童会继续自己的游戏，很少需要教师持续介入；儿童使用材料的方式富有创意，游戏时，儿童不一定需要真实物体作为道具，因为他们可以将一小块积木当作手机或将拼插在一起的方块当作灭火用的水管。这种游戏是高水平的游戏。

需要注意的是，这里的“有目的”，主要是指儿童在游戏中有自

己的目的，而不是指教师有目的。即使是指教师，也是指宽泛的、长远的目的，而不是如课堂教学一样的具体、即时目标。这里的“复杂”，是指对儿童来说有一定的挑战性，处于其最近发展区，而非指游戏的“高难度”。

应该说，将幼儿园游戏划分为这三种水平，总体上还比较粗略。如，从第二种水平到第三种水平，其“坡度”太大，未能揭示出幼儿园游戏水平的丰富性。

但无论如何，我们必须正视的是，幼儿园的游戏水平是有差异的，这种差异反映了幼儿园游戏的质量。

第二节 游戏质量与幼儿园游戏观察

一、幼儿园游戏指导须基于观察

幼儿园教师对幼儿园游戏的恰当指导，是提升幼儿园游戏质量的重要方式。但幼儿园游戏的指导，不同于课堂教学中的指导，有其特殊性。

游戏是儿童自主、自愿的一种活动，具有过程性、愉悦性、虚构性等特点。但与发生在社区和家庭中的纯自由游戏不同，幼儿园游戏是在幼儿园这一教育机构中发生的游戏，是众多幼儿园教育活动中的一种，这就意味着教师应该对幼儿园的游戏进行指导。教师的指导可能表现为与儿童对话、参与儿童的游戏，甚至只是展现对儿童游戏的关注，这些都是教师为了促进儿童游戏质量提升的“作为”。但这种指导又必须保证游戏依然是儿童的游戏，保证游戏的自主、自愿的突出特征。因此，幼儿园教师不应按照自己的意愿来安排儿童的游戏，而必须基于观察进行指导。基于观察的指导，才可能有效地提升幼儿园的游戏质量。

与仅指“仔细看”的“观看”不同，观察是一个既看又想的过程。落到幼儿园的游戏中，观察主要指教师通过观看、倾听、对话来收集与儿童游戏有关的信息，从而支持教师做出更恰当的游戏决策的过程。比如，当餐厅游戏区中的两名儿童发生冲突时，教师最恰当的指导通常不是直接叫停游戏或讲“团结友爱”的道理，而是通过观察、对话来寻找冲突发生的原因：是因为争抢玩具，是因为对游戏情节规划不同，还是因为相互之间出现误解？而不同的原因对应的教师支持也各不相同。解决争抢玩具，教师的指导可能是补充投放材料或者让儿童轮流；解决情节规划分歧，教师的策略可能是让儿童坐下来协商接下来的情节；而解决误解引发的冲突，教师则需帮助儿童用语言澄清各自的想法。再比如，当教师发现班级的餐厅游戏区无人问津时，最好的指导一定不是安排或诱导儿童参与其中，而需要通过观察来识别儿童是因为游戏材料单调、缺少游戏带头人，还是相关经验缺乏而不愿意进入餐厅游戏区。基于观察分析得出的原因，教师可以分别采取引入新颖材料、进入区域发起游戏或是通过走访、讨论等活动丰富餐厅相关经验来解决这个问题。可见，游戏观察决定着指导的适宜性，而指导的适宜性决定着游戏质量。

二、了解游戏质量须基于观察

幼儿园要提升自己的游戏质量，必须对游戏质量的现状有所了解。只有知道自己的游戏质量存在什么问题、有何优势，才可能更好地提升游戏质量。了解幼儿园游戏质量的最重要的方式，就是幼儿园教师的观察。

如前所述，幼儿园游戏质量包括条件性质量、过程性质量和结果性质量三个部分，在对游戏进行观察时，也可以从这三个方面来进行观察。

游戏条件。不管是观察自己的班级，还是他人的班级，都可以观察提供了什么条件，儿童是否利用、如何利用这些条件，哪些应该继续坚持、哪些应该做出调整。

游戏过程。幼儿园教师不应仅关注游戏条件，游戏过程才是观察的重点。关注儿童游戏的过程，绝不只是关注一大堆指标，而是关注儿童游戏的状态，关注儿童在游戏中所体现出的主体性状态。

游戏结果。游戏结果是指游戏带给儿童的学习与发展，即儿童的成长变化。显然，幼儿园教师很难从一次游戏中，观察到儿童的学习与发展。这就需要幼儿园教师应有一定的“比较”意识，将在不同时间结点观察到的事实相比较，以判断游戏带给儿童的“增值”。

幼儿园教师在观察游戏质量时，一定要将条件性质量、过程性质量、结果性质量联系起来。比如，一个幼儿园的条件性质量很好，但可能过程性质量、结果性质量不高，也可能一个幼儿园的条件性质量不好（甚至非常不好），但其过程性质量、结果性质量还不错。再比如，一个幼儿园游戏的结果性质量很好，正是因为其过程性质量很高所致。

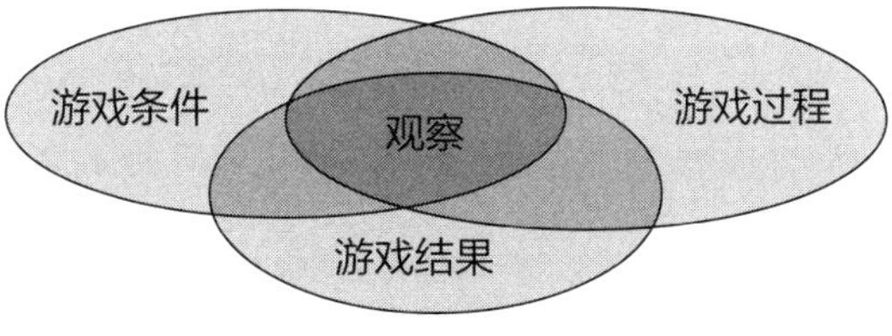

图1-9　游戏观察的主要维度

第三节　幼儿园教师游戏观察的复杂性

观察是人们认识周围世界的一种重要方式。所有人都会观察，但不同人的观察有很大的差异。观察可以分为日常生活中的观察和作为科学研究方法的观察，后者又可进一步划分为质性研究中的观察和量化研究中的观察。日常生活中的观察，是人的一种最基本的生存方式，通常情况下没有明确的目的性和计划性，而科学研究中的观察，则有着明确的目的性和计划性。量化取向中的观察常常有着事先的假设、明确的观察内容、标准化的观察方法；质性研究中的观察，可以进一步分为参与型观察和非参与型观察。质性研究中最为典型的是参与型观察，即观察者与被观察者一起生活、工作，在密切的相互接触和直接体验中倾听和观看被研究者的言行。①

幼儿园教师的游戏观察，是幼儿园教师在幼儿园游戏现场，对正在发生的游戏进行观看、倾听和感受的一种活动，既有日常生活中的观察特点，也有作为科学研究方法的观察的性质；既可能是量化取向的观察，也可能是质性取向的观察；既可能是参与型观察，也可能是非参与型观察。幼儿园教师的游戏观察，具有一定的灵活性，因而容易众说纷纭。

在对幼儿园教师的游戏观察的分类中，可以进一步明晰其是什么、不是什么。

根据观察的目的，可以将游戏观察分成两类："判断儿童游戏水平的观察"和"理解儿童游戏过程的观察"。第一类观察的目的，是通过观察判断儿童游戏的水平的高低、质量的好坏。比如，观察儿童是否投入、投入的程度、投入的水平，游戏中儿童的社会性处于什么发展水平等。第二类观察的目的，是通过观察儿童的游戏和游戏中的儿童，去推断其内部的所感所思、遭遇的困难和解困的直觉智慧，发现他们探索周遭世界的成长力量及取得的点滴进展，是发现儿童相对于过去的成长，思考教师自己适合以什么方式发挥作用，协助儿童继续

① 陈向明. 质的研究与社会科学研究方法[M]. 北京：教育科学出版社，2000：227-228.

成长。[1]为了儿童能够更好地游戏，教师必须在观察与支持之间，搭建起桥梁。[2]局外人对一所幼儿园、一个班级的游戏观察，一名幼儿园教师对其他园所、班级的游戏观察，常常是第一种。一名幼儿园教师对自己班级的游戏进行观察，可能是第一类，也可能是第二类。

幼儿园教师对游戏的观察、解读与支持，是一个不断循环的过程，即在观察的基础上解读儿童，在观察、解读的基础上支持儿童，进一步观察教师的支持是有效还是无效、是高效还是低效，抑或反效。因此，游戏观察不是一个孤立的过程，不是一个从幼儿园众多工作中独立出来的独特环节。特别是，游戏观察不应该丢失“为了儿童更好地游戏”这一初衷。如果游戏观察异化为仅仅是为了教师、园长讲故事、写案例、发文章、获奖励、出著作，既大大加重了幼儿园教师的工作负担，也将他们的精力引向了儿童和教育之外。

根据幼儿园教师的工作状态，可以将游戏观察分为非带班情况下的观察和带班情况下的观察。第一类观察，是指幼儿园教师不在带班状态下，如幼儿园组织开展教研时或外出参观学习时，所进行的游戏观察。这时，幼儿园教师是一名专职的观察者，可以运用研究方法中所讲的各种方法，开展游戏观察。比如，时间取样、事件取样，或使用各种工具、量表，可以一整天观察一名儿童、一个场所、一种材料。第二类观察，是指教师在带班状态下，对本班幼儿的游戏所进行的观察。《幼儿园工作规程》规定，这时的“幼儿园教师对本班工作

---

① 郭良菁. 社会认知视野中的儿童观察评价[M]. 南京：南京师范大学出版社，2021：序1.

② Jie-Qi Chen, Gillian Dowley McNamee, *Samuel J. Meisels . Bridging: Assessment for Teaching and Learning in Early Childhood Classroom*[M]. *PreK-3*. California: Corwin Press, 2007: 51.

全面负责”。全面负责，意味着游戏中的安全与保育，意味着面向全体，意味着不能只观察一部分儿童、一部分场所、一部分材料。为了短、平、快地出成果，只观察有故事、能出故事的游戏、儿童，有背平等、公正的价值观，有违教师的职业伦理。带班情况下的观察和非带班情况下的观察，这两种类型的观察，各有其特殊性，也可相互借鉴。[①]比如，带班情况下的观察尽可能面向全体，非带班情况下的观察可指向个体、特殊。

幼儿园教师需要不断学习“作为研究方法”的观察，将观察的理念、原则、方法、工具整合到自己的工作实践中，提高自己的游戏观察素养，形成自己的风格。因此，幼儿园教师的游戏观察，特别是带班状态下的游戏观察，是幼儿园教师工作的一个部分，是师幼互动的重要内容，不可过于强调科学性、客观性，更不宜将研究方法中的各种观察方法、要求等，简单套用于幼儿园教师。比如，对一位专职的研究者来说，记录是非常重要的，是获得研究数据的重要手段，只观察不记录，显然不符合研究方法的基本要求；但对一位正在带班的幼儿园教师来说，过于强调记录的客观性、全程性、细节性，就可能影响其观察、干扰其判断、阻碍其支持。对质性研究者来说，观察、记录时要尽可能客观、不做判断、悬置前见，这是基本要求；但对一位正在带班的幼儿园教师来说，可能已与儿童一起生活许久，眼见、亲历其过去一段时间的游戏以及游戏中的困惑、探索，与一名外来者、局外人面临的观察问题是有所不同的。同时，要求一位正在开展教育工作的教师，只做客观记录不做判断，也不符合幼儿园教师的职责要求。否则，随机教育如何产生？

---

① 魏婷，鄢超云. 研究照进实践：科学研究中的“观察儿童”和日常工作中的“观察儿童”[J]. 早期教育（教师版），2017（9）：12-13.

第二章

游戏观察的基本流程

教师对儿童的游戏进行观察，其基本过程是：观察儿童，在观察的同时或稍后用多种方法对观察到的内容进行记录，然后对观察、记录到的内容进行整理、分析（即评价），然后将观察记录的结果（评价的结果）用到开展游戏活动之中，并在游戏活动中再次开启观察、记录，由此形成一个游戏观察的不断循环。在实际工作中，游戏观察时有的记录非常详细、丰富，有的记录非常简洁，而有的时候甚至可能没有进行专门记录，只是把信息“过了脑子”。但从总体上讲，记录是重要的。不同形式的观察记录能够帮助我们拼合出更加完整、生动的关于游戏和儿童的“图像”，而对不同时间段的记录进行比较、分析，有助于教师持续性地解读、支持儿童。

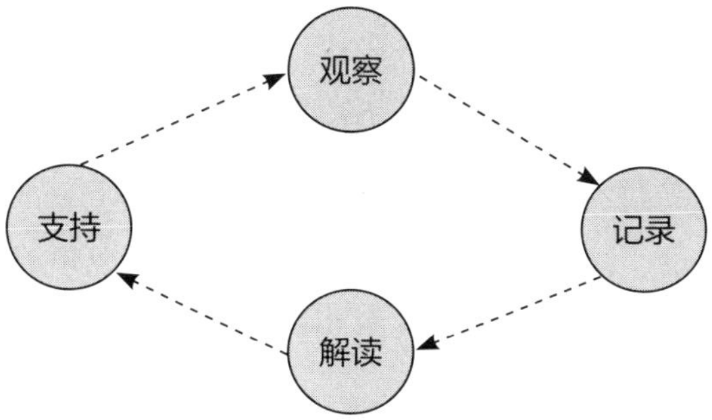

图2-1　游戏观察的基本流程

下面笔者将对这个过程中的各个环节及其相互关系进行简要介绍。

第一节 观察与记录

一、何为观察与记录

由于观察与记录常常是一个同时进行、密切配合的环节，所以我们在这里将两者合并进行介绍。这里的观察，是指有意识地观看和倾听儿童，以了解儿童的游戏。首先，观察不仅是“看”，还包括“听”“谈”等其他获得信息的形式。其次，游戏观察是有意识的，也就意味着对儿童游戏的观察，不是随便看看，而是幼儿园教师有目的、有计划的专业行为，它们或者是为了帮助教师更好地在当下回应儿童，或者是为了更好地设定未来的发展目标。最后，观察的目的，是了解儿童、了解儿童的游戏，而不只是评判优劣、高低，更不是“看着好玩”，幼儿园教师的游戏观察被打上了深深的教育烙印。

记录是将对儿童游戏的观察进行记录，记录的方式多种多样。有比较定量取向的记录，比如数一数儿童说了多少个句子，看一看儿童是否能够荡起秋千，然后用检核表进行快速记录。也有比较定性取向的记录，比如将儿童的语言和行为用简单的语句记录下来，或者收集儿童学期初和学期末的两幅自画像进行描述和对比。常见的游戏记录方法有轶事记录、检核表、作品取样、拍照、拍视频等，这些方式我们很容易在其他与儿童有关的课程中学到、看到，这里不做具体阐释。

二、应注意的问题

在对儿童游戏进行观察与记录时，有如下一些内容特别值得强调。

（一）观察与记录是相互影响的

观察与记录是密切关联的两个过程，有时这两个过程是分开的，有时这两个过程会有交叉甚至完全重复。记录是对观察的记录，没有观察到的，也就意味着无法被记录。记录有时候可能会干扰观察，甚至因为过于强调记录而没有观察到一些应该、可以观察到的内容。因此，在观察和记录两者之间必须做出选择时，通常我们会选择“观察优先”。但反过来，记录又常常不是对观察的全部记录，记录本身就有一定的选择性。记录什么、怎么记录等与记录有关的要求，也会反过来影响观察。比如，当教师设定的当月观察要点是儿童在游戏活动中的“语言交流”，他就更容易去记录游戏中儿童说的话、交流的场景；而如果当月的观察要点是儿童的“问题解决能力”，则更容易去记录儿童发现问题、提出假设、验证设想、总结方法的过程。选择的记录方式不一样，观察的重点也不一样。需要根据观察目的和内容选择适当的观察与记录方法。

（二）记录应及时

如果不及时进行记录，常常可能没记、错记或漏记。我们都有这样的经验，通过回忆进行的补记，常常掺杂着记录者部分的主观感受。如何理解及时？总体来讲教师的记录有三种情况：边看边记、看后即记和事后补记。

1. 边看边记

边看边记该怎么操作？看多久、记多久呢？比如，如果一个游戏活动的时间是60分钟，怎么样算是边看边记？是看10分钟或1分钟或1秒钟，就进行记录吗？频繁进行记录（如每看5秒钟就进行记录），会影响观察吗？为了及时记录，结果没有完整地观察儿童的游戏，不能整体地理解儿童的游戏，会出现这样的情况吗？

幼儿园游戏的边看边记适用于三种情况，一是观察的焦点明确并按照“时间取样”原则来进行观察，这类观察通常会规定每隔多少时间观察一次，在观察时段后立即进行快速记录并转入下一轮观察。二是观察要点清晰并且可以用简单的“√”“×”或数字符号进行记录，这种简短记录会减少对观察的影响。三是在连续观察的时间较长，为避免遗忘，需要在观察过程中对关键信息进行速记。为避免记录干扰观察，教师不需要在观察过程中进行全面、完整、翔实的描述，只需要记录有意义的碎片式的关键信息即可。当然，随着现代技术的发展，教师越来越多使用录音（转文字）、录像的方式进行记录，这也使得平衡观察与记录更易实现。

2. 看后即记

看后即记，也就是在观察了一个较为完整的事件之后，立即进行记录。这个完整的事件，可能是一个完整的游戏，也可能是一个游戏片段，也可能是游戏中的一次行为、一个情节、一次互动。当事件发生时，教师全神贯注地看和听，在事件结束后，教师将自己从场景中抽离出来，用语言来对事件进行描述。

3. 事后补记

在有些时候，幼儿园教师并不具备边看边记、看后即记的条件，只能事后补记。尤其是面对一些比较长的游戏过程，教师可能只有在结束带班之后才有时间和精力进行完整的记录。不过如果补记，也应及时补记。越长时间之后的补记，其客观性越是存疑。

以上三种记录方式并非完全独立的，第二种和第三种可以和第一种相结合，边看边简要地记录一些关键信息，有助于看后即记和事后补记的真实和全面。

（三）能否观察出有效信息取决于观察者的已有知识和经验

在儿童游戏观察中，常常会出现两位教师，观察同一游戏，结果大家“看到”“记录”的内容有很大的差异。这与观察者的已有知识、经验相关。观察者更能看到与他们的已有知识、理解相关的东西，更能看到那些他们认为重要的、有价值的东西。由此可以看出，幼儿园教师进行理论学习是多么的重要。如果一位幼儿园教师认为，儿童与儿童之间发生冲突是没有价值的、应该避免的，那么，就很难看到儿童在游戏中的纠纷、冲突及其意义和价值，就不太会去记录儿童在冲突中语言行为背后反映出的巧妙的争取与妥协策略，而倾向于记录儿童的争抢、攻击的表现。

练习活动

以下是几则对儿童游戏行为的描述，你从儿童的行为中看出了什么？

情景1

刚入园的小艾正在沙池里玩，有一个水桶，一个铲子。小艾用沙子装满水桶，然后再倒出来，再装满桶，再倒出来，重复了几遍之后，她把玩具小鸭子又装进去，然后再倒出来，一直重复着……

要点提示

在一些教师看来，这可能是儿童简单重复、无意义的行为，但在另一些教师看来，小艾看到沙子和玩具因为她倾倒水桶而会从桶中掉出来，她可能在探索中建立倾倒动作与物体流出之间的因果关系，她也可能在体验填满和清空水桶中学习空和满的概念。

情景2

户外自主游戏时间，几个孩子扮演起了警察，他们找来体能环当作抓坏人的工具后，就玩起了“抓坏人”的游戏。小泽正在用三角梯和木板搭建平衡木，准备玩“穿越云霄”的游戏。这时，扮演警察的孩子在一声

"走，我们去抓小泽"的呼喊下，蜂拥到小泽面前围堵住他，用一个又一个的体能环把小泽牢牢套住。小泽大声喊着"我不是坏人""放开我"，并努力抬起体能环，试图挣脱，但由于"一对多"的力量悬殊太大，挣脱不掉，着急、委屈，以至情绪失控。

要点提示

一些教师可能会对"警察们"的表现表示满意，因为"警察们"能够理解自己的角色职责并很好的演绎，能够快速、准确地抓住"坏人"，而小泽则"玩不起"，没有扮演好"坏人"。但另一些教师可能会对这一幕感到警觉或担忧，会结合小泽在班级中的群体地位，思考"抓捕"小泽背后的儿童权力关系；与"小泽"的难过共情，并引导"警察们"思考在游戏中尊重他人的意愿、关心他人的重要意义。

局内人和局外人所看到的内容也很可能不同。一位熟悉儿童的教师，很可能会看到并认真记录儿童一次简单的把玩游戏材料，因为这是这名儿童第一次主动去使用材料。而一位旁观的教师可能会完全意识不到这个时刻值得记录。这也是为什么熟悉儿童的教师的记录常常有更多的信息。

（四）记录应尽可能客观

对儿童游戏进行观察、记录时，应尽可能客观。客观意味着观察、记录指向儿童所发生的实际言行，而不是主观推断。对记录客观性的理解，要注意把握如下几点。

第一，不是说观察者不能判断，而是强调在观察、记录时不要过快地进行判断。因为过快的判断，会反过来影响观察、记录。比如，当对这名儿童做出"多动"的判断之后，往往就看不到这名儿童在什么时候和情景下动、动了多少次、动了多久的时间，"不动"的情况是如何的等。

第二，不是说不能判断，而是说要区分客观描述和主观判断，不应该用主观判断代替客观描述。如果游戏观察与记录里充斥着主观判断，主观判断占过大的比例，这不是游戏观察与记录，而是游戏随想录。比如，面对儿童探究如何把一棵用夹子做的树立起来的行为，“他一直在仔细地观察，皱起眉头琢磨着”和“他下决心要弄明白”这两条记录中，第一条更为客观，而第二条，儿童到底有没有下决心要弄明白，是教师无从得知的，属于主观判断。

第三，对于新手教师或者一种专业训练，尤其是应该将客观记录与主观判断做出区分。当这样练习多了，我们是完全可以将观察、记录、分析、评价等综合在一起，在同一时间段（如10秒钟）内完成客观记录和主观判断的。事实上，我们也无法让一位观察者完全客观、没有任何主观地进行观察和记录。

练习活动

下面我们列举一些记录案例，请判断在同一组案例中，哪一个更倾向于是客观记录？哪一个更倾向于是主观判断？请用记录中的文字作为证据加以解释。

第一组

A：阳阳模仿娃娃家里的爸爸。她在玩具炉子上搅拌锅里的豆子，然后假装用奶瓶喂娃娃，用毯子盖住摇篮里的娃娃。这样的活动一共进行了8分钟。

B：阳阳喜欢模仿娃娃家里忙忙碌碌的爸爸。阳阳的性格随和，似乎对学习新事物很有耐心。她可以长时间活动。

第二组

A：小芳比其他孩子慢。家长志愿者来到教室里，给孩子们读书，和孩子们一起坐在地板上。小芳不想靠近这位家长志愿者。

B：小芳对不熟悉的成年人（家长志愿者）到园为孩子们读书的反应如下：她通常坐在离书和读书的人很近的地方（前三天都是如此），但是今天她坐在离读书人很远的地方，是所有孩子中离读书人最远的，这个地方离我（观察者）很近。

第三组

A：园园、琼琼、婷婷在表演区非常活跃。三个人都喜欢探索他们的环境。他们非常合作，喜欢游戏和探索，但最喜欢的是用衣服进行装扮、表演。

B：表演区里，园园、琼琼、婷婷在尝试、琢磨各种道具，特别是装扮用的衣服。他们大部分时间都在表演区里，反复尝试如何穿上那些服装，谈论怎样穿衣服去参加宴会，他们还尝试穿上裙子、高跟鞋、背心，戴上领结，然后三个人轮流照了照镜子。在这个过程中没有发生冲突。他们一共玩了15分钟。

练习活动

请将下面游戏案例中客观描述和主观判断的文字都分别圈出来，可以用不同颜色的笔，或者用不同的符号。

小马搬来四块长方体积木竖放在斜坡末端，当作四个保龄球，然后让圆形积木从斜坡上滚下，想以此击倒保龄球，结果保龄球没有倒下。

小马看见小西手里有一块半圆形积木，便将它拿来放在斜坡的一端，又将积木放到半圆形积木上面，让其从最高处滚下，他想击倒竖放的保龄球。这次，他成功了。

小马又将长方体积木横放。小西说:“该我了，该我了，这点难度怎么难得到我呢?”小轩说:“这叫难度增加才对。”小西说:“不对，不对，这不叫难度增加，这叫难度降低。”说完，小西就让圆形积木滚下，这次保龄球没动。小轩和小马都来尝试，还是不行。

第二节 解读

一、何为解读

对观察、记录到的资料进行整理、分析，是赋予资料意义的过程，也就是解读的过程。如果不进行整理、分析，这些资料很快就会堆积如山，不但不能发挥应有的价值，反而会成为幼儿园教师沉重的负担。

从本质上讲，整理、分析是具有主观性的，是在做出判断，是在进行评价。但这些判断、评价，必须基于观察、记录所得到的证据。这也正是前面提到的“观察—记录—解读—支持”圆环的精髓所在。

整理、分析意味着对观察、记录所得的资料进行归类、解释，就像质性研究中所讲的编码一样。分门别类是整理资料、推进认识的重要手段。当我们说“我要整理一下我的房间”，一定有我要把房间里的东西归一下类，把那些没有用的扔了，把经常用的归在一起，诸如此类的意思。当我们说要对观察、记录到的儿童游戏，进行分类，是可以从不同的维度进行的。比如，将同一名儿童的游戏放在一起，甚至将同一名儿童的不同类型的游戏进行归类，如独自游戏、平行游戏、合作游戏的数量情况。或者，将班级里同一游戏区域的游戏、材料等放在一起，看看是否能够找出规律，什么区域、材料最受欢迎。再或者，将同一游戏行为在不同时间上的表现放在一起，尝试发现儿童在游戏中的变与不变。

整理、分析绝不能只停留在分类上，还需要更进一步。教师应该思考：从这些资料中，能得出什么结论、假设吗？为什么会这样？如何解释这一现象或困难、问题？儿童的这些游戏行为意味着什么？儿童在游戏中是否有发展、变化？是否应该有发展、变化，但实际却没有？怎么做才能够让这些发展变化发生？要回答这些问题，教师可以采用定量或定性的方式对观察记录的信息进行处理。比如，教师可以对儿童一个月中区域游戏的选区结果进行统计，总结出儿童感兴趣和相对不感兴趣的区域；也可以对儿童在阅读区的活动进行细致观察，找出阅读区吸引儿童的原因。

二、应注意的问题

关于游戏观察的整理、分析，有如下要点值得讨论。

第一，整理、分析就是在评价，在做价值判断。这种判断是基于证据（观察、记录）之上的判断、决定。比如，要判断新投放的多米诺骨牌是否恰当，教师就需要观察运用多米诺骨牌游戏的儿童人数与具体的玩法。要评价某名儿童的大肌肉活动能力在一个学期中是否有进步，则需要在期末时观察体育活动时儿童各种基本动作的情况，并且对比学期初记录的数据来做出判断：在各个动作上儿童的表现更加熟练和协调，奔跑的速度更快了吗？拍球的次数更多了吗？攀登时能够到达的高度更高了吗？这些数据能帮助教师做出判断。

第二，整理、分析所得结论是暂时性的。整理分析的过程，实际上是做出假设，基于观察、记录猜测、提出可能性的过程。结论是暂时性的，而非终结性的。这也体现出观察、记录、整理、分析是一系列持续性的活动，而非一次性的、偶然性的活动。比如，当教师看到多多把建构区的两个空纸巾盒从架子上取下，第一时间推测他是想尝试用纸巾盒在自己搭好的城堡旁边来继续搭建。但接下来，多多把自己的脚从纸巾盒口探进去套住了自己的脚，教师判断多多可能是把纸巾盒想象成了用于装扮的靴子，准备退出建构游戏开始假装游戏。随后多多穿着纸巾盒站起来向前走，并且全身紧张、动作机械，同时嘴里发出“哔哔吱吱”的声音，教师判断多多应该是在扮演机器人。这之后，多多走到自己前面搭好的房子前，用套着纸巾盒的脚把房子踢翻，发出咆哮声音。教师推测多多应该是假想并演绎了巨型机器人破坏城堡的场景。最后，多多脱下纸巾盒，又重新取来轨道积木搭建起道路来。教师在便利贴上写下：“多多用积木搭建城堡，然后扮演巨型机器人摧毁了城堡，随后他又开始了新一轮的道路搭建游戏。”在这个例子中，我们能够看到教师的分析是持续进行的，而做出的判断也在不断更新和丰富，呈现出动态变化的特点。

第三，整理、分析需要框架。分析是一个系统化的过程，对记录的信息进行整理也需要结构化程度不同的思考框架。有的分析框架可能是比较宽泛的，比如将跨越一定时间段的关于儿童的信息进行异同比较。有的框架则可能是更加细致的，比如对照《3—6岁儿童学习与发展指南》（以下简称《指南》）中语言领域的目标来对儿童在游戏中与同伴交流的情况从听、说和礼貌用语等方面进行分析；还有的分析框架可能来自标准化的工具而非常精细，比如根据高瞻学前儿童观察评价系统（COR）中“假装游戏”的评定等级来分析儿童在角色游戏中表现出的能力和有待进一步发展的能力。不论框架的“颗粒度”如何，幼儿园教师对游戏记录的整理和分析通常都不全凭感觉，而是一个理性思考的过程。

第三节 支持

观察儿童游戏的目的是什么？是能够更好地理解儿童的游戏活动、更好地促进儿童的游戏活动。因此，观察、记录、整理、分析所得的结果（假设），最终都要用到活动之中，进一步证实或证伪这些假设，或者做出一定的调整，或者坚持原来的做法、方向，或开始一项新的做法。“游戏活动”是儿童游戏观察环中一个非常重要的、承上启下的环节。

从本质上讲，“游戏活动”是指儿童游戏观察与评价结果的运用。如果观察与评价的结果无法运用、不被运用，这样的观察与评价就失去了最重要的意义。在当前的幼儿园实践中，有的园所要求教师每天做多少个记录、写多少页纸的故事，就可能存在形式主义、加重教师负担的问题。观察、记录本身都不是目的，一味追求观察记录的数量而不强调其运用，甚至因为追求数量而占用了教师开展教育活动的时间、伤害了教师提供教育支持的热情，那么就是舍本逐末了。

对儿童游戏进行“观察—记录—解读—支持”的这一循环往复过程，与医生给病人看病的过程有相通之处。医生给病人看病，首先要向病人了解一些信息、做一些检查，不管是中医的望闻问切，还是西医的查血、验尿、拍片，都是在通过“观察”获得信息。这些信息及其获得过程，当然是被记录下来的，可能是纸质的，现今也可能是被记录在电脑里，那些出自检验科的各种化验报告，既是一些记录，也带有一定的结果性质。医生在这些信息、证据的基础上，会综合判断病人是什么地方出了问题，可能是患了什么病，这相当于是“整理”“分析”。在此基础上，医生会开出药方，指出下一步如何行动，病人会接受治疗，这相当于是“活动”。一段时间之后，病人会再次到医生处，再次重复以上过程。如果病情好转，说明判断是正确的，要继续坚持，直至痊愈；如果病情没有好转甚至进一步恶化，医生就要判断是否要做出调整。这个过程虽然各个环节缺一不可，但是治疗无疑是最重要的环节。

同样地，在幼儿园游戏中，教师通过观察和与儿童对话了解他们的游戏情况，分析他们面临的挑战和准备好学习的知识和技能，随后或者在游戏总结、个别对话时给出评论、提供支持，或者通过环境创设或专门的活动来回应儿童的需要，或者决定先不采取行动但给予儿童更加密切的观察……教师的这些决策都是对儿童游戏的下一步支持。特别需要指出的是，基于游戏观察的支持通常都不是一次性的，一轮“活动”后，教师需要通过新一轮的观察来检验前一轮的“活动”是否适宜，同时为下一轮的“活动”收集新的信息，如此，观察的四个环节就像轮子一样转动起来，将儿童的游戏不断推向更好的质量。

练习活动

下面是一位教师的观察记录，请分析这位教师所提供的支持是否适宜，为什么？

观察对象

小一班　点点

观察记录

9月14日，区域游戏时间，点点一个人坐在座位上没有进入区域，我问她为什么不去玩，问了半天她也没说话。我建议她去娃娃家玩，她也不去，坐在座位上哭了。

9月25日，点点在美工区涂鸦，旁边的乐乐想要用粉色的笔，发现点点手上刚好拿着粉色的笔，一把抢了过去，点点哇的一声又哭了。

9月29日，点点在建构区用平铺积木的方式“修路”，这时候，旁边的男孩子拿取积木路过，不小心踢断了点点的路，点点又哭了。

分析与措施

点点是从托班升上来的孩子，按理说，对幼儿园生活应该适应了。可在班上，一整天也听不到她讲一句话，遇到问题总是哭。向家长了解，据说，点点是奶奶带大的，3岁了才会讲话，再加上胆子小、内向，所以有了问题就会哭。今后，我要多注意对她的语言培养，提供更多的表达机会，进一步同家长取得联系，在提高她的语言表达能力上做些努力。

提示

首先，教师能够持续关注一名儿童，将同一名儿童的同一类行为（哭）整理在一起，并且在分析观察资料时，有意识地了解儿童的家庭生活背景，是值得肯定的。但教师的分析没有深入到内向、胆小、交往技能、情绪调节等深层次原因，将“哭”的原因归结为“不会说”，并没有充分地理解儿童，因而所提出的“注重语言培养”这一支持策略，可能并没有回应到点点的实际需求。

第四节 儿童游戏观察中的其他注意事项

以上是儿童游戏观察的基本过程。在这一过程的基础上，还有其他一些需要注意、坚持的方面。

1. 观察的持续性

从上面介绍的观察的循环过程可以看出，对儿童的游戏进行观察绝非进行一次、两次就可以，这是一个不会结束、应该一直持续进行的活动。观察也不是在某个特殊的时间（比如开学观察一次、学期结束观察一次）进行的，而应该伴随着教育的全过程。儿童是不断发展变化的，儿童的游戏也总是处在不断发展之中，观察也应该有发展的眼光。持续性的观察，还有利于随着时间推移进行对比，由此看到儿童游戏的发展变化。教师可以有目的地在一些时间点观察儿童游戏的进展，比如，儿童用积木搭高楼，一开始是怎么样的，过程中经历了哪些阶段等。

2. 同事合作

一个班级、一个幼儿园是一个整体，儿童的游戏也是一个整体。同事之间进行合作，才会形成合力，这就像拉车一样，形成合力而非力量之间相互抵消。实际上，不同的人，会看到儿童游戏的不同侧面，可以提供不同的信息，从而更加全面地认识、理解儿童的游戏。不同的教师，可能会对同一游戏材料、同一游戏行为、同一儿童的游戏，提出不同的理解、分析，这也会是非常有启发的。这里的同事，并不只是一个班的两位教师，还包括班级的保育员，以及幼儿园的保安、厨师、医生、行政人员等。

3. 家长参与

家长是幼儿园的同盟、友军，而不是敌军，家长应该参与儿童游戏的观察。一方面，家长可以提供诸多幼儿园无法关注、不太注意的各种信息。比如，刚进入小班的儿童，常常被教师归类为游戏水平不高、不太会玩，但这些儿童在入园以前的家里，可能已经展现出各种高水平的玩，是会玩的。另一方面，家长参与观察、记录、整理、分析、活动中运用的过程，本身就是家长成长、家园工作的过程。家长参与观察、评价的过程，与学期末短时间集中向家长展示儿童的成长相比，显然有着更佳的效果。

4. 儿童卷入

儿童是教师进行游戏观察的主要对象，教师对儿童的观察记录有的成了每周提交的材料，有的进入了班务资料夹，有的成了面向同行分享的精彩成果，但鲜少向儿童公开。但事实上因为儿童所拥有的独特视角，他们完全可以卷入游戏观察中来，可以成为游戏观察信息整理和分析的主体，甚至在参与信息整理和分析时，又贡献新的观察信息。当前有的教师会在儿童游戏时抓拍他们活动的照片或视频，然后在游戏总结时播放给儿童看并让他们来进行评论和分析，这就是非常好的让儿童卷入游戏观察的方法。此外，教师日常的轶事记录、案例分析也完全可以分享给儿童，让他们回访自己的游戏经历，同时贡献自己新的看法。

中篇

游戏观察的计划与准备

第三章

游戏观察的计划与准备

游戏观察是幼儿园教师一项重要的日常工作。为了将这一工作做得更好，对其进行一定的计划与准备，是理所当然的。实际上，幼儿园教师的所有工作，都应有所计划与准备。这里的计划，是指对游戏观察的基本要素、问题（如谁观察、观察什么等）的规划，准备是指对观察过程可能要用到的知识、技能、工具、材料等的准备。

幼儿园教师的游戏观察需要每日进行。一方面，在儿童开展各类游戏活动时，教师都能够获得与儿童有关的各种信息；另一方面，教师也应在一些特定时间开展特定的观察，来把握儿童在重要节点（如学期初、学期末等）的情况或在特殊游戏活动（如特定的游戏主题、幼儿园大型游戏活动等）的表现。

幼儿园教师需要开展回应式观察，即在儿童游戏时根据观察到的情况进行分析，以便更好地对儿童做出回应。因为回应式观察的随机性，教师无法对其做非常周全的计划和准备，但是在思想上随时准备好去听、去看、去回应，手边有必要的工具设备去实施观察也是必要的。同时，幼儿园教师也需要开展聚焦式观察，通过提前计划、准备关于定期和非定期收集信息的相关安排，教师可以完成看似非常艰巨的任务。

游戏观察计划与准备，并非一定要单独另做一个计划，而常常与幼儿园已有的各种计划一起制定。从涉及的范围来看，计划可以分为园级计划、班级计划、个人计划，因此游戏观察计划，也就可以有园级、班级、教师个人的；从涉及的时间长短来看，计划可以分为三年计划（大中小班）、学年计划、学期计划、月计划、周计划、半日计划、活动计划等，因此游戏观察计划也有学期、月、周、半日和具体游戏活动观察计划。

接下来，我们从观察的几个基本要素切入，来讨论游戏观察的计划与准备。

第一节 谁观察

谁观察，也即幼儿园游戏观察的主体是谁的问题。谁应该对儿童的游戏进行观察？事实上又是哪些人在对儿童的游戏进行观察呢？

1. 教师

一般说来，每个班级至少有两位教师。这两位教师都应该是幼儿园游戏的观察者。两位教师如何分工合作，做好观察工作，是需要提前讨论、规划的。在一些班级，为了能够更好地完成幼儿园的观察任务，会采用按人头分配观察对象的方式进行观察，比如，一人观察一半儿童，加起来就观察了所有儿童，如果要填写“成长手册”之类，就可以更加高效。分工是应该的，但不能只分工不合作。没有合作的分工，就可能导致“你看你的（儿童），我看我的（儿童）”，我即使看到、看懂了儿童、儿童的某些游戏，因为不是“我分到的儿童”，所以不继续看、不分析解读。所以，两位教师分工观察前一起商定观察内容，观察过程中保持沟通，观察结束后讨论数据，这样不仅可以优化观察效率，也能确保观察效果。

2. 生活老师（保育员）

生活老师也应该观察，事实上他们也在观察。幼儿园有很多优秀的生活老师，他们对儿童非常了解，能够把每一名儿童都讲得很清楚。一些家长在想了解孩子在园情况时，特别是一些生活细节方面的，常常更愿意问生活老师。但幼儿园、班级在计划、准备“谁观察”时，却常常没有包括生活老师。年终、期末讲各种“故事”时，通常情况下也没有生活老师的参与。事实上，生活老师应该成为幼儿园游戏观察的主体，但观察什么、怎么观察，如何能够与生活老师的工作结合起来，需要班级、幼儿园做好规划。一些班级里有特殊（特别）儿童，而照顾这些儿童的工作，常常交给了生活老师。可是，即便是让生活老师更多分担特殊儿童的照顾，教师也应和生活老师一起做好相应的计划与准备。否则，生活老师对特殊儿童的照顾不仅收效受影响，也可能让她们感觉到不公平。

3. 实习教师

如果幼儿园有实习教师，实习教师也可以，而且应该成为幼儿园游戏的观察者。丰富的游戏观察机会，非常有利于实习教师自己的专业成长，也有利于班级游戏工作的开展。实习教师在学校里学了很多儿童发展、游戏和教育的理论，他们特别渴望在实践中看到这些理论，因此主观上会有强烈的观察儿童游戏的意愿。同时，因为实习教师承担儿童保教工作的压力小，更容易静心观察，也更容易看到一些细节。此外，儿童经常把实习教师视作“朋友”，在他们面前也会表现得更加自然。虽然实习教师的观察可能不系统、全面，分析、解读也可能很稚嫩，但却可能很有启发，能够发现一些日常有所忽略的方面。

4. 保健医生

保健医生在开展自己本职工作的过程中，会与儿童打交道，自然也会观察到儿童。从他们工作的角度，也就会有对儿童的分析、解读。因为其特殊的专业背景和视角，保健医生可以提供全园儿童的保健卫生、生长发育等方面很多独特而有价值的信息。此外，班级在进行某些游戏的观察、某些儿童的观察时，也可以邀请保健医生参与，以提供独特视角、专业理论的支持。比如，幼儿园在进行户外体育游戏时，可以邀请保健医生加入，从生长发育的角度进行观察；对体弱儿童等有特殊需要的儿童进行个别观察时，也可以邀请保健医生加入。

5. 幼儿园行政人员

园长、业务园长、保教主任等行政人员，因为日常巡班，既会观察教师，也会观察儿童，当然会观察班上的儿童游戏。因为行政人员会看到全园的所有班级，更有整体的意识，以及将不同年龄段、不同班级儿童进行比较的可能，因而对游戏的观察常常更加综合、全面，也更容易看到优势、发现不足。为了提升自己的业务管理能力，幼儿园行政人员也应该不断提升自己的游戏观察能力，并通过游戏观察推断班级保教工作的现状，进而开展相关工作。

6. 其他班级的教师

同在一个幼儿园工作，教师们在日常工作中也会将目光投向自己所在班级之外的班级，在观察别的班级的游戏中认识自己班级所开展的游戏。有的园所会定期开展混龄游戏和跨班游戏，而教师常常是在不同点位进行支持。这时，教师能接触到不同班级来自己点位游戏的儿童。此时，如果教师还是只观察自己班级的儿童，那么就是一种巨大的浪费。另外，幼儿园所开展的各种活动，如园本教研、案例分享、接待观摩等，也是本园教师相互观察、自我提升的好机会。

7. 家长

幼儿园可以邀请家长进入幼儿园，观察儿童在游戏中的表现。因为带有强烈的情感，家长的观察和评价确实更主观，也容易出现对儿童的高估。但不可否认家长对儿童游戏的观察是有益的。一来，家长在观察自己孩子的过程中，也常常会观察其他孩子，在这种“比较”中，家长可以更进一步了解自己孩子的情况。二来，家长对自己孩子的情况最为熟悉，所以在解读观察到的信息时有更多资源可以调用。三来，有些孩子在幼儿园和家庭中会有不一致的表现，家长观察孩子在园的行为后，与教师的交流可以帮助双方建立对孩子更完整的认识。除了园内游戏观察外，家长还应该观察孩子在家庭、小区、做客时的游戏表现，并将这些信息提供给幼儿园，以便教师更加全面地分析、解读儿童。

不同的观察主体，由于工作职责、专业背景不同产生视角差异，所观察到的具体内容也会有所差异。这就如同盲人摸象一样，结果会有所差异，教师应该尊重这些差异，因为正是这些不同视角的观察，拼出了儿童游戏的完整图像。

练习活动

不同观察主体在儿童游戏观察时各有自己的优势和缺失，请尝试梳理不同观察主体在儿童游戏时容易观察和不容易观察到的信息。

观察主体	容易观察到	不容易观察到
班级教师		
班级生活老师		
实习教师		
保健医生		
幼儿园行政人员		
幼儿园后勤人员		
其他班级的教师		
家长		

第二节 观察谁

交流与讨论

回顾自己的工作经历，你有过对班上有些儿童观察得多、全面、仔细，对有些儿童则观察得相对较少、有些片面、不够仔细的情况吗？

什么样的儿童，会被观察得比较多？什么样的儿童，最可能不被观察？你能具体描述一下吗？

观察谁，即幼儿园游戏观察的对象问题。从理论上讲，幼儿园、班级里的每一名儿童，都应该是我们游戏观察的对象。对班级里的每一名儿童的游戏进行观察，这也涉及教师的教育（观察）是否公平的问题。

如果要在某一次游戏时间里，观察完班上的每一名儿童，这样的观察一定是扫描式的观察，是很难做到深入、细致的。因此，要完成对班上所有儿童相对深入、细致的观察，常常需要在一段时间内才能完成。一个班级的教师可以在一个星期里，实现对每一名儿童的深入观察，而这就需要教师提前做好计划与准备。这种计划与准备涉及总体安排、计算和重要节点的确认：比如，班级两位教师在一个星期的五天里，每人每天大约观察多少名儿童，分别是哪些儿童？周一从哪几名儿童开始比较容易获得信息？在周四时是否需要检查一下观察的进度，确认已经观察了哪些？还有哪些没有观察？如果不做好“观察谁”的计划，就很有可能出现有些儿童观察得多、有些儿童观察得少的情况。教师可以列一个简要的计划表，在列这个表格时，教师可以根据儿童平日里的同伴交往情况或者近期的游戏选择情况进行安排，尽量使要观察的几名儿童处于同一或临近的游戏空间，这样可以增加教师实现观察计划的可能性。但这张表格应该是一个参照式的，教师可以根据儿童实际的游戏情况进行适当的调整。

在游戏中，哪些儿童可能会被观察得多？一般说来，教师对“两头”的儿童相对观察得多。“一头”是那些游戏水平很高、很容易玩出精彩情节、想出好点子的儿童。那些在游戏中很容易被观察到学习与发展、被观察到发现问题并努力解决问题的儿童，常常是被观察得比较多的。另“一头”是那些调皮捣蛋、容易出各种问题的儿童，他们也常常被观察得多。严格意义上讲，这些儿童更多的是被“关注”得比较多，教师关注他们是为了减少出现各种负面问题的可能性，这可能导致教师在观察这些儿童时，会不自觉地低估儿童。

阅读与思考

请阅读作者的几个反思性日志的片段，你从这两个片段中分析出了哪些幼儿园游戏观察的问题?

片段一：“老师能不能也拍拍我”

在一次游戏活动现场，带班教师正在连续跟踪拍摄一个非常能干的孩子。这个孩子正在各种场地、材料间灵活而有创意地玩耍。这时，另一个孩子走到教师旁边，弱弱地说道:“老师，你能不能也拍拍我?”

教师正在聚精会神地拍着那个孩子的精彩瞬间，就说了一句:“好的，一会儿我就来拍你。”

在一旁看到这段互动的我推测，这名教师或许多少有点儿不高兴，因为那个提出要求的孩子，一定程度上打断了教师拍视频，好在教师手上有技术（手稳，没有因此而中断）、眼中有儿童（一直紧盯“精彩”儿童）、心中有目标（她应该一边拍一边在思考一会儿如何分享、交流、反思），让跟拍持续了下去。之后，我一直跟随这位教师，发现她至少在随后的游戏活动中，并没有去拍那个说“老师，你能不能也拍拍我”的孩子。

片段二：老师们的抱怨

我在游戏观察教研现场，听到一些教师的抱怨：“我不怕观察，怕的是记录，更怕分析、解读。”“班里这么多孩子，我究竟应该观察谁？”“我们班的精彩瞬间多得很，但就是没有拍下来。”

片段三：不同的“曝光度”

我也在一个接待现场听一个担任解说的孩子“凡尔赛”地说：“好烦哟，又是我讲。”

这让我联想到在一所幼儿园的园刊编辑会里，听一名很有证据意识的教师说，有一个孩子在园刊里出现了7次，而大多数孩子一次机会都没有。在“幼儿以游戏为基本活动，教师以观察为基本活动”（幼儿园教师语）的今天，幼儿园教师应该如何观察？观察谁？观察什么？我们能否站在儿童立场，感受一下拍摄对班里不同的儿童意味着什么？

当然，“观察每一名儿童”并不意味着教师必须平均分配自己的观察时间。事实上，班上有些儿童可能需要更多的观察，有些儿童则需要特别的观察。

但前提是每一名儿童都有机会被观察、被分析、被解读。

练习活动

请依照以下步骤完成一个小练习。

1. 请写出班上五个你觉得最会玩或最不会玩的儿童的名字。

2. 除去上面已写的，请写出班上五个你觉得最会玩或最不会玩的儿童的名字。

3. 除去上面已写的，请写出班上五个你觉得最会玩或最不会玩的儿童的名字。

4. ……

5.（一直到不足五人），在这几人中挑选一名。回到自己班级，观察这名儿童（最好是在游戏时间内）的言行一段时间，如10分钟、20分钟。

6. 报告你看到了什么，如他（她）喜欢玩什么游戏，在哪里玩，和谁玩。

第三节　观察什么游戏

交流与讨论

请与你的同事讨论下面的几个问题。

1. 在你的工作中，什么游戏观察得多？什么游戏观察得少？你觉得是什么原因？

2. 在各种优秀游戏活动案例分享中，什么游戏多？什么游戏少？你觉得是什么原因？

幼儿园以游戏为基本活动，幼儿园游戏的类型也是多种多样的。根据不同的分类维度，可以将幼儿园游戏分成不同的类型。不管是什么类型的游戏，都有其意义与价值，也都应被观察。

不管是什么类型的游戏，我们都必须首先拥有这种类型游戏的基本知识（如定义、特点、价值、类型、阶段等），才有可能观察到"这种游戏"的方方面面。正如爱因斯坦所言，你是否能够观察某事物，依赖于你所运用的理论，正是那种理论决定了你能够观察到什么。①

我国关于幼儿园游戏的分类中，最典型、传统的分类是将游戏分为创造性游戏和规则性游戏。创造性游戏又包括了角色游戏、建构游戏、表演游戏等，规则性游戏包括了体育游戏、益智游戏、音乐游戏等。这些游戏又有进一步的分类。比如，角色游戏可能进一步具体化为医院游戏、商店游戏、娃娃家游戏等；建构游戏也因建构材料的不同，可以进一步分为积木游戏、积塑（插）游戏、废旧材料建构游戏、自然材料建构游戏等。积木游戏还可以根据积木类型再细分，如根据积木大小，分出大、中、小型积木游戏，或单元积木、空心积木游戏等。每一种游戏都有其特点，也有其相应的价值。对每一种游戏的观察也都有相应的看点。举例来说，观察儿童的体育游戏，教师可以侧重看儿童的大肌肉动作、身体协调能力和规则意识发展状况；而观察益智游戏，教师则可以留意儿童的学习品质、推理能力和解决问题的能力。如果观察儿童的积木游戏，教师很容易观察到儿童是否会用多种不同材料搭配构造，构造作品外形的相似性、复杂性等，如果是小型积木游戏，教师还会捕捉到关于儿童精细动作发展的信息，而观察大型积木游戏，教师则往往可以看到儿童完成建构后运用作品开

① 转引自：李季湄.学前教育学基础[M].北京：北京师范大学出版社，2017：144.

展想象游戏的情况。

我们强调对“观察什么游戏”的计划和准备，主要强调的不是做类似“我马上要去看娃娃家，其他游戏我都不看”这样的计划，而是指要为观察“娃娃家”这样的游戏，做好相应的知识、技能的准备，对娃娃家游戏的特点、价值要有所储备。

同时，幼儿园所开展的各种游戏，确实都应该进行观察。在实施观察一段时间之后，教师可以粗略地统计分析自己已经观察的游戏类型，看看是否存在有些类型的游戏观察得多、有些类型的游戏观察得少甚至没有观察的情况，然后思考对于那些观察得少的游戏，如何有目的、有计划地进行一些观察。

在当前的游戏观察中，表演游戏和规则游戏都被观察得相对较少，但背后的原因却并不相同。对于规则游戏，很多教师观察得少是因为不知道该如何观察、解读。比如两名儿童在顺利地下棋，游戏推进正常，儿童看上去也不需要额外帮助，那么教师该怎么观察、观察什么。而表演游戏被观察得少，最主要的原因是幼儿园表演游戏本身开展得就比较少。大多数幼儿园的表演区更多开展的都是音乐表演，而非根据作品（特别是经典的儿童文学作品）所进行的表演、表演游戏，所以教师们觉得儿童单纯跟着唱唱跳跳也没有什么可以深入观察的点。

对于不同类型游戏的基础知识，本书第四讲还会较为详细地讨论。但是，请留意关于游戏知识的学习是永无止境的，大家可以通过各种方式，不断丰富自己关于幼儿园游戏的知识。

练习活动

回顾自己的工作经历，你观察得最多的一种游戏是什么？或者，你最喜欢、最擅长观察哪种类型的游戏？你观察得最少的一种游戏是什么？或者，你最不喜欢、最不擅长观察哪种类型的游戏？

与一个你观察得少（不喜欢、不擅长）但对方观察得多（喜欢、擅长）的教师组成一个二人组，观察这种游戏。

与一个你观察得多（喜欢、擅长）但对方观察得少（不喜欢、不擅长）的教师组成一个二人组，观察这种游戏。

第四节 观察游戏中儿童的什么

笼统地回答这个问题，那就是观察儿童在游戏中的学习和发展，或者说，他们在游戏中获得、积累了哪些经验。具体一点说，幼儿园教师可以观察儿童在游戏中健康、语言、社会、科学、艺术等五大领域的学习和发展。但是即便分出领域，这样的答案依然非常空洞。

事实上，儿童发展的五大领域，每个领域中都包含非常丰富的内容，如果我们对这些内容缺乏认识，就容易出现“视而不见”的情况，即儿童在游戏中表现出该领域中的某些方面的学习与发展，但观察者由于不具备这方面的知识，并没有看到（注意到）。让我们来看一个例子。

在一次“什么生活环节可以观察到什么”的讨论中，大家开始讨论“吃饭”可以观察儿童的哪些方面。比如，可以观察儿童小肌肉、手眼协调的情况；可以观察儿童的生活卫生习惯、是否挑食等。在讨论快要进入尾声的时候，一位教师说，还可以观察儿童口腔中“咀嚼”的情况。接着讲了很长的一段话，大意是由于现在人们吃的东西越来越精细，儿童的咀嚼能力没有得到充分的发展；而儿童的咀嚼能力在一定程度上会影响他们的发音、语言的发展。大家都觉得这位教师讲得非常好。就很好奇地问她怎么会想到观察咀嚼能力这个点的。她回答说，她是学特殊教育的，她上学时老师讲过，后来她也这样去观察过，觉得很有道理。于是，所有教师都感叹道：知识（理论）学习很重要。

《指南》是一个很好的帮助我们回答“观察游戏中儿童的什么学习和发展”这一问题的重要参考。熟悉《指南》能够帮助我们形成一个儿童学习和发展的框架、地图，是我们观察、分析、解读儿童的导航，使得我们在观察中不易迷路、失去方向。关于《指南》中儿童学习与发展的领域、子领域、目标、典型的行为表现、教育建议等，每位教师都应该比较熟悉甚至非常熟悉。

下面是《指南》为我们画出的“儿童发展地图”的主干道。

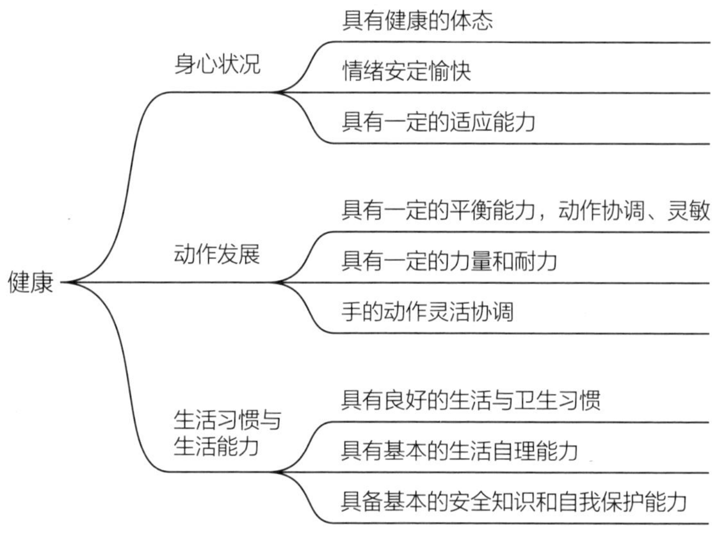

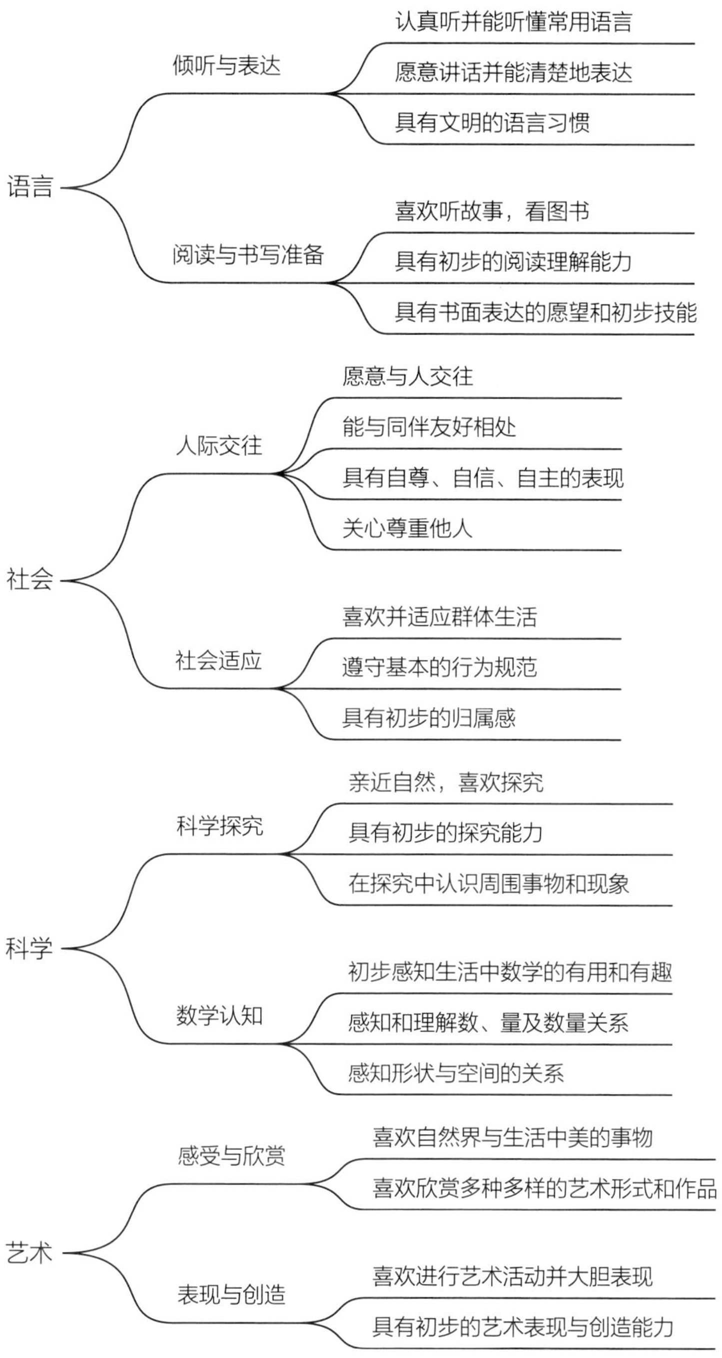

图3-1 《指南》中“儿童发展地图”

练习活动

花五分钟的时间，努力“背”上述《指南》的主要内容，看能默写出多少。只要能够写出大意即可。

你能“背”出80%的内容吗?

请再花五分钟的时间重点关注没有“背”出的内容。现在你对于儿童学习与发展的内容，已经有了比较粗略的把握了。

我们设计这个练习活动的目的不是让大家“死记硬背”。不过，如果完全记不住，又谈何理解？布鲁姆教育目标分类学中指出，认知目标分为识记、理解、应用、分析、综合、评价。广大幼儿园教师正是在识记、理解、应用、分析、综合、评价的过程中，逐渐形成了自己的知识图谱。

笔者曾经走访过一个游戏开展得非常好的幼儿园，发现这个幼儿园的教师对儿童在游戏中的学习与发展都能侃侃而谈，对单个儿童在具体游戏中的具体言行解读得非常好，既不是讲大道理，也不是流水账般地讲细节，很有说服力。无意中，笔者留意到了这些幼儿园教师口袋里的“《指南》口袋书（便于教师携带的尺寸）”，这些“《指南》口袋书”已经被教师们翻得有些破旧，很多教师的书页都卷起来了。于是笔者恍然大悟：这个幼儿园教师们的侃侃而谈不是凭空而来的，他们真的是像布鲁姆理论所讲的那样，在识记《指南》、理解《指南》、应用《指南》、分析《指南》。在后来交流中，一位幼儿园教师告诉参观者，她现在口袋里的《指南》，已经是第三本了。

除了五大领域，《指南》中关于3—6岁儿童学习品质的知识，也是我们观察儿童在游戏中的学习和发展的重要方面。从文本上看，学习品质不是一个特定的领域，但是在每个领域、每个学科中都有体现，甚至具有基础性的意义。因此，观察儿童在游戏中学习品质的具体表现，是非常重要的一个内容。关于“儿童学习与发展”的知识，本书第五讲会进行较为详细地讨论。

第五节 如何记录

对儿童游戏的观察，常常是与记录联系在一起的。当然，也有人提出“观察是不是必须要做记录”“是否存在没有记录的观察”这样的问题。显然，现实中肯定有“没有记录的观察”，而且有的时候教师的观察是完全无法记录的。但即使如此，我们也不能否认记录的价值。做不做记录，本身就需要判断、规划；如果要记录，怎么记录，也需要计划，需要做好准备。

关于记录，在本书第二讲已经有所讨论。在这里，我们主要想强调教师一定要根据观察的具体情况，做好“用什么方式（工具）”进行记录的计划与准备。

传统上，大多数幼儿园教师的游戏观察记录会采用纸笔记录的方式，即将看到的情况在笔记本、便利贴等上进行书面的记录。这样的文字记录相当于经过教师的一轮加工，能够捕捉记录关键信息，在之后的游戏案例、游戏故事撰写时可以直接使用。但是笔头记录相对比较费时，当教师在进行文字记录时也必须中断观察，可能错失一些重要的后续信息。当然，现在随着智能手机和语音转录功能的普及，越来越多的教师开始用“对着手机口述观察到的内容，让手机对其进行转录保存”来完成书面记录。这减少了教师记录的工作量和对持续观察的干扰。

大概从二十年前，随着数码相机走入千家万户，幼儿园教师也开始采用拍照的方式对儿童的游戏进行记录。照片能够捕捉游戏的精彩瞬间，能够留下儿童无法保留的游戏成果，而且记录非常快捷方便，也受到教师青睐。但照片终究是静态的，不如视频能够动态记录、生动形象，还不会落下各种关键而又重要的细节。特别是随着电子设备存储空间越来越大，比专业（专门）的相机方便很多的智能手机成为大家的日常工具，拍摄视频也成了教师游戏观察记录的主要方式。

不过，要用好视频这种记录方式，特别需要广大幼儿园教师做好计划与准备。比如，是完全手持手机还是要用拍摄杆？是手持拍摄杆还是将手机架在某处？架在哪里最有可能拍摄到儿童游戏的重要信息？手机是否空间足够、电池足够？是从游戏开始就连续拍摄，还是在过程中间断地拍摄？手持拍摄更加便于移动，拍摄杆拍摄角度更好，三脚架固定拍摄更加稳定，连续拍摄能确保记录不会错过重要环节，间断拍摄产出的文件小、便于传播……教师的计划应该基于观察记录的需要和每一种拍摄选项的特点来决定。事前计划得越好，观察记录的效果也越好。

拍摄照片、视频与在纸上做记录相比，往往会多出一个环节（步骤）。教师所拍摄的视频，常常需要再次观看、记录，才能便于随后的整理、分析。而这一环节的工作量往往是比较大的。

此外，拍摄的视频文件都比较大，存储、整理也是问题。如果没有计划、准备，很可能出现堆积如山的视频文件，很快就占满手机的存储卡，拷到电脑里不久就又占满了电脑硬盘，拷到移动硬盘里又占满了移动硬盘，传到云盘空间里，要使用时又要下载。

总体上讲，每一种观察记录的方式各有其优势和缺陷，要尽可能利用好每一种方法的优势、回避其缺陷，尤其需要教师做好计划与准备。计划和准备或许依然无法让大家轻松应对游戏观察中的记录问题，但至少可以让我们在游戏观察时更有信心、更有效率。

练习活动

请结合自己的实践经验，填写下面两个表格。

记录方式	优点	缺点
观察但不记录		
纸笔记录		
拍照片		
拍视频		
手持手机拍视频		
架好手机拍视频		
其他（请注明）		

记录方式	游戏类型							
	角色游戏		建构游戏		表演游戏		规则游戏	
	优点	缺点	优点	缺点	优点	缺点	优点	缺点
观察但不记录								
纸笔记录								
拍照片								
拍视频								
手持手机拍视频								
架好手机拍视频								
其他（请注明）								

总体上讲，幼儿园游戏观察的计划与准备，就是对以上五个问题的回答以及不同的组合。综合考虑这五个方面，有利于幼儿园游戏观察的开展。

表3-1 游戏观察的计划与准备的主要内容

谁观察	观察谁	观察什么游戏	观察游戏中的什么学习与发展	如何记录
教师 生活教师 实习教师 保健医生 行政人员 后勤人员 家长	所有儿童 有精彩表现的儿童 表现不精彩的儿童 有特殊需要的儿童 很难搞定的儿童	角色游戏 建构游戏 表演游戏 规则游戏 室内游戏 户外游戏 自主游戏	健康 语言 社会 科学 艺术 学习品质	只观察不记录 补记 纸笔 拍照 拍视频

上表呈现了对这五个问题的可能的回答，也呈现了不同答案的可能组合。这些组合就是我们对游戏观察进行计划和准备时可能采用的路径和框架。比如，“教师—有精彩表现的儿童—建构游戏—学习品质—拍视频”就是一种组合、一种可能。这意味着幼儿园教师，采用拍视频的方式，对班级里很会玩建构游戏的儿童进行观察，而且重点观察的是其学习品质。再比如，“生活教师—有特殊需要儿童—自主游戏—社会—补记”，这是另外一种可能的组合。这意味着在全班自主游戏这个时间段，一名有特殊需要的儿童，需要生活教师的特别关照。由于是一名有特殊需要的儿童，生活教师无法采用拍视频、写笔记等方式观察、记录。相反，生活教师必须时时紧跟这名有特殊需要的儿童，关注他与其他儿童的关系，避免他攻击其他儿童、推倒他人的作品，同时也观察其他儿童是如何应对这名有特殊需要儿童的特殊言行的。

本讲着重介绍了幼儿园教师游戏观察计划与准备的要素和思路，关于具体的操作，我们将在下一讲再展开。

第四章

幼儿园游戏的基础知识

游戏，是一个模糊、丰富、多样的词语。它可以是动词，也可以是名词；它可以是目的，也可以是手段；它可以是形式，也可以是内容；它可以是一个学术词语，也可以是一个生活用语；它可以是褒义，“没有游戏的人生是不完整的人生”，也可以是贬义，如“玩物丧志”“业精于勤荒于嬉”……对于游戏一词，几乎任何人都可以谈谈自己的看法，但在何种意义上使用这个词，却差异很大。当我们说“游戏成瘾”和“幼儿园以游戏为基本活动”时，当我们说“教育游戏”和“课程游戏化”“游戏课程化”时，游戏有着不同的含义，有着不同的背景、边界。

第一节 游戏的定义

一、游戏的中文含义

游，在《说文解字》里写作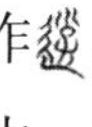，是旌旗下边或边缘上悬垂的装饰品。想象一下，在空中、在风中，这些旗子上悬垂的东西，一定会随风飘荡、轻舞飞扬，是轻松的、自由的、活动的。但这些悬垂的东西，是与旗子联系在一起的，不是断了线的风筝飘荡出去再也不能收回。

戏，金文写作，右边的“戈”是武器，指俘虏、死囚、奴隶的表演，有角力、竞赛体力的意思，也带有嘲弄、玩笑的意思。

当游戏二字连用时，其含义开始变化。当与儿童连用时，较多地是指玩耍、嬉戏和娱乐[①]，当与成人连用时，则可能会带有贬义，被认为是一种会妨碍学业等正经事的无益有害的行为[②]。

在中文里，跟游戏接近的词语，还有玩、耍等。玩，有忙碌、喜欢、玩弄、欢闹、开玩笑、嘲弄；浅尝辄止的专注；不用于需要技能的游戏、竞赛、赌博或戏剧表演。而耍，则有杂耍、耍弄、耍把戏的意思。

练习活动

从对游、戏、玩、耍四个字的考查中，我们大体能够感受到游戏的丰富性、多样性。

请谈一谈你对游、戏、玩、耍四个字的理解。你可以尝试用这四个字来组词、造句，通过分析它们的联系和区别来体会它们各自的含义。

二、游戏的英文含义

在英文里，有两个词与游戏相关，即play和game。game主要指“有规则的游戏”（games with rules），这种游戏常常有着非常明显的“规则”，通常涉及如何算输、如何算赢。那些代代相传的民间游戏大多都是规则游戏。play当名词用，作为一类行为的总称，包括的行为非常广泛（其中也包括game），从小孩子的角色游戏到舞台表演、玩

① 吴航.游戏活动与儿童教育[M].北京：人民教育出版社，2012：39.

② 刘焱.幼儿园游戏教学论[M].北京：中国社会出版社，2000：26.

笑幽默等都在它的范围之内。[1]但通常情况下，play更指向那些自由自主的游戏。如果我们联系“奥林匹克运动会”的英文（Olympic Games），就更能明白game和play的区分和联系。

通常情况下，人们倾向于将game和play都翻译为游戏，这就可能会混淆二者的区别。但也有人在想办法区分二者的翻译，以便更容易与国际游戏研究接轨。比如，有些研究者认为应该将play翻译为玩、玩耍，更强调其自由自在的特性，将game翻译为游戏，强调其规则性、目的性。事实上，不同语言中与游戏相关的词语考查，一直都在进行。荷兰文化史学家和语言学家约翰·赫伊津哈在《游戏的人——对文化中游戏因素的研究》一书中，对十几种语言在内的游戏概念的表达所作的分析堪称这方面尝试的典范[2]。

三、理解游戏的三个角度

一是除了游、戏二字之外，还有哪些与游戏有关的词，应同时进行考察？约翰·赫伊津哈在考察中文的游戏含义时，认为最重要的单词是玩，认为玩除了游戏的意思外，还有“忙碌、喜欢、玩弄、欢闹、揶揄、开玩笑、嘲弄”的意思，是“戏剧的注意力摆弄”“浅尝辄止的专注”，并且专门指出玩这个词不用于需要技能的游戏、竞赛、赌博或戏剧表演。一些社会、文化领域的研究者，似乎更喜欢用玩来称呼游戏，如于光远就自称创立了玩学。在电子游戏、网络游戏里，也常将游戏者称为玩家。儿童游戏时使用的物品，通常被称为玩

① 刘焱.幼儿园游戏教学论[M].北京：中国社会出版社，2000：23-24.

② 赫伊津哈.游戏的人：文化中的游戏成分的研究[M].广州：花城出版社，2007：31-46.

具。儿童也更倾向于认为玩是自己玩、随便玩，更接近于游戏的本意；而在儿童看来，游戏是指由教师带领或组织大家一起玩的规则游戏。[①]除了玩之外，赫伊津哈还指出中文中与游戏有关的单词有争、赛、让等。本书作者认为，还可以从耍、玩耍等角度考察游戏的含义。

二是游和戏的关系。从顺序看，是先考察游字，还是先考察戏字？换句话说，哪个字是词根、是源头？大多数研究者都是按游戏二字的顺序，先考察游字，再考察戏字。也有研究者认为，戏字才是游戏一词的词根，在考察游戏的辞源时，应先考察戏，而不是游[②]。游和戏是并列关系，还是偏正关系？

三是对游戏二字的辞源探究，以及从中得到的启示，如何在随后的研究中得到应有的贯彻、执行，或者说，辞源考察如何不只是装点门面。比如，游字之“旌旗之流”所传递出的旗帜上的飘带之“悠闲从容、无拘无束”，飘带与旗杆、风之间的关系，并没有在随后的游戏研究中得到执行；游戏中诸如“轻松、紧张、有秩序地轮换、自由选择、冒险、挑战、机遇、英勇”“琐碎、闲散放浪、不真实、幻觉的、无价值”这些体验，有的在游戏研究中体现，有的并没有体现。总体来讲，已有研究中对游戏的轻松、自由选择讲得多，游戏中的紧张、机遇谈得少；游戏中的有价值谈得多，游戏中的无价值谈得少。这些看上去相互冲突的意思，应该如何理解？当研究者不是顺着游戏本意而是有所偏向地选择一些要点进行形式化的考察，本身就弱化了辞源考察的价值。事实上，一旦抓住了其中的一些被研究、实践忽视

---

① 转引自：黄进. 关于幼儿园游戏教育化的思考[J]. 学前教育研究，1999（4）：27-30.

② 李屏.中国传统游戏研究——游戏与教育关系的历史解读[M].太原：山西教育出版社，2012：16.

的“小点”，游戏就会焕发出巨大的活力。比如，在安吉游戏实践中，给儿童提供了“冒险、挑战”的机会，也由此撬动了游戏的其他方面；有研究者在考察游戏含义时，得出了“游是有根的动荡或飘荡，轻舞飞扬，强调其轻松和动感，但与根源不弃不离，不是断了线的风筝飘荡出去再也不能收回”[①]，这对于游戏实践，对于是不是要引导儿童的游戏，具有很强的指导意义。

第二节 游戏的类型

一、人的游戏与动物的游戏

游戏是人类的专利吗？不，动物也会游戏。

一些动物学家从不同的角度，探讨了动物的游戏问题。他们研究动物的行为、表情，发现动物会有很多游戏行为，具体表现为不是真的，而是假的。比如，两只黑猩猩会假装推来推去或用木棒敲打，但并不真的将对方推下去，并不是真的将对方打痛、打伤。比较高等级的动物会游戏，像蚂蚁这样的昆虫也会游戏。甚至有研究者还对动物游戏进行了分类，分为单独游戏、战斗游戏和操纵事物的游戏[②]。

关于动物也会游戏这一点，养过小猫、小狗之类的小动物，或者持续观察动物一段时间，就会发现这一点。

① 张新立.教育人类学视野下的彝族儿童民间游戏研究[D].重庆：西南大学，2006.

② 周立明. 动物游戏之谜[M] //库宝善. 动物与人行为探秘. 北京医科大学、中国协和医科大学联合出版社，1992：29-34.

二、儿童的游戏与成人的游戏

游戏是年幼儿童的专利吗？不，成人也会游戏。

成人会玩游戏，这不是什么高深的专业知识，而是一个基本常识。成人常常会直接使用游戏一词，比如，“游戏人生”“他输不起”，更不用说很多成人热衷的电子游戏、网络游戏了。关于这一点，我们只要想一想自己玩不玩游戏，你周围的同事、朋友玩不玩游戏，就一目了然了。

事实上，在游戏研究中，并非只有教育特别是学前教育研究游戏。其他学科，诸如哲学、社会学、人类学、美学、体育学、民俗学，都会研究游戏。这些学科对游戏的研究，会涉及年幼儿童，但不仅限于年幼儿童。

三、幼儿游戏与幼儿园游戏

幼儿游戏与幼儿园游戏，都在讲游戏、幼儿的游戏，但后者强调的是发生在幼儿园里的游戏，二者还是有区别的。作为幼儿教育工作者（幼儿园教师），对此做出一定的区分，是有其意义和价值的。

如前所述，不仅年幼儿童会游戏，成人、动物也都会游戏。也就是说，游戏是早于幼儿园而存在的。游戏有游戏的特点，但当游戏这种活动进入幼儿园这样的教育机构的时候，就会被幼儿教育工作者（幼儿园教师）利用、改造，也就会发生一些变化，与幼儿园之外发生的纯自然发生的游戏有所区别。

根据《学前教育法》及相关文件的规定，幼儿园是对3—6岁儿童实施保育和教育的机构，幼儿园与小学、中学一起，构成了我国的学制体系。幼儿园教育是基础教育的有机组成部分，是国民教育体系的起始阶段。也就是说，幼儿园是国家的教育机构，必须实施国家的教育方针、教育政策，必须为实现国家教育目标服务。从这个意义上讲，幼儿园的游戏就可能不同于幼儿园之外的游戏。

《幼儿园教育指导纲要（试行）》（以下简称《纲要》）指出，幼儿园的教育活动是教师以多种形式有目的、有计划地引导幼儿生动、活泼、主动活动的教育过程。我们至少可以从三个方面来理解幼儿园教育活动。第一，幼儿园的教育活动的形式是多种多样的。相对而言，中小学的教育活动主要是课堂教学，而幼儿园的教育活动除了课堂教学（集体教育活动）之外，还有生活活动、游戏活动等。第二，幼儿园的教育活动是有目的、有计划的。这里的有目的、有计划，并不是指某一活动之后必须即时达到的目标，而是指这些活动要指向培养目标、教育目的。第三，幼儿园的教育活动中的幼儿应该是生动、活泼、主动的。也就是说，游戏中幼儿不是被动参与、更不是刻板服从。只有同时满足这三个特点，才是一个好的幼儿园教育活动（如图4-1所示）。

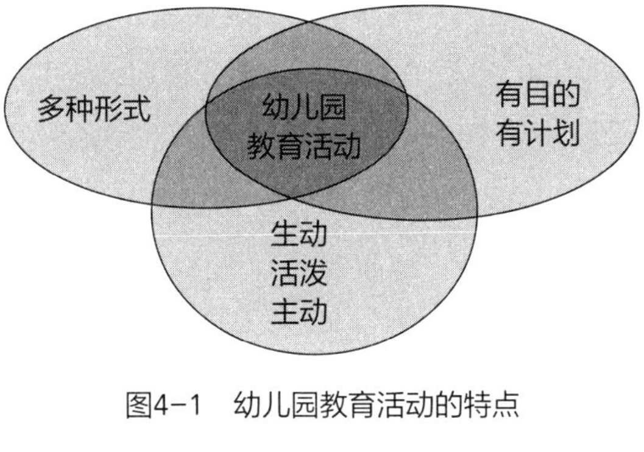

图4-1　幼儿园教育活动的特点

幼儿园游戏作为幼儿园教育活动中的一种，也应该满足这三个特点、要求。

练习活动

图4-1用相交的三个圆来表示幼儿园教育活动的基本特点。你能对上图中没有标注的文字部分（仅仅两两相交的部分），进行解释说明吗？你能对每一个交叉部分举一个例子吗？

第三节 儿童游戏的特点

一、积极情绪

游戏总是伴随着愉悦、快乐、高兴、喜欢等积极的情绪，通过儿童的语言、表情、动作就能观察到他们是否具有这些积极情绪。游戏的这一特点，意味着游戏应该是好玩的、有趣的。

说游戏具有积极情绪的特点，并不意味着在所有的游戏中，儿童都在欢声笑语、手舞足蹈。相反，在有些游戏中，儿童的表现是严肃、认真、紧张的，甚至，还可能有些许害怕、担忧。比如，儿童在玩一些有挑战性的体育游戏时，就会有害怕、紧张的表现；儿童在玩下棋之类的竞赛性游戏时，就会有严肃、认真的表现。但即使如此，儿童也会继续游戏，乐此不疲。

如何理解以上这些看似矛盾的描述？关键是不能将伴随着的外部情绪表现与内部情感体验混为一谈，游戏中那种紧张、认真的严肃表现，是游戏者出于自我需要满足而自发的，是被愉快的后效所支持的，从而体验的是积极的情绪。[1]在华爱华老师看来，游戏是愉快的活动，但有些游戏表现出严肃、认真的特点，是一种伴随愉悦体验的严肃表现。

练习活动

观看二维码中的视频，请分析视频中的儿童，在活动中是否有积极的情绪。

二、虚构性

游戏是假的、假装的，是游戏就不是真的。游戏的虚构性集中体现在以人代人、以物代物、情景转换等三个方面。在一个娃娃家游戏中，“爸爸”不是真的，是一个儿童扮演的，炒菜的“锅”不是真的，是一个玩具代替的，“娃娃家”这个情景也不是真的。虚构性将游戏和日常生活区分开来。

说游戏具有虚构性，并不意味着游戏与现实、真实是没有关系的。相反，儿童的游戏常常是现实生活的反映，与现实生活是紧密联系的。“娃娃家”里的每一个角色、每一个材料、每一个动作、每一个情节，都可能是与这些儿童的现实生活相联系的。儿童的生活经验越丰富，游戏的内容就越充实；儿童对现实的体验越深刻，游戏行为就越逼真。那些生活经验贫乏的儿童，常常在游戏中也可能情节单一、水平不高。

---

① 华爱华.幼儿游戏[M].上海：上海教育出版社，1998：88.

如何理解以上看似矛盾的描述？一方面，儿童游戏的虚构是来源于现实、基于现实的，有点类似于文学作品来源于生活但高于生活。儿童的游戏，来自生活但不完全等同于生活。另一方面，儿童可以用假想改造、影响现实生活。以打针等医院、医疗游戏为例，儿童在玩打针的假想游戏的过程中，情绪得以宣泄、认知得到调整，下次真的打针时，变得更加勇敢一些，就是儿童在假想的游戏中，改造了现实。再有，儿童在某一时间段内，可能会出现在假想和真实之间穿梭的情况。比如，在一个娃娃家游戏里，儿童有时在说真实的事情（如分配角色、你演什么、我演什么、怎么演等），有时在说假的事情（如假装哄宝宝睡觉）。儿童对游戏中的真真假假，何时真何时假，是了如指掌的，也是心照不宣的，是可以随时开始，也可以随时结束的。

练习活动

观看二维码中的视频，请分析视频中的儿童，在活动中是否具有虚构性，具体体现在哪里。

三、内在动机

内在动机指主体自身想要这样做，而外在动机，则意味着主体活动的目的来自外部，比如，成人的要求，或者这样做了可以得到好处等。游戏具有内在动机这一特点，意味着儿童游戏是因为儿童自己想要游戏，意味着游戏是一种没有外部强制性目的的活动。

说游戏是内存动机的，是没有强制性的外在目的的，是否意味着游戏是一种无目的的活动，或者说是一种盲目的活动呢？答案是否定的。首先，我们强调的是游戏没有外在的、外部的目的，但有内在的、内部的目的。其次，我们还强调游戏中的目的不是“强制性”的，意味着不是教师要求的，不是必须做的，不是活动结束时必须完成的任务。事实上，当我们观察儿童的游戏时，是很明显地看到儿童游戏行为的目的的，比如，儿童想搭出一座人能站上去的桥。而且，尽管没有人要求儿童必须搭出来，儿童也常常会全情投入直至成功。

练习活动

观看二维码中的视频，请分析视频中的儿童，其活动源于内在动机吗？如果源于外在动机，会是什么样的？

四、过程导向

过程导向意味着儿童在游戏时，更关注的是游戏的过程，而不是游戏的结果。比如，儿童在用积木进行搭建时，他们更关注搭建的过程，而不是最后搭出了什么。最后搭出的成果，或许只存在一个很短的时间，只要搭建了，即使最后没有搭出什么东西，也不否定儿童是在游戏。

游戏的过程导向这一特点，是否意味着儿童完全不注重游戏的结果呢？答案是否定的。要说儿童在游戏时一点也不关注结果，这是不符合实际情况的。比如，当儿童在进行搭建游戏时，他们也渴望搭建出自己满意的作品，甚至有的儿童还会请教师来看自己的作品，向教师提出保留作品的要求。再者，对一些规则游戏来说，常常是有输赢的，游戏者当然是希望自己能够赢而不是输的。这也是儿童注重游戏结果的表现。

练习活动

观看二维码中的视频，请分析视频中的儿童，在活动中是过程导向的吗？如果是结果导向的，儿童可能会怎么做？

五、自由选择

自由选择意味着儿童在游戏时，拥有玩什么、怎么玩、和谁玩、什么时间玩、在哪里玩的自由，还拥有不玩、什么时候结束玩的自由。在谈论游戏的自由这一特点时，可能会用到自主、自愿、自发等不同的词语，其含义未必完全一样，但大体想表达游戏的自由特性。

游戏的自由选择这一特点，是否意味着儿童的游戏，是绝对自由，不受限制、约束的呢？显然，答案也是否定的。首先，如果我们讨论的是幼儿园里的儿童游戏，一定会受到幼儿园这样的一个教育机构的规定和限制，比如，通常情况下，儿童不能选择到幼儿园之外去游戏，不能在全班要进餐时、午休时“自由选择”要进行游戏。其次，游戏本身是有规则的，游戏的规则会约束限制儿童的游戏。比如，规则游戏的“规则”是所有儿童都必须遵守的，不遵守规则就是犯规，犯规是不被允许的，是会被踢出游戏队伍或被暂停玩游戏的。即使像角色游戏这样的非规则游戏，也是有规则的，如应该如何扮演爸爸、医生，现实生活中的爸爸、医生也要遵循一定的规则。

练习活动

阅读二维码中的文字，请分析文字描述的儿童，在活动中是自由选择的吗？为什么？

第四节 游戏性

我们还可以从一个活动是否具有游戏性，或者游戏性的强弱，来讨论儿童游戏的特点，或者说，来判定一个活动是游戏，还是不是游戏。

游戏性，playful，playfulness，有的人也称为（译作）玩性。游戏性不是一个有无的问题，更多的是强弱的问题。在儿童游戏研究中，还有游戏精神这一概念。游戏精神相对更抽象一些，游戏性、玩性更具体一些。比如，一些研究者研发出相应的量表，测查一个活动、一名儿童、一个组织的游戏性（玩性）。

一、关于游戏性的一般知识

游戏性这个概念早在20世纪30年代的儿童游戏研究中就已出现，20世纪60年代以后，出现了关于游戏性较为系统的研究。迄今为止，人们主要从两个相互联系的方面来理解其含义。一是把游戏性视为游戏活动的一种客观属性，赫伊津哈在《游戏的人——对文化中游戏因素的研究》一书中，即将游戏性作为游戏的独有特征加以阐释，他认为在不同的游戏活动中，游戏性有强有弱。利伯曼则认为，游戏性是判断一种活动是不是游戏的标准，游戏性是所有游戏活动的重要特征。二是将游戏性视为儿童的一种个性品质。大多数学者普遍认为，游戏是童年期特有的活动类型。在这种活动中，儿童会形成对于周围环境的态度。这种以游戏活动为中介形成的态度会逐渐转变为个体的一种个性特征或品质，即游戏性。游戏性作为一种个性品质，涵盖了个体认知、情感、社会性等各方面的内容，是一种以主体性为核心的积极主动的发展状态。[①]

总体而言，游戏性既是活动的一种客观特征，又是主体的一种个性品质，作为个性品质的游戏性是在儿童的游戏活动中生成和发展的。游戏性程度不同的儿童，其游戏的方式方法、游戏的外在表现也是不同的。[②]比如，游戏性高的儿童，对玩游戏更加积极主动，更容易和其他人一起玩，更加投入，更容易创造性地玩，更容易体验到游戏的乐趣。playfulness这个词在引进中国的时候，被译为游戏性或玩兴，在大陆的学前教育阶段，主要是以游戏性来表达这个单词，而成人的游戏性则用玩兴表示，在台湾的研究中，无论是儿童还是成人，都是用玩兴来表达游戏性。随之引进的还有利伯曼和巴尼特（Barnett）关于游戏性的特质（游戏性包括身体的自发性、社会的自发性、认知的自发性、明显的愉悦性和幽默感五个特质）[③]和“儿童游戏性量表”（Children’s Playfulness Scale）[④]等。

二、游戏性的具体特征

下面，我们将主要从儿童个性（特性）的角度，来探讨游戏性。也就是说，描述一个有游戏性的人是什么样的。

1. 身体的自发性

身体的自发性，是指儿童自己发起各种身体活动，能够自主地控

---

① 吴航. 游戏与教育——兼论教育的游戏性[D].武汉：华中师范大学，2001.

② 何梦焱，刘焱.面向21世纪　培养儿童的游戏性[J].学前教育研究，1999(1)：21–24.

③ Lieberman, J. N. Playfulness and divergent thinking ability: An investigation of their relationship at the kindergarten level[J]. Journal of Genetic Psychology, 1965:107, 219–224.

④ Barnett L A .The playful child: Measurement of a disposition to play[J].Play & Culture, 1991, 4(1):51–74.

制自己的身体。除此之外，从游戏性的角度来看，还指那些喜欢运动、身体运动比较协调、在身体运动上表现良好等特征。换句话说，那些不喜欢身体运动、不擅长身体运动的儿童，在身体的自发性上就相对较弱一些，游戏性也就低一些。

2. 社会的自发性

社会的自发性，是指儿童在活动时，能作为游戏的一员参与他人的游戏，也能够作为游戏的发起者吸引、组织其他人一起游戏。也就是说，那些能够跟别人很好地玩得起来（不管是跟随者还是发起者）的儿童，其社会的自发性就高一些，游戏性也就强一些。

3. 认知的自发性

认知的自发性，是指儿童在活动的过程中，其认知是积极、主动的，很有创意。比如，儿童自己发明、创造出自己的玩法，能用非常规的方法玩常见的材料，或是能够使用一些非常规、非常用的材料等。也就是说，那些能够很有创意地玩的儿童，其认知的自发性就高一些，游戏性也就强一些。

4. 明显的愉悦性

明显的愉悦性，是指儿童在活动的过程中，明显地表现出愉悦、开心、高兴等积极、正面的情绪。比如，儿童表现出很有热情、很有活动力、很投入，甚至出现一些类似唱歌、跟他人（如教师、同伴）分享交流自己喜悦等言行。也就是说，那些能够感受、表现出愉悦、快乐的儿童，游戏性也就更强一些。

5. 幽默感

幽默感，是指儿童在游戏中表现出一种幽默的感觉、倾向。比如，比较搞笑、好玩、开玩笑，甚至打闹、胡闹、戏弄等。幽默感既指儿童自己具有这种幽默感，也指儿童能够感受、体验到他人的幽默感。幽默感高的儿童，游戏性也更强一些。

练习活动

请用以下“儿童玩性量表”，对某一名儿童或某一活动进行观察。

儿童玩性量表

维度	项目	项目与儿童相符合的程度				
		完全不符合	不太符合	一般	比较符合	完全符合
身体自发性	儿童运动很协调					
	儿童行为很活跃					
	儿童好动不安静（动得多、静得少）					
	儿童跑（跳、滑）得多					
社会自发性	儿童对别人的接近表现出友好					
	儿童能与别人一起发起游戏					
	在游戏中儿童能与其他人合作					
	儿童愿意与别人分享玩物					
	儿童在游戏中担任领导者的角色					
认知自发性	儿童创造自己的游戏					
	儿童在游戏中使用非传统的物品					
	儿童担任不同特征的角色					
	儿童在游戏中常变换活动					
明显的愉悦性	儿童在游戏中表现得很兴奋					
	儿童在游戏中表现得精力充沛					
	儿童在游戏中表现积极					
	儿童在游戏中表达情绪有限制					
	儿童在游戏时又说又唱					
幽默感	儿童喜欢与其他儿童开玩笑					
	儿童善意地逗弄他人					
	儿童讲滑稽故事					
	儿童听到幽默故事时发笑					
	儿童喜欢与周围人闹滑稽笑话					

第五节 关于游戏的分类

对于任何学科、知识或概念，进一步分类是必要的，也是非常有意义的。分类，意味着深入、更进一步。一旦分类，就有分类的依据，也可以说是分类的标准、分类的角度、分类的维度。

一、从认知角度的游戏分类

从游戏所反映出游戏主体的认知情况（水平）的角度，我们可以对游戏进行分类。需要注意的是，这样的分类更强调在这个游戏中，儿童反映出的认知情况，并不意味着儿童认知发展一定只处于这个水平。比如，在这个游戏中反映出儿童是机能性的练习，并不意味着儿童只具有这种游戏水平，不能进行建构、象征或规则游戏。

（一）练习性游戏

也称功能性游戏、机能性游戏、感觉运动游戏等。这种游戏由简单、重复的动作构成，在练习性游戏中，儿童常常因感觉和运动器官的不断重复而获得快感。练习性游戏可以操作物体，如拿着拨浪鼓不断摇动，也可以不操作物体，如在地上爬来爬去、在楼梯上上上下下等。

练习性游戏是最早发生的游戏类型。随着年龄的增加，儿童的练习性游戏会逐渐减少。根据有些学者的研究，在14—30个月时，儿童练习性游戏占全部活动的53%；在3—4岁时，约占36%—44%；在4—5岁时，约占17%—33%；在5—6岁时，约占14%。[①]练习性游戏会随年龄增

① 刘焱.儿童游戏通论[M].北京：北京师范大学出版社，2008：181.

加而减少，但不会消失。即使成人，也还会有练习性游戏（或活动），特别是当学一个新技能，在“到会不会”的阶段，常常就会出现练习性游戏（活动）。比如，学习一种舞蹈、一种棋牌、骑自行车、开车等。

（二）象征性游戏

也称想象游戏、假装游戏、扮演游戏。这种游戏的突出特点是假装，即儿童用游戏来反映现实生活。其“假”主要体现在三个方面：一是以人代人，即角色扮演，用一个人假装（扮演）一个生活中的人，如一名儿童假装是爸爸、医生、交通警察；二是以物代物，用一个物品假装成另外一个生活中的物品，如用沙假装成蛋糕、用细细的纸条当面条；三是情景转换，即儿童用动作、表情、语言等营造出一个假想的情景、氛围，如假装这是医院，有人要生小孩、要剖宫产。

象征性游戏是学前儿童非常典型的一种游戏类型。

（三）结构性游戏

也称建构性游戏、搭建性游戏。这种游戏是指儿童按照一定的计划或目的来组织物体或游戏材料，使之呈现出一定的形式或结构的活动。结构性游戏的一个突出特点是，游戏一定需要相应的结构材料。根据材料的不同，可以将结构性游戏进一步分类，如其中有一类是积木游戏，而积木游戏又可以进一步分类，可以分成小型积木、中型积木、大型积木，或者空心积木，或者单元积木。

有的研究者对结构性游戏的界定比较狭义，主要是指基于积木、积塑、拼插类材料所开展工作的游戏活动；而有的研究者对结构性游戏的界定比较广义，包括但不限于玩沙、玩水、玩雪、玩泥、木工等。

（四）规则游戏

规则游戏是指两个及两个以上的游戏者参与的，以游戏规则裁判胜负的，具有竞争性质的游戏。规则性游戏突出的特点是其具有明确的外部的游戏参与者认可的游戏规则。规则游戏可以进一步分类，如智力性的、动作性的、运动性的，或是其他维度的分类。打牌、下棋、跳房子、丢手绢、抢椅子、打弹珠、老鹰抓小鸡等，都是典型的规则性游戏。

规则性游戏中的游戏一词，对应的英文是game，而非play。中小学生直至成人，都会玩游戏，这些游戏大多是game，是规则性游戏。民间游戏中的大多数，都是规则性游戏。

二、从社会性角度的游戏分类

以下介绍帕顿从儿童参与社会性集体活动水平的角度做出的游戏分类。虽然这一分类很有历史，接近百年，但确实比较经典。大家可以根据其名称，大体推测这一类游戏的含义。

（一）偶然的行为或无所事事的行为

儿童没有在进行特定的游戏（至少成人看不出来），只是无目的地走动、闲逛、游荡，无目的、无聊地走动，或者东摸一下、西摸一下（无目的地随便摸摸而已）。

（二）旁观行为

儿童在其他正在游戏的儿童旁边，观看他人的游戏。偶尔和游戏中的儿童有交谈，但内容常常与正在发生的游戏关系不大；有时可能会提出问题或提供建议，但行为上并不介入、参与这些正在进行的游戏。与无所事事的儿童的区别在于，旁观儿童对别的儿童的活动表现出兴趣，不像前者对游戏没产生兴趣，一直处于游离状态。

（三）独自游戏

儿童专注地玩着自己的游戏，即使有离自己很近的同龄人，也不一起玩。儿童似乎并没有注意到周围的同龄人，即使注意到，其他人的游戏行为似乎也并没有影响到他（她）。

（四）平行游戏

儿童与附近的儿童玩着相同的玩具、游戏，各玩各的，相互之间不交流、不合作。但儿童实际上是看到对方的，对方的游戏行为也可能影响到自己。

（五）联合游戏

儿童与儿童在一起玩，但相互之间没有明确的分工、合作，每个人做自己想做的事，并不为一个共同的目标而努力。联合游戏不是真正的合作，只是形式上在一起玩。

（六）合作游戏

儿童围绕共同的游戏主题，分工合作，共同推进游戏。儿童在游戏过程中，有着共同的游戏目的，游戏者之间达成了一定的默契、心照不宣。但这并不意味着在合作游戏中，没有纠纷、争执、矛盾、冲突，而是说明儿童在合作地进行游戏。

三、关于游戏分类的几点思考

1. 对游戏进行分类的目的，是为了更清楚地理解游戏，更深入地认识游戏，但儿童的游戏本身是综合的、整合的，而不是分割的、分裂的。

2. 对游戏进行分类，容易强调、夸大不同类型游戏之间的区别，而忽略了不同类型游戏之间的联系。事实上，不同的游戏之间，是一个连续体。

3. 当对游戏进行分类时，我们更容易从学术逻辑、思辨逻辑的角度进行分类，强调分类本身的严密性，而忽略工作逻辑的分类。比如，大班额背景下的儿童游戏，混龄儿童游戏，真游戏、假游戏，室内游戏和户外游戏，天气不好时开展的游戏，条件有限情况下的游戏，空间有限情况下的游戏，室内游戏户外化、户外游戏室内化，需要材料的游戏和不需要材料的游戏等。

4. 对游戏进行分类，可能会关注那些能够明显分成两类或三类的游戏，而那些只有一类、没有明确针对性的游戏，可能会被忽视，如民间游戏，打闹游戏等，就可能很容易被忽视，导致这些游戏逐渐消失。

5. 还可以从很多维度对游戏进行分类。比如，根据教师在游戏中的角色与地位，可以分成自主性游戏与教学性游戏；可以分为目的性游戏和手段性游戏；可以分为儿童发起的游戏和教师发起的游戏等。

6. 是幼儿（儿童）游戏分类，还是幼儿园游戏分类？从目前游戏研究者所提供的分类来看，更多的是对儿童游戏进行分类，而不是对幼儿园游戏进行分类。前面提到的工作逻辑的游戏分类，更倾向于是幼儿园游戏分类。

简单地从某个维度对幼儿园游戏进行分类，无法满足幼儿园游戏实践的需求，也无法反映幼儿园游戏的丰富性与多样性。如果能够将游戏与教学看作是一个连续体，研究不是去指出两个极端，而是指出中间的各种过渡状态，或许更是幼儿园游戏分类应有的。有研究者从活动中结构化程度的高低，用下图尝试构建这样的游戏分类图谱。

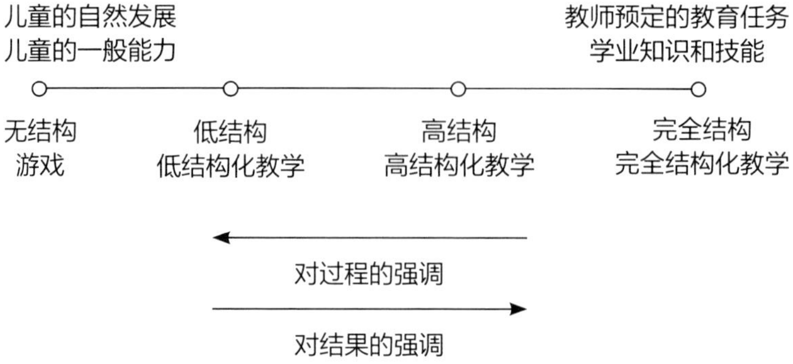

图4-2　幼儿园活动性质向度图①

从活动的结构化程度的角度，从左到右，从无结构到低结构，到高结构，到完全结构，活动也从游戏到低结构的教学，到高结构的教学，到完全结构的教学。研究者强调，这是纯游戏与纯教学两个极端之间的连续体，各种活动，都能在这两点一线的连续体上，找到相应的位置。但在这一图谱中，相对较好地解释了纯游戏与纯教学的结合，更多地强调了教学，游戏的类型不够丰富。

西方的一些研究者，从游戏与教师的教、儿童的学的关系出发，更详细地讨论不同类型之间的关系，以期为游戏下一个更加丰富、多样的定义。在这种情况下的游戏，不再是一个单一的概念，而是一个由多种不同类型构成的一个系统，一个游戏的图谱。②

① 朱家雄.幼儿园课程[M]. 2版. 上海：华东师范大学出版社，2011：58.

② Zosh, J.M., etc. Accessing the inaccessible: redefine the play as a spectrum[J]. Frontiers in Psychology, 2018(9):1124.

	自由游戏	引导的游戏	规则游戏	指派的游戏	游戏性教学	直接教学
发起	幼儿	成人	成人	幼儿	成人	成人
主导	幼儿	幼儿	幼儿	成人	成人	成人
外显目标	无	有	有	有	有	有

图4-3 游戏图谱

构建游戏图谱的目的，不是要比出哪种游戏好、哪种游戏不好，而是要指出不同游戏之间的关系，一个幼儿园应该充分发挥不同游戏的价值与功能，发挥出组合优势。

第六节 关于游戏与教学、学习等其他概念关系的讨论

游戏是幼儿园的基本活动，这句话指出了游戏与幼儿园的关系。从发生学的角度来看，游戏早于幼儿园产生。当幼儿园诞生之后，需要充分地利用已有的各种经验为幼儿园服务，因此，游戏进入了幼儿园。

那么，当游戏进入幼儿园之后，就势必存在着游戏与幼儿园内部诸概念的关系问题。本节将对这些问题做简要的分析与讨论。需要指出的是，这些概念，常常都有广义和狭义之分，这也增加了我们讨论这些关系的复杂性。

为此，本节在讨论这些关系时，更多的是指出各种观点，而不是给出答案。我们希望这是思考的开始，而不是结束。

一、游戏与学习

关于游戏与学习的关系，有如下三种观点值得我们关注、讨论。

观点一：游戏不是学习

这种观点认为，是游戏就不是学习，是学习就不是游戏，游戏与学习是二元对立的。持这种观点的人认为，游戏与学习是两种本质上不同的活动，游戏是消耗、浪费时间，而学习是增长知识、能力。中国传统文化是比较支持这种观点的。我们可以从很多日常用语中找到一些词语，它们不同程度地支持“游戏不是学习”的观点。比如，业精于勤荒于嬉，行成于思毁于随；君子无戏言；玩物丧志；莫当儿戏；游手好闲；耍把戏；游荡；戏弄；戏耍；耍猴……

对于绝大多数教育工作者和家长来说，很少有人会宣称、承认自己完全持这种观点。但这种观点却以非常坚强的方式“活”在很多人的心中。不少人会首先承认游戏中有学习，但接着会加上“严格意义上讲……”，表明在心理底层，可能是将游戏和学习做出了严格的区分。“要学就学个踏实，要玩就玩个痛快”，成为不少激励自己、要求孩子的座右铭。

持这种观点的人，对学习的理解是比较狭义的。其学习更多指的是获得一些既定的知识、技能，是规划好了的、被认为有意义和价值、儿童应该获得的。持这种观点的人认为，游戏会对学习产生负面影响，会消解学习、不利于学习。比如，当幼教工作者向小学教育工作者提出，小学低年级应该有一个过渡期，小学低年级儿童应该适度采用游戏的教学方式。一些小学教育工作者就不认同，他们坚持认为，怎么可能还游戏呢？游戏不影响他们的学习吗？

观点二：游戏就是学习

这种观点认为，游戏就是学习，特别是对儿童、年幼儿童来说，游戏就是学习，甚至一定是学习。对儿童而言，游戏就是他们的学习方式，“玩中学”是显然的真理。

持这种观点的人认为，游戏中的学习，具有非常突出的特点：一是学习目标是隐含的，隐含于游戏活动的过程之中的。只要儿童积极、主动地投入游戏，这些目标就会得到实现。二是学习方式是潜移默化、不知不觉的，儿童常常是在没有压力、没有紧张、没有焦虑的过程中进行着学习。三是学习动力是内在的，是出于兴趣、爱好，是“我要做”，而非“要我做”。

持这种观点的人，对学习的理解是相对比较广义的。

观点三：有的游戏是学习

这种观点认为，有的游戏是学习，有的游戏不是学习；或者说，这样游戏是学习，那样游戏就不是学习；或者说，有的游戏学习多，有的游戏学习少；或者说，有的游戏学习效果好，有的游戏学习效果不好……总而言之，有的游戏是学习，但并不是所有的游戏都是学习。

持这种观点的人可能认为，类似下棋、玩积木等游戏，更倾向于是学习；而玩沙、玩水等活动，就不倾向于是学习；类似数学、语言、美工这样的学习性区域是学习，类似医院、商店、娃娃家这样的游戏性区域，就不是学习。也有人可能认为教师适时、适度介入得多，学习就多，教师介入得少、不介入，学习就少……

“游戏不是学习”这一观点背后反映的是对“学习”的狭隘理解，更多局限于有目的性、结构化的知识与技能获取，忽视了游戏的教育价值。现代研究已经证明，游戏在促进儿童认知、情感、社会能力等方面具有重要作用。将游戏与学习完全分开忽视了儿童自然的学习方式，尤其是通过游戏进行的自主探索、合作与创造。

“游戏就是学习”的观点，将学习扩展到不仅是知识和技能的获取，还包括社交能力、问题解决、创造性思维等多元能力的发展。这一观点尊重了儿童通过游戏进行自我探索、学习和成长的自然方式，符合儿童发展心理学的基本原则。对于教育工作者来说，如何有效设计游戏，使其既能保持游戏的自主性，又能达到特定的学习目标，是一个重要的挑战。

“有的游戏是学习”这一观点较为灵活，认为学习效果取决于游戏的类型、内容以及教师的介入程度。但将游戏分为“学习型”和“非学习型”可能导致人们忽视一些隐性的学习机会，如在自由游戏中的情感、社交技能的发展，也可能过度强调教师介入可能削弱游戏的自主性，使游戏变得过于结构化，失去了其自然的乐趣和探索性。

练习活动

对于“游戏不是学习”“游戏就是学习”和“有的游戏是学习”三种观点，你赞同哪一种？与跟你观点不同的人开展辩论。

作为幼儿园教师，如果你班上有家长的观点与你的观点不同，你如何说服他们？

你觉得还有第四种观点、第五种观点吗？是什么呢？

二、游戏与教学

观点一：游戏是游戏，教学是教学

这种观点认为，游戏与教学是性质完全不相同的两类活动。游戏是儿童自主自发的活动，而教学则是教师组织、计划的活动。二者的发起者是不一样的，活动主体也是不一样的。如果是一个教学活动，则这个教学活动不可能是游戏；如果是一个游戏，则这个游戏活动不可能是教学活动。游戏与教学分别处于两点一线的两个端点上。

对于绝大多数的幼儿教育工作者来说，很少有人会宣称、承认自己完全持这种观点。但这种观点以及由这种观点产生的行为、做法，却是客观存在或曾经客观存在的。比如，将游戏作为与语言、数学并列的一门“课”安排进入课程表，或者将“游戏”作为是教师休息、备课的时间。对于大多数的中小学教师、家长，也可能事实上持这种观点。

观点二：教学游戏化

这种观点认为，游戏与教学确实是不同的活动，但教学是可以利用游戏这种形式、手段的，或者说，游戏是教学的众多手段中的一种。教学游戏化，本质上是教学，只是这种教学不同于传统的教学，是游戏化了的教学。这种观点非常普遍地存在。人们常说的“寓教于乐”，就有教学游戏化之意。“教学游戏化”一词，常常容易与一个具体的学科领域相结合，如音乐教学游戏化、数学教学游戏化等。

教学游戏化不完全等同于教学游戏，前者的本质是教学，后者的本质是游戏。教学游戏化，其同义词或近义词是游戏化教学、游戏性教学、游戏教学。

观点三：游戏教学化

这种观点认为，游戏应该教学化，以更充分地实现游戏的教学价值、发展价值。游戏教学化，本质上是游戏，但教师会将游戏引向教学。游戏教学化至少有三种表现形式，一种是在游戏过程中“教学化”，教师抓住游戏中出现的各种机会，及时进行教学（教育），类似于生活中的随机教育。这种情况可能存在教师过度介入游戏，导致儿童并不认可这是游戏的现象。二是教师将教学目的隐藏于游戏之中，从儿童的角度看是游戏，从教师的角度看是教学。这种情况常常被称作教学游戏。教师在游戏过程中，并不过多介入游戏。三是在游戏结束之后，根据游戏中出现的一些问题、感兴趣的话题等，开展相应的教学。这种教学是一种延迟的介入，从时间段来看，游戏与教学发生在两个不同的时间段，但从内容和经验来看，是连续的。这也可以称为游戏生成教学。

游戏教学化不完全等同于游戏教学，前者本质是游戏，后者本质是教学。游戏教学化，其同义词或近义词是教学化游戏、教学性游戏、教学游戏。

针对学前儿童阶段，也有一些互联网、教育技术领域的工作者、研究者专门研究教育游戏。这些研究者关注的游戏更多的是电子游戏、网络游戏，如培养儿童观察力、逻辑思维能力的小游戏，识字与算数启蒙的小游戏等，这些游戏通过设置过关、升级、奖品等激励设置，对儿童非常有吸引力。这些游戏对幼儿也是具有教育潜能的，但需注意使用时长。

观点一过于强调二者的分离可能导致对游戏教育潜力的忽视，特别是在学前教育阶段，游戏本身具有显著的教育功能。此观点在当代教育理念中逐渐被淡化，因为它限制了游戏作为教学手段的广泛应用。教学游戏化这种观点主张将游戏作为一种教学手段，强调通过游戏化的方式让教学更有趣味性和吸引力，从而提高儿童的学习积极性和效果。在这种观点下，教学仍然是主要目标，而游戏是达成目标的一种工具或形式。游戏教学化认为游戏应当被教学化，即在游戏中融入教学目标，或者利用游戏中的机会进行教学。这种观点能够挖掘游戏中的教育价值，更好地顺应了儿童的兴趣与自然节奏，通过在游戏中的隐性引导实现教学目标，避免了直接干预游戏带来的抗拒心理。游戏教学化对教师的观察力和教学设计能力要求较高，教师需要在适当时机介入并引导游戏，这对教师的专业素养提出了更高的要求。

练习活动

回顾你自己组织游戏和教学活动的经历，分别提供三个属于教学游戏化和游戏教学化的例子。你在回顾实践案例时，有难以区分属于教学游戏化还是游戏教学化的情况吗？基于你自己的实践案例，思考教学游戏化和游戏教学化的联系与区别。

三、游戏与课程

观点一：游戏就是课程

这种观点认为，游戏就是幼儿园课程，是幼儿园课程的内容之一。持这种观点的人持广义的课程观，将课程定义为幼儿园各种活动或经验的总和。既然课程是各种活动或经验的总和，发生在幼儿园的游戏，当然是儿童所经历的活动、经验，那也就当然是幼儿园的课程。如果认为游戏不是幼儿园的课程，同理推断，如果认为生活（如吃喝拉撒睡等）不是课程，那么幼儿园的课程还余下什么呢？那就只有集体教学活动、上课。当将课程狭义地理解为一门课、一节课时，常常会不认为游戏、生活是课程。很难想象，一所中小学会将课间休息列入学校的课程建设，一所大学会建设自己的“厕所金课”。

实际上，持游戏就是课程观点的人，在教育实践中的差异可能是非常大的。每天给儿童10分钟、20分钟的游戏时间，或者每天给儿童4小时的游戏时间，与游戏就是课程的观点都并不矛盾。因此，幼儿园可能存在两种极端情况，即游戏是幼儿园的课程内容之一，其他课程内容可能是九十九，或者游戏就是幼儿园课程的全部，甚至幼儿园的课程就叫“游戏课程”。

除了将游戏理解为幼儿园课程内容之一，还可以从课程的实施角度来理解游戏就是课程。大多数幼儿园都会将游戏作为实施幼儿园课程的一种途径、方式。从这个意义上讲，游戏就是课程，开展游戏就是在实施课程。

观点二：游戏课程化

这种观点认为，游戏是幼儿园的基本活动。为了更好地保证游戏真正成为基本活动，不至于使重视游戏成为一个空洞的口号，怎么来落实、保障游戏权利呢？那就是将游戏课程化。游戏课程化可能有不同的表现形式。比如，将游戏作为一门课程，列入幼儿园的课程计划。也可以通过课程化的方式，不断促进游戏的产生、发展。

游戏课程化的出发点是游戏，而课程化是开展游戏的途径、方法。

观点三：课程游戏化

这种观点认为，幼儿园的课程是丰富多彩的。为了更好地保证课程的实施，不至于使课程落空或不符合儿童的学习与发展规律、特点，就得将课程游戏化。课程游戏化有多种方式，比如，在集体教学活动前用小游戏导入，在各种幼儿园活动中增加儿童想象、探索的部分，强调幼儿园活动的过程等。

课程游戏化的出发点是课程，而游戏化是幼儿园落实课程的途径、方法。

观点一强调了游戏在幼儿园课程中的重要性，有助于促进儿童自主学习，但在实际操作中可能难以明确游戏与课程其他部分的界限。观点二有助于教师有计划地设计和组织游戏，使游戏不仅是自发的活动，还能在特定教育目标的引导下产生学习效果。观点三能够结合儿童的学习规律，将游戏融入教学活动，减少学习的枯燥感，激发儿童的主动性和探索精神。但将课程过度游戏化可能会导致游戏本质的变化，使游戏成为教学目标的工具，削弱了儿童在游戏中的自主性和纯粹的娱乐性。

关于游戏与幼儿园教育相关概念的关系问题，有很多不同的甚至相反的观点，使我们很容易陷入概念丛林中，甚至可能将幼儿园教师自认为清晰的思想，搞糊涂了。从根本上讲，这与游戏的丰富性、多样性、复杂性有关。当早于幼儿园而存在的游戏进入幼儿园这个教育机构之后，会以多种方式存在于幼儿园中。不同的研究者、不同的幼儿园、幼儿园教育的不同利益相关者，会从自己的角度，盲人摸象般地做出自己的观察、思考，也就出现了类似的情况和现象。

第五章

儿童学习与发展的核心知识（上）：五大领域

除了教育学、心理学，其他很多学科都会研究儿童。大家比较熟悉的儿童哲学、儿童文学、童年社会学，就是哲学、文学、社会学等学科对儿童的研究。实际上，经济学、法学、历史学、建筑学、医学、艺术学等学科，也有大量关于儿童的研究。所有这些关于儿童的研究，共同构成了儿童学。

对学前教育专业的学生来说，也有众多关于儿童学习与发展课程。比如，学前儿童心理学、学前儿童保育学、学前教育学、幼儿园游戏、学前儿童健康教育等领域教学法课程。根据我们的实践经验，《指南》可以成为我们掌握儿童学习与发展核心知识的地图、导航。

也许有人会说，《指南》是2012年颁布的，现在还讲《指南》，是不是有些过时了？这样的担心是多余的。事实上，《指南》是一个专业性非常强的文件，所提出的发展目标和教育建议，都非常基础、核心，绝大多数都不会很快过时。再过十年、二十年，《指南》中的大多数内容也不会过时。

也许有人会说，我们早已经学过《指南》了，重复学不是浪费时间吗？这样的担心也是多余的。事实上，《指南》不是学一次、读一次就能掌握的。对幼儿园教师来说，需要不断地重读《指南》、再读《指南》。学前教育实践中的诸多问题，或多或少与不读《指南》、误读《指南》、误用《指南》有关。

幼儿园教师可以自己阅读、理解《指南》。在阅读《指南》时，面对很重要的地方、预计本班儿童可能有突出表现（特别好或特别不好）的地方、读不懂的地方，都可以勾一勾、划一划，想一想、猜一猜，或者举个例子，以便加深自己的理解。也可以采用非正式的方式，与同事交流、讨论。在阅读《指南》时，要善于自问自答，即自己提出问题、疑问、困惑，自己尝试进行回答。

对于大家都有的问题、疑问、困惑，幼儿园可以组织教研活动，以集体的力量来回答。比如，幼儿园可以针对《指南》中的某一个词、某一句话、某一段话开展教研。

接下来，我们将以《指南》为线索，探讨儿童学习与发展的核心知识。《指南》的框架性知识，在第三讲已经做过讨论，在此不再重复。

第一节 《指南》“说明”部分：整体理解儿童的学习与发展

“说明”部分的主要目的，是对《指南》这一文件进行概括性的说明。比如，《指南》颁发的背景、目的，《指南》是什么等。“实施《指南》应把握以下几个方面”这一部分，一共讲了四点。这四点对幼儿园教师理解儿童的学习与发展，提供了概括性、方向性的指导，具有提纲挈领、纲举目张的效果。我们将首先解读前三点，第四点是关于学习品质的内容，将在本讲的第二部分专门讨论。

一、学习与发展的整体性

《指南》原文

关注幼儿学习与发展的整体性。儿童的发展是一个整体，要注重领域之间、目标之间的相互渗透和整合，促进幼儿身心全面协调发展，而不应片面追求某一方面或几方面的发展。

如何理解儿童学习与发展的整体性？儿童是一个整体，儿童的发展、学习也是整体性的。当然，这种整体性强调儿童发展的各个方面相互支持、相互影响、整体向前，而不能理解为平均性。儿童并非在任何时刻、任何活动中每一个方面都在平均地学习与发展。

有人或许会问，既然儿童的学习与发展是整体的，为什么《指南》等各种国家文件，都要分成不同的领域呢？《指南》也整体地呈现儿童的学习与发展，不就行了吗？《指南》分成健康、语言、社会、科学、艺术等五大领域，是为了更加深刻和清晰地揭示、呈现儿童的学习与发展。分类常常能够让我们对问题的认识更加深入，但分类不是分解，分类的同时也要强调联系、整合、渗透。

陈鹤琴先生“五指课程”的借喻对我们理解儿童发展的整体性和领域性很有启发。可以说，儿童学习与发展的整体性，就像人的手（手掌）一样。通常情况下，人的手都有五根长短、粗细不一的手指，每根手指都有各自的功能，但所有手指都长在手掌上。当我们用手做事情时，总是整体上在用我们的手，手指、手掌非常自然地配合在一起。

整体性对幼儿园教师来说，意味着什么呢？

第一，应有整体、系统思维的意识。在思想上，幼儿园教师应有“儿童的学习与发展是一个系统的、动态的整体”这种意识。不能基于自己的经历、经验，片面地判断什么重要、什么不重要。教师在生活、学习、游戏以及运动活动的组织中应尽可能地涉及五大领域各个方面，避免偏颇，比如教师自己擅长艺术领域，就非常注重艺术领域，不擅长科学领域，就有意无意地弱化科学领域。教师在专业素养发展中应有意识地扬长补短，以给予儿童全面、整体性的启蒙。

第二，应形成各个领域是相互渗透、联系、整合的认识。在强调各个领域的独特性的同时，也应注意领域之间的相互联系。《指南》

各个领域开始的三段文字，既阐明了这一领域的独特性，也论述了这一领域与其他领域之间的联系。

第三，对各个领域的深入研究，常常有助于对整体性的把握。整体是由各个领域构成的、影响的整体。不深入研究、解读各个领域而简单强调整体，这样的整体也是笼统的、模糊的整体。

第四，幼儿园教师在观察、解读儿童时，也应注意整体性。既应从整体上认识儿童的学习发展情况、了解儿童，也应有主次之分，把握儿童学习与发展中的重点、难点。

儿童学习与发展具有整体性，是非常容易讲到，但不容易理解到，特别是不容易做到的“理论”，需要不断学习、不断实践、不断反思。

二、学习与发展的个体差异

《指南》原文

尊重幼儿发展的个体差异。幼儿的发展是一个持续、渐进的过程，同时也表现出一定的阶段性特征。每个幼儿在沿着相似进程发展的过程中，各自的发展速度和到达某一水平的时间不完全相同。要充分理解和尊重幼儿发展进程中的个别差异，支持和引导他们从原有水平向更高水平发展，按照自身的速度和方式到达《指南》所呈现的发展“阶梯”，切忌用一把“尺子”衡量所有幼儿。

俗话说，“一娘养九子，九子不同样”“手伸出来，五根手指头不一样长”。儿童有个体差异这一点，并不难理解。但在现实生活中，人们又常常在人与人之间做比较，用相同的标准要求（考核）不同的人。

儿童的具体差异，既有水平的差异，也有速度、方式、风格的差异。不可否认，学习与发展是有水平高低之分的。比如，有的儿童身体很协调，有的就不怎么协调；有的儿童词汇丰富、语言表达能力强，有的就词汇不丰富、语言表达能力比较弱。除了水平的高低差异，我们也应该留意儿童发展速度和节奏上的差异。比如，有的儿童只是现在比别的儿童慢一些，一学期后大家的水平就相当了；有的儿童可能在某段时间在某个方面突飞猛进，而其他时间则表现平平。此外，我们还应注意到那种常常被人们误以为是水平差异的非水平的差异，以及根本就没有被关注到的差异。比如，有的儿童讲话比较少，常被判断为“语言发展不好”，可一旦让其讲话，我们就会发现其语言表达水平并不差。再比如，有的儿童面对陌生人时很少发起互动，似乎“社会交往能力弱”，但是当他们和熟悉的人在一起时，却能表现出很高超的交往策略。

阅读与思考

一项研究发现，儿童说第一个字的平均年龄是11个月，但差异可能是8—14个月。儿童所说的话中有一半是可辨别词语的平均年龄是19个月，其差异范围是15—30个月。2岁时，儿童平均每小时可以说出338句可理解的话，差异范围是42—672；平均每小时用了134个词，差异范围是18—286。2岁时，儿童词汇量差异为50—550。

请注意，这些差异，未必是发展水平的差异。比如，14个月开口讲第一个字的儿童，最终其语言发展水平未必低于8个月就开口讲的儿童（当然也未必高于）。只是有的儿童开口讲话早，有的开口讲话晚。再比如，2岁时，有的儿童1小时讲了42句，有的儿童1小时讲了672句，这并不意味着讲672句的儿童，语言发展水平就一定高。有的儿童话多，但逻辑未必清楚；有的儿童话少，句句都是经典。

举例说明你对以上资料的理解。

儿童不只是发展上有差异，学习方式、学习特点也有很大差异。比如，有的儿童善于通过听来学习，只要他人讲清楚了，他就听明白了，甚至别人讲得不太清楚，他也能通过联系上下文的方式推测出是什么意思。有的儿童则比较善于通过看来学习，别人讲了一大段，他可能都不明白是什么意思，但只要一看东西的样子、事情的过程，就可能明白了。而有的儿童则可能更善于通过做、行动来学习，必须自己操作，才能更好地理解。有的儿童学习了某个知识、技能之后很快就愿意尝试复述和运用，哪怕并不准确。而有的儿童则迟迟不愿表现，可一旦表现就近乎完美。

儿童的性格特征和气质类型也有差异，有的儿童性格活泼开朗，有的儿童安静腼腆。性格活泼开朗的儿童往往喜欢与人交往，乐于参与集体活动，表现出较强的社会适应能力。而性格安静腼腆的儿童则更倾向于独处，喜欢安静的环境，可能需要更多的时间来适应新的人际关系和环境。

个体差异对幼儿园教师来说，意味着什么？

第一，意味着幼儿园教师必须观察儿童。如果不观察儿童，就不会了解个体，也就无从知道其差异。

第二，意味着幼儿园教师必须观察每一名儿童。每一名儿童都是独特的个体，如果只是观察一部分儿童，而不观察每一名儿童，那就只是部分地尊重了个体差异，而不是所有的、真正的个体差异。

第三，意味着幼儿园教师必须了解每一名儿童的所有学习与发展领域。如果我们只是了解了两名儿童身体发展上的差异，显然不能说是了解这两名儿童的差异。或许，他们在身体发展上差异不大，但在语言发展上差异极大。

第四，幼儿园教师有意识地注意自己的气质、风格、特点等，对观察、理解儿童个体差异的影响。比如，如果教师自己不太喜欢动，可能会更加理解那些不喜欢动的儿童。而如果教师自己是主要通过视觉来学习，那么就可能误判教学活动时没有看教师操作但在听步骤的儿童是在走神。

第五，意味着教师要对儿童有更强的包容性。差异是一种相较于普遍情况的特殊性，特殊性指的是一种特点、特性，而非好坏与优劣。尊重儿童学习与发展的个体差异，需要教师摒弃功利（评优劣、好坏）的评价观，以审美的、包容的态度面对儿童。

三、幼儿的学习方式与特点

《指南》原文

理解幼儿的学习方式和特点。幼儿的学习是以直接经验为基础，在游戏和日常生活中进行的。要珍视游戏和生活的独特价值，创设丰富的教育环境，合理安排一日生活，最大限度地支持和满足幼儿通过直接感知、实际操作和亲身体验获取经验的需要，严禁“拔苗助长”式的超前教育和强化训练。

与成人、中小学生相比，幼儿的学习方式有其独特性。《指南》中的这段文字，集中呈现了这种独特性。第一，幼儿的学习是以直接经验为基础的。这并不意味着幼儿不能学习间接经验，而是说应以直接经验为基础，这也解释了为什么我们应该尽可能支持幼儿运用感官去体验身边的事物。第二，幼儿是在游戏中进行学习的。这意味着对幼儿来说，游戏与学习并不是对立、排斥的，而常常是同一件事情。对中小学生来说，游戏与学习很可能是对立的。教师、家长经常会说，“别玩了，快学习”“先把作业做了，再玩”。第三，幼儿是在日常生活中学习的。这意味着幼儿的吃喝拉撒睡这些日常生活，都是学习。幼儿生活所需要的很多本领都是在生活中学到的。而对中小学生来说，吃喝拉撒睡显然不是学习。第四，直接感知、实际操作、亲身体验是幼儿学习的重要方式，而听讲抽象概念、死记硬背、重复训练等则不是。

幼儿有独特的学习方式，对幼儿园教师来说，意味着什么？

第一，幼儿园教师应了解幼儿的学习方式与特点，并基于这些方式和特点，开展幼儿园教育活动。

第二，幼儿园教师应运用幼儿的这些学习方式与特点的知识、理论，具体化地分析、解读幼儿学习与发展的领域，而不是抽象地谈论。比如，幼儿是如何在生活中学习健康、语言、社会、科学、艺术等领域的核心经验的？

第三，幼儿园教师应运用幼儿的这些学习方式和特点的知识、理论，具体化地分析、解读每一名幼儿的学习和发展，而不是概括地谈论。比如，张三不是在故意捣乱，他只是想通过摆弄和尝试各种可能性来了解新玩具可以怎样玩。李四不愿意学古诗不是他“不好学”，而是这个内容比较抽象，他没有相关经验来理解，所以学不懂。

第二节 《指南》五大领域下的三段文字：整体理解五大领域

大多数幼儿园教师都特别喜欢《指南》中表格里的内容（即典型行为表现），却容易忽略每个领域的下面（在呈现子领域、具体目标、典型行为前），都有三段文字。这三段文字是对儿童学习与发展五大领域的集中概括，是经典中的经典、指南中的指南，对幼儿园教师来说，值得好好学习。

一般来说，这三段文字的思路大概是：第一段，阐明这个领域（如健康）是什么、为什么重要、与其他领域有什么关系等。第二段，主要讲幼儿园教师应该怎么做。第三段，主要讲指向该领域的教育支持应注意什么、避免什么、重点强调什么等。

一、整体理解健康领域

《指南》原文

健康是指人在身体、心理和社会适应方面的良好状态。幼儿阶段是儿童身体发育和机能发展极为迅速的时期，也是形成安全感和乐观态度的重要阶段。发育良好的身体、愉快的情绪、强健的体质、协调的动作、良好的生活习惯和基本生活能力是幼儿身心健康的重要标志，也是其他领域学习与发展的基础。

以上这段文字，共有三句话，我们可以逐句学习、理解。

第一句话指出了健康的定义。当我们谈及儿童的健康时，一定要有健康包括身体健康、心理健康和社会适应三个方面这一牢固的思想意识。

第二句话在讲健康的重要性。这句话提醒我们，既应关注儿童的身体发育和机能发展，也要注意儿童的安全感、乐观态度等。从个体的角度来看，一名儿童在幼儿园的一日生活中，是否有安全感、是否形成了乐观态度，对这名儿童来说，非常重要。试想，没有基本安全感的儿童，如何产生其他方面的学习与发展？从班级、幼儿园等集体的角度，有多少儿童具有安全感、乐观态度，在很大程度上决定着这个班级、这所幼儿园的教育质量。

第三句先讲儿童身心健康的标志，后讲健康领域与其他领域之间的关系。《指南》里已经明确指出，儿童身心健康发展的标志（可以理解为标准）是：发育良好的身体、愉快的情绪、强健的体质、协调的动作、良好的生活习惯和基本生活能力。虽然这些“标志”还比较笼统，但完全可以成为我们观察、解读儿童健康发展的“指南”。

《指南》原文

为有效促进幼儿身心健康发展，成人应为幼儿提供合理均衡的营养，保证充足的睡眠和适宜的锻炼，满足幼儿生长发育的需要；创设温馨的人际环境，让幼儿充分感受到亲情和关爱，形成积极稳定的情绪情感；帮助幼儿养成良好的生活与卫生习惯，提高自我保护能力，形成使其终身受益的生活能力和文明生活方式。

这一段文字在讲，为了实现儿童身心健康发展，作为成人的我们应该怎么做。营养、睡眠、锻炼，指向了生长发育。而一个班级的人际环境，人与人之间是否拥有关爱的氛围，则关系着儿童的心理健康，比如，安全感、乐观态度的情绪情感等。这段话也指出了，在儿童的健康发展中，家园合作以及幼儿园教师提供科学的家庭教育指导的重要性。家庭和幼儿园同时为儿童的营养、睡眠和情感体验负责，只满足儿童在园时的营养、睡眠和情感体验等需求并不足以支持儿童健康成长，幼儿园还应指导家庭提供“合理均衡的营养”“充足的睡眠”“亲情和关爱”。

《指南》原文

幼儿身心发育尚未成熟，需要成人的精心呵护和照顾，但不宜过度保护和包办代替，以免剥夺幼儿自主学习的机会，养成过于依赖的不良习惯，影响其主动性、独立性的发展。

这一段主要在讲健康教育应注意、避免的问题。既要精心呵护和照顾，但又不能过度保护和包办代替，幼儿园教师需要不断体验、感受，才能把握好这个度。把好这个度的前提，就是对儿童的充分观察，真正读懂儿童。而且，对不同儿童而言，帮与不帮，帮的程度，都是有所不同的。

另外，此处我们还可以看到自主性、主动性、独立性这样一些儿童学习与发展中非常核心、重要的内容。儿童的健康不只是身体健康，要透过健康，看到儿童学习与发展的方方面面。

二、整体理解语言领域

《指南》原文

语言是交流和思维的工具。幼儿期是语言发展，特别是口语发展的重要时期。幼儿语言的发展贯穿各个领域，也对其他领域的学习与发展有着重要的影响：幼儿在运用语言进行交流的同时，也在发展着人际交往能力、理解他人和判断交往情境的能力、组织自己思想的能力。通过语言获取信息，幼儿的学习逐步超越个体的直接感知。

第一句主要是在讲语言是什么。语言是交流和思维的工具。也就是说，语言不仅是听说读写本身，更是交流和思维的工具。一定要通过语言，看到语言背后的交流、思维。

第二句和第四句都是在讲语言的重要性。第二句是在讲幼儿期是语言发展的重要时期，意味着这时的教育效果会比较好。同时也提醒我们，要以发展的眼光看待儿童的语言，因为在这一时期语言的发展变化也会非常迅速。第四句是在讲语言对儿童发展的意义，能够使儿童超越直接感知，获得间接经验（知识）。

第三句是在讲语言与其他领域的关系。一方面，语言是在健康、社会、科学、艺术等领域中发展起来的。另一方面，语言的发展也会促进其他领域的发展。以社会领域为例，儿童的语言是在人际交往与社会适应中获得的，而一名儿童如果语言发展得好，将有助于这名儿童的人际交往和社会适应。

《指南》原文

幼儿的语言能力是在交流和运用的过程中发展起来的。应为幼儿创设自由、宽松的语言交往环境，鼓励和支持幼儿与成人、同伴交流，让幼儿想说、敢说、喜欢说并能得到积极回应。为幼儿提供丰富、适宜的低幼读物，经常和幼儿一起看图书、讲故事，丰富其语言表达能力，培养阅读兴趣和良好的阅读习惯，进一步拓展学习经验。

这一段主要是在讲如何培养幼儿的语言能力。如何培养？简单地说，就是要创造交流和运用的机会、环境。第一，幼儿应有大量的与成人、同伴交流的机会。如果一个幼儿园大量的活动是“听老师讲”，大量的时间幼儿不能与其他人互动，幼儿就不会有交流的机会。第二，环境应该是自由、宽松的，想说、敢说、喜欢说并能得到积极回应。第三，幼儿的语言环境，不仅是口头语言环境，还包括前阅读、前书写的环境。

《指南》原文

幼儿的语言学习需要相应的社会经验支持，应通过多种活动扩展幼儿的生活经验，丰富语言的内容，增强理解和表达能力。应在生活情境和阅读活动中引导幼儿自然而然地产生对文字的兴趣，用机械记忆和强化训练的方式让幼儿过早识字不符合其学习特点和接受能力。

这一段主要是在讲语言学习与发展应注意的问题。第一句看似仍然在讲“如何做”，但实际上也在提醒我们语言教育要注意给儿童提供各种生活经验、社会经验。如果经验不丰富，儿童就很难理解人、事、物，也就很难表达。第二句则更加直接地“告诫”我们，不能用机械记忆和强化训练的方式来开展语言学习，特别是阅读（识字）、书写等方面。

三、整体理解社会领域

《指南》原文

幼儿社会领域的学习与发展过程是其社会性不断完善并奠定健全人格基础的过程。人际交往和社会适应是幼儿社会学习的主要内容，也是其社会性发展的基本途径。幼儿在与成人和同伴交往的过程中，不仅学习如何与人友好相处，也在学习如何看待自己、对待他人，不断发展适应社会生活的能力。良好的社会性发展对幼儿身心健康和其他各方面的发展都具有重要影响。

第一句、第二句主要讲“社会”是什么。社会、社会领域的学习与发展，本质上是社会性的发展，而社会性发展包括人际交往和社会适应两个方面。

第三句主要讲儿童社会性的发展过程，即主要是在与成人和同伴交往的过程中发展，而非在说教、灌输、命令与要求中发展。

第四句讲社会性（即社会领域）与其他领域的关系。社会性发展影响着儿童的身心健康。人际关系不佳、社会适应不良，本身就是心理不健康的表现。社会性发展还会影响语言。一些儿童在语言交往上有问题，并非其语言本身有问题，而是因为害怕人际交往导致的。

《指南》原文

家庭、幼儿园和社会应共同努力，为幼儿创设温暖、关爱、平等的家庭和集体生活氛围，建立良好的亲子关系、师生关系和同伴关系，让幼儿在积极健康的人际关系中获得安全感和信任感，发展自信和自尊，在良好的社会环境及文化的熏陶中学会遵守规则，形成基本的认同感和归属感。

这一段主要讲如何培养、促进儿童的社会性发展。首先，儿童的社会性发展需要家庭、幼儿园、社会的共同努力。社会性发展特别需要一致性。人们常说的“5+2=0”（5天的幼儿园、学校的正面教育，2天的家庭、社会的负面影响，最终效果为零），最突出的就表现在社会领域。比如，幼儿园教育儿童应友好相处，但家长却教育儿童应该凶一点。在家长心里，人善被人欺，马善被人骑。如此一来，当儿童真实与同伴相处时，表现出的很可能并不是幼儿园所学的“友好”，而是“霸道”。

其次，氛围很重要。儿童的社会性发展，常常不是通过成人告诉儿童、儿童认真倾听就能学会的。儿童的社会性发展，常常是在各种氛围中熏陶出来的。如果儿童所处的家庭、班级、幼儿园、社区常常是温暖、关爱、平等，那么这些儿童就会感受到温暖、关爱、平等，也就会形成这些良好的品质。

最后，关系很重要。幼儿的人际交往和社会适应，是在亲子关系、师生关系、同伴关系中不断形成的。

《指南》原文

幼儿的社会性主要是在日常生活和游戏中通过观察和模仿潜移默化地发展起来的。成人应注重自己言行的榜样作用，避免简单生硬的说教。

本段提醒我们，在培养儿童的社会性发展时，应避免简单说教，树立成人的榜样作用。关于“身教重于言教”这一点，道理大家都是懂的，但要做到、完全做到确实非常难。从这个意义上讲，家长养育孩子的过程也是自己不断成长的过程。而教师，则更应时常提醒自己用幼儿园教师的标准要求自己，做好榜样。

四、整体理解科学领域

《指南》原文

幼儿的科学学习是在探究具体事物和解决实际问题中，尝试发现事物间的异同和联系的过程。幼儿在对自然事物的探究和运用数学解决实际生活问题的过程中，不仅获得丰富的感性经验，充分发展形象思维，而且初步尝试归类、排序、判断、推理，逐步发展逻辑思维能力，为其他领域的深入学习奠定基础。

第一句话在讲科学（科学学习）是什么。从这一“定义”中，我们可以看出：第一，既应强调科学学习的过程（探究事物和解决问题的过程），也应关注科学学习的结果（发现异同和联系）。当然，这里强调的是“尝试发现”，也可以将“尝试发现”视为一个过程。第二，科学学习中强调的是“具体事物”和“实际问题”，而不应脱离儿童的生活经验。第三，儿童能否发现（或者说是尝试发现）事物之间的异同和联系，也是非常重要的。

第二句话在讲科学学习的重要性，同时也提及科学与其他领域之间的关系。在幼儿阶段，科学领域的重要任务是帮助幼儿获得感性经验，为后继学习打下基础。众所周知，幼儿的思维是具体形象的，幼儿阶段应该让幼儿做好游戏这一“本职工作”，充分发展幼儿的形象思维。我们应该研讨“充分”的含义，避免“小学化”。幼儿的思维是形象思维，指的是以形象思维为主，但并不意味着幼儿只能进行具体形象地思维。因此，《指南》在这里指出，在充分发展形象思维的同时，也应“初步尝试归类、排序、判断、推理，逐步发展逻辑思维能力”。这里特别有难度的地方，是如何保持好平衡，把握好度。比如，不能过于强调要发展逻辑思维，未充分发展形象思维；也不能过于强调幼儿的思维是具体形象的，而没有让幼儿“初步深度”“逐步发展”。

《指南》原文

幼儿科学学习的核心是激发探究兴趣，体验探究过程，发展初步的探究能力。成人要善于发现和保护幼儿的好奇心，充分利用自然和实际生活机会，引导幼儿通过观察、比较、操作、实验等方法，学习发现问题、分析问题和解决问题；帮助幼儿不断积累经验，并运用于新的学习活动，形成受益终身的学习态度和能力。

这一段是在讨论如何促进儿童的科学学习。儿童科学学习的核心是三个方面：激发兴趣、体验过程、发展能力。儿童的兴趣常常与其好奇心等紧密相关，是其学习态度的核心方面。体验过程意味着不要过于关注结果，重在让儿童感受、体验科学探究的每一个过程。哪些过程？比如，发现问题、分析问题、解决问题的过程，观察、比较、操作、实验的过程等，这里的重点是过程，而不是分析的广度、深度，不是解决问题的质量、水平。而发现问题、分析问题、解决问题，观察、比较、操作、实验等，本身也是学习能力。

《指南》原文

幼儿的思维特点是以具体形象思维为主，应注重引导幼儿通过直接感知、亲身体验和实际操作进行科学学习，不应为追求知识和技能的掌握，对幼儿进行灌输和强化训练。

这一段指出了儿童科学学习中应注意避免的两个问题。第一，不应以知识和技能为主要目的。儿童的科学学习，应以激发探究兴趣、体验探究过程、发展初步的探究能力为核心、为目的。第二，不能采用灌输、强化训练的方法。儿童的科学学习，应以直接感知、亲身体验和实际操作为主要方法，而不是灌输、训练。

五、整体理解艺术领域

《指南》原文

艺术是人类感受美、表现美和创造美的重要形式，也是表达自己对周围世界的认识和情绪态度的独特方式。

与其他四个领域不同，艺术领域的第一段文字，没有讲艺术的重要性和艺术与其他领域的关系，而只是指出了艺术是什么。这与当前人们对艺术普遍存在的误解有一定关系。

大多数人都非常容易将艺术理解为能够弹、能够唱、能够舞、能够画，主要是各项与艺术有关的具体的技能、技巧。这与艺术的本质相去甚远。艺术包括了感受美、表现美和创造美三大方面。如果将艺术理解为弹唱画跳等技能技巧，就忽略了感受美、创造美，过于看重了表现美。更进一步说，表现美也不只是弹唱画跳等技能技巧，个人化的风格、情绪情感的参与都是表现美的要素。

而且，当我们将艺术视作人们表达自己对周围世界的认识和情绪态度的独特方式时，我们就不会将重点放在技能技巧上。显然，一名弹唱画跳技能技巧并不非常好的人，也是可以用弹唱画跳来表达自己的认识和情绪态度的。而脱离情绪情感和个人风格来进行艺术活动更多是“工”，而并非“艺”。

《指南》原文

每个幼儿心里都有一颗美的种子。幼儿艺术领域学习的关键在于充分创造条件和机会，在大自然和社会文化生活中萌发幼儿对美的感受和体验，丰富其想象力和创造力，引导幼儿学会用心灵去感受和发现美，用自己的方式去表现和创造美。

这一段主要指出如何促进儿童艺术领域的学习。主要有如下理解要点：第一，应努力创造机会与条件。创造机会与条件，不是指上一节一节的课，而重点应该是在生活中创造各种条件，让儿童有感受美、表现美、创造美的可能。第二，在感受美和表现美的关系上，应该首先关注感受美。在充分感受美的基础上，儿童对美的表现和创造，才是有源泉的。相对而言，当前很多人更关注表现美，而不是感受美。第三，感受美的机会与条件，主要不是要建各种功能室，而应在大自然、大社会中。第四，儿童对美的表现与创造，有其自己独特的方式。

“每个幼儿心里都有一颗美的种子”，这意味着我们在开展艺术领域的活动时，不能以“天赋”为理由，重点培养某些儿童，忽略甚至放弃另外的儿童。每名儿童心里都有一颗美的种子，意味着每名儿童都可以感受美、发现美，都可以表现美、创造美。

《指南》原文

幼儿对事物的感受和理解不同于成人，他们表达自己认识和情感的方式也有别于成人。幼儿独特的笔触、动作和语言往往蕴含着丰富的想象和情感，成人应对幼儿的艺术表现给予充分的理解和尊重，不能用自己的审美标准去评判幼儿，更不能为追求结果的“完美”而对幼儿进行千篇一律的训练，以免扼杀其想象与创造的萌芽。

这一段是在讲艺术学习与发展中的注意事项、应避免的问题。这也是五个领域中“第三段”最长的一个领域，也说明这个领域的误区特别多，主要有如下两个理解要点。

第一，应有儿童视角。儿童对美的感受、理解，表达、创造等，都有其自己的方式，成人不能用自己的标准来要求儿童。面对儿童的艺术活动，教师首先要做的是尊重，然后试着去理解，而评判时则需要格外谨慎。

第二，不能简单训练儿童，特别是不能用千篇一律、统一的要求来要求儿童的感受和表现。单纯的模仿不是艺术活动，乏味的技能训练可能会消磨儿童对美术、音乐活动天然的兴趣，是得不偿失的。

第三节 《指南》的子领域、目标：儿童学习与发展地图的主干道

《指南》共分五个领域，每个领域下面有子领域，每个子领域下有教育目标。领域、子领域、教育目标，就构成了儿童学习与发展的框架、地图，而且是地图上的主干道，犹如人体上的骨架。

对于幼儿教育工作者来说，最大的地图应该是五大领域，即健康、语言、社会、科学、艺术。但是单看五大领域的名字，大家又一定有很多疑问，比如，数学在哪里？为什么没有情感？为什么没有德育？因此，接下来我们需要往下看子领域。

五大领域涉及11个子领域。除健康外，每个领域都有两个子领域。如果整体上理解了这些领域，是可以推导出每个领域的子领域的。下面我们来梳理五大领域和子领域的关系，请注意“【 】”内是理解要点（解析）。

健康：身心状况、动作发展、生活习惯与生活能力。【从身心状态、动作发展和生活三个方面来划分子领域。身心状况是大家最容易

想到的健康，动作发展是幼儿期最重要的发展任务，而生活则涉及了习惯和能力两个维度。】

语言：倾听与表达，阅读与书写准备。【主要是从口头语言和书面语言的角度来划分子领域。幼儿期是口头语言发展非常迅速的时期，所以倾听与表达在前，是第一个子领域。第二个子领域涉及的是书面语言，即阅读与书写，但强调的是“准备”，或者说是前阅读、前书写。】

社会：人际交往，社会适应。【关于各领域下“三段文字”的解读中，我们已经清楚地看到社会领域包括人际交往和社会适应，以及人际交往和社会适应之间的相互影响。】

科学：科学探究、数学认知。【包括科学和数学两个子领域，也比较好理解、记忆。】

艺术：感受与欣赏，表现与创造。【可以大致理解为向内输入和向外输出两个维度。向内输入即对美的感受与欣赏，向外输出即对美的表现与创造。】

接下来，我们将以表格的形式，呈现每个领域、子领域下面的“教育目标”。我们也给出一定的提示，帮助大家记忆、理解这些“教育目标”，逐渐形成自己的儿童地图。

表5-1 健康领域的目标

领域	子领域	目标	理解提示
健康	身心状况	目标1 具有健康的体态	是“健康是指人在身体、心理和社会适应方面的良好状态”的具体展开。
		目标2 情绪安定愉快	
		目标3 具有一定的适应能力	
	动作发展	目标1 具有一定的平衡能力，动作协调、灵敏	可以简要理解为目标1和目标2是关于大肌肉发展的，目标3是关于小肌肉发展的。
		目标2 具有一定的力量和耐力	
		目标3 手的动作灵活协调	

续表

领域	子领域	目标	理解提示
健康	生活习惯与生活能力	目标1 具有良好的生活与卫生习惯	目标1是两个习惯：生活习惯、卫生习惯。 目标2和目标3是两个能力：照顾自己的能力、保护自己的能力。 当然，儿童自我保护能力的前提是掌握必备的安全知识。
		目标2 具有基本的生活自理能力	
		目标3 具备基本的安全知识和自我保护能力	

表5-2 语言领域的目标

领域	子领域	教育目标	理解提示
语言	倾听与表达	目标1 认真听并能听懂常用语言	听、说、读、写四个方面。其中“阅读与书写准备”的目标1和目标2主要都是与“读”有关。在听、说、读、写的基础上，还有一条是与语言习惯有关的。 此外，每条目标的用词应精准。如“愿意讲话并能清楚地表达”，目标具有清晰的层次。
		目标2 愿意讲话并能清楚地表达	
		目标3 具有文明的语言习惯	
	阅读与书写准备	目标1 喜欢听故事，看图书	
		目标2 具有初步的阅读理解能力	
		目标3 具有书面表达的愿望和初步技能	

表5-3 社会领域的目标

领域	子领域	目标	理解提示
社会	人际交往	目标1 愿意与人交往	四个目标层层递进，首先是交往意愿，然后是友好相处的能力，接下来是个人表现出自尊、自信、自主，最后是对他人能够尊重。
		目标2 能与同伴友好相处	
		目标3 具有自尊、自信、自主的表现	
		目标4 关心尊重他人	
	社会适应	目标1 喜欢并适应群体生活	目标1指向态度，目标2指向行为，目标3指向情感。
		目标2 遵守基本的行为规范	
		目标3 具有初步的归属感	

表5-4 科学领域的目标

领域	子领域	目标	理解提示
科学	科学探究	目标1 亲近自然，喜欢探究	目标1和目标2指向探究的态度和能力，目标3是探究的成果。
		目标2 具有初步的探究能力	
		目标3 在探究中认识周围事物和现象	
	数学认知	目标1 初步感知生活中数学的有用和有趣	目标1指向态度，目标2和目标3指向具体的数学知识和能力。 此处还强调儿童的数学学习是在生活中进行的。
		目标2 感知和理解数、量及数量关系	
		目标3 感知形状与空间关系	

表5-5 艺术领域的目标

领域	子领域	目标	理解提示
艺术	感受与欣赏	目标1 喜欢自然界与生活中美的事物	两个目标都强调的是“喜欢”的态度。目标1指向自然与生活，目标2指向艺术形式和作品。
		目标2 喜欢欣赏多种多样的艺术形式和作品	
	表现与表达	目标1 喜欢进行艺术活动并大胆表现	目标1指向态度，目标2指向能力。 对儿童来说，态度先于能力，而要培养的能力也是启蒙性的。
		目标2 具有初步的艺术表现与创造能力	

第四节 《指南》目标、典型表现：儿童学习与发展地图的小街小巷

如果说《指南》的五大领域、11个子领域、33条目标构成了儿童学习与发展地图的主干道，那么，目标以及目标之下的分年龄段的典型行为表现，就是儿童学习与发展地图的小街小巷；如果前者是人体

的骨架，那么后者就是人体的血肉。

对这些“小街小巷”“血肉”，幼儿园教师很难全部都记得住，但需要熟读、理解。阅读《指南》中的这些典型行为表现，至少有横读、竖读两种方式。接下来我们以“社会”领域的“人际交往”子领域的“目标2 能与同伴友好相处”为例加以说明。

表5-6 目标2 能与同伴友好相处

3—4岁	4—5岁	5—6岁
1. 想加入同伴的游戏时，能友好地提出请求。 2. 在成人指导下，不争抢、不独霸玩具。 3. 与同伴发生冲突时，能听从成人的劝解。	1. 会运用介绍自己、交换玩具等简单技巧加入同伴游戏。 2. 对大家都喜欢的东西能轮流、分享。 3. 与同伴发生冲突时，能在他人帮助下和平解决。 4. 活动时愿意接受同伴的意见和建议。 5. 不欺负弱小。	1. 能想办法吸引同伴和自己一起游戏。 2. 活动时能与同伴分工合作，遇到困难能一起克服。 3. 与同伴发生冲突时能自己协商解决。 4. 知道别人的想法有时和自己不一样，能倾听和接受别人的意见，不能接受时会说明理由。 5. 不欺负别人，也不允许别人欺负自己。

一、横读

所谓横读，是指仔细阅读具体的典型行为表现随年龄的发展而变化的情况。比如，表5-6中三个年龄段的第一个行为表现，都是在讲当儿童想加入游戏时，是否能够与同伴友好相处，同时又能成功加入。3—4岁时，能友好地提出请求；4—5岁时，能使用介绍自己、交换玩具等技巧；5—6岁时，能想办法吸引同伴和自己一起玩。横读所读到的，是儿童的年龄特征，是儿童某一方面学习与发展的目标进阶或发展趋势。

同理，我们可以看到第二个典型行为表现，从不争抢、不独霸，到轮流、分享，再到分工合作。第三个典型行为表现，是在发生冲突的情况下，从听从成人劝解，到在帮助下和平解决，再到自己协商解决，有明显的阶梯递进关系。

此外，我们可以看到，3—4岁有三个典型行为表现，4—5岁和5—6岁有五个典型行为表现。每个年龄段的典型行为表现的数目，并不一定都是一致的。在“能与同伴友好相处”这条教育目标下，能够接受同伴的意见和建议这样的典型行为表现，4—5岁开始出现是比较合理的期待，而如果期待3—4岁就出现，那就是不合理的。

通过横读《指南》的典型行为表现，一定要读出儿童学习与发展的趋势，而不是简单地用年龄阶段来“套”儿童的学习与发展，或者制作成检核表来对儿童打钩、打叉。有些幼儿园教师在不断阅读、理解《指南》中的典型行为表现的基础上，甚至进一步拓展了《指南》，为《指南》加上了2—3岁和6—7岁儿童的典型行为表现，让自己能够从更大的视域来看待儿童的学习与发展。

二、竖读

所谓竖读，是指仔细阅读在每一个年龄段，儿童在相应的教育目标上有哪些典型的行为表现。比如，针对“能与同伴友好相处”这一目标，在不同的年龄段，都有哪些具体的行为表现呢？

需要指出的是，《指南》并未穷尽这一年龄段的所有典型行为表现。以上表中的3—4岁儿童为例，共有三条表现，即“想加入同伴的游戏时，能友好地提出请求”“在成人指导下，不争抢、不独霸玩具”和“与同伴发生冲突时，能听从成人的劝解”。除了这三条，还可能有其他的行为表现，可以说明儿童“能与同伴友好相处”的吗？儿童在吃喝拉撒睡等生活活动中，在建构游戏、角色游戏等游戏活动中，可能会有其他的言行，体现出“能与同伴友好相处”。比如，儿童能够和同伴在沙池里一起堆沙堡，能够参与围圈的游戏，在同伴做事情成功时，模仿成人给予简单的赞美等。因此，竖读也可能进一步拓展了《指南》，为《指南》加上了更多的典型行为表现。

第五节 《指南》教育建议：儿童学习与发展地图的交通路线提示

一、教育建议的内容

《指南》中每一个目标之下，都面向幼儿教育工作者给出了明确的建议和具体的操作提示，很多还举了例。建议相对概括一些，主要说成人可以从哪些方面来进行教育，而下面的操作提示则具体很多，包括需要提供什么样的环境和材料，需要开展什么样的活动，可以如何与儿童互动等。有的教育建议中除了说“应该怎么做”，还明确说了“不能怎么做”，比如，“不简单用‘像不像’‘好不好’等成人标准评价幼儿的艺术表现”“幼儿绘画时，不宜提供范画，特别不应要求幼儿完全按照范画来画”。

教育建议部分显然不可能呈现所有幼儿园教师的恰当做法，而主要是提供一些实践的思路。所以幼儿园教师不是只需要按部就班地执行列出的教育建议就能百分百支持好儿童的学习与发展，当然也无需背诵这些建议逐条落实。更重要的是，教师应该尝试领会这些建议背后的教育观念和原则，比如，支持儿童情绪表达和调控需要成人示范而不是说教，帮助儿童面对消极情绪时需要疏导而不是压制。

二、阅读教育建议的方法

在阅读教育建议时，可以有三种方法。

第一，教师可以结合教育目标来理解建议，看看每一条建议指向哪一项或几项典型行为表现，所以在观察儿童表现出特定需求时和尚不能表现出特定行为时，可以联想到自己应该如何支持。比如，在健康领域身心状况子领域目标2 情绪安定愉快中，有一项是关于儿童的情绪调节和表达的，教师可观察班级儿童是否达到相应目标，若部分或个别儿童尚未达到，教师可采用建议中帮助儿童学会恰当表达和调控情绪的方法。

第二，教师可以对照教育建议来评价和反思自己日常的教育行为，可以提问自己“我这样做了吗？”“有什么证据？”“效果怎么样？”，根据对这些问题的回答，教师可以确定自己接下来的工作中应该补充和调整的地方。

第三，教师还可以在阅读教育建议的同时，根据自己的日常实践来进行补充，比如，“我还有哪些好的做法？”“别人有什么好的做法吗？”，这样一来，我们既可以把《指南》“读薄”，也可以把《指南》“读厚”。

第六章

儿童学习与发展的核心知识（下）：学习品质

学习品质（approaches toward learning）的重要性越来越受到人们的重视，但在是否要将学习品质作为儿童学习与发展的一个单独的领域这个问题上，有一些不同的意见。有的人认为，学习品质应该成为一个单独的领域；但有的人认为，学习品质是渗透到各个领域中的，单独成为一个领域存在逻辑问题。我国在研制《指南》初期，是将学习品质作为一个单独的领域的，但在研制《指南》后期，将单列的学习品质的内容，又分解、渗透到各个领域中，并在“说明”部分单列一条，对学习品质予以强调。虽然在是否单列为一个领域上有争议，但大家都认为学习品质非常重要。

练习活动

请找出《指南》的五大领域中学习品质的相关内容。

五大领域中的学习品质

	健康	语言	社会	科学	艺术
好奇心和学习兴趣					
积极主动					
认真专注					
不怕困难					
敢于探究和尝试					
乐于想象和创造					

注：也可以在本章结束时开展此练习活动。

2012年《指南》颁布以后，学习品质得到实践者和研究者的高度重视，成了学前教育中的一个热点。2016年《中国学生发展核心素养》颁布，强调关键能力、必备品格和正确价值观，学习品质与其无缝衔接。

第一节 学习品质

一、何为学习品质

学习品质指能反映儿童自己以多种方式进行学习的倾向、态度、习惯、风格等。它与儿童所要学习的知识、技能密切相关，但又并不等同。理解学习品质，关键是要正确理解学习品质与知识、技能之间的关系。

首先，学习品质不是知识、技能、能力本身。比如，当我们看到一名儿童很能干、很会玩、很擅长做事、很能够解决问题时，常常就会判断这名儿童学习品质发展得很好。诸如“很能干”“很会”“很擅长”等，实际上评论的是儿童的知识、技能、能力本身，而未必是学习品质。学习品质不是知识、技能、能力本身，而是儿童面对知识、技能、能力的学习任务时，所表现出来的态度、倾向。真实生活中的儿童完全可能出现知识、技能水平高，但学习品质低，或者知识、技能不高，但学习品质高的情况。

如果有人问“探究是学习品质吗？”“尝试是学习品质吗？”“想象是学习品质吗？”“创造是学习品质吗？”这样一些问题，你会怎么回答？仔细阅读《指南》，会发现在“探究与尝试”之前还有“敢于”一词，在“想象与创造”之前，还有“乐于”一词，在“困难”之前，还有“不怕”一词。敢于、乐于、不怕这些词语，强调的正是学习者的态度、倾向，而不是学习者的能力、水平。如果过于强调“探究与尝试”“想象与创造”而忽略“敢于”“乐于”，就有可能强调的是知识、技能、能力本身，却与学习品质擦肩而过了。

其次，也不能将学习品质理解为与知识、技能毫无关系。事实上，学习品质总是需要通过一些具体的知识、技能的学习，才能表现出来。不可能存在一名儿童，对所有的知识、技能，所有的学习都感兴趣、都充满好奇，也不可能存在一名儿童，对所有的知识、技能，所有的学习都不感兴趣、不好奇。而且，知识、技能的学习过程与结果，可能会增加或削弱儿童的学习品质。比如，当儿童在学习拍球这一技能的过程中，如果获得了愉悦的体验，很有成就感，就可能会对拍球很感兴趣、更感兴趣，下一次拍球会更加积极主动，遇到一点困难也就可能敢于想办法去解决；如果在这一过程中、结束后获得的是不愉悦的感受，受到的是嘲讽、批评，比如，被不断指出没有得到第一或没有达到成人的要求，儿童就可能会对拍球不感兴趣，甚至害怕拍球，下次一听到拍球、一看到球就会紧张，拍球的整个过程都会很有压力。

如果不能正确理解学习品质是什么，观察就可能出现偏差，评到的不是学习品质，而是某种知识、技能。

讨论与分析

观看纪录片《小人国》，尝试从里面挑选几个儿童活动的片段，分析这些片段中哪些地方表现出了儿童的学习品质？哪些地方表现出的是非学习品质的知识和技能？

二、与学习品质相关的一些概念

与品质相近的词语有很多，诸如品德、道德、品格、性格等。凭借经验和已有的专业学习，我们能基本区分品质与这些概念之间的异同。其中，品质与品格是尤其值得关注的。因为在中小学生核心素养中，就提到了必备品格。品格可以分为道德品格和功能品格，道德品格涉及明确的价值观，如友善、诚信、公正、责任等，而功能品格是实现道德品格的要素，如专注、坚持、勇敢、自主等，简单地说，功能品格为人提供了“做好人”的素质基础，但不足以让人成为“好人”。①这里的功能品格，就与学习品质概念非常接近。

学习品质对应的英文表达是approaches toward learning，有人将其直译为学习方式、学习方法。但这些词在中文语境中，学习方式、学习方法缺少了英文中“靠近”“接近”的意思。在汉译英时，有人将“学习品质”直译为learning quality，与approaches toward learning的含义也相差甚远。有意思的是，一些看上去与学习品质相差很大的概念，其含义却非常接近，甚至完全相同。如下是其中的一些例子。

学习气质（learning disposition）②。美国幼教专家丽莲·凯兹在其《与幼儿教师的对话——迈向专业成长之路》一书中，专列有“学习的气质”一章。丽莲·凯兹这里所讲的“学习的气质”，完全可以等同于我们所讲的学习品质。她在20世纪80年代和90年代初期，用的是“学习的气质”，随后使用了“学习品质”一词。一些幼教工作者因为这个章节的标题“学习的气质”很像心理学术语，判断其不易理

① 李国祥.基于德性伦理学的品格教育研究[D].济南：山东师范大学，2019：16.

② 丽莲·凯兹.与幼儿教师对话——迈向专业成长之路[M].廖凤瑞，译.南京：南京师范大学出版社.2004：49.

解，所以尽管有这本书，但没有阅读这一章。

心智倾向（learning disposition）[①]。这是新西兰“学习故事”中一个非常重要的术语。针对传统学前教育用简单量化的方式观察学习品质所存在的各种问题，新西兰幼教专家玛格丽特·卡尔等提出了“学习故事”的这种评价办法。“学习故事”不只是讲故事，也是在讨论如何观察儿童的学习品质，甚至是如何认识、理解儿童的问题。“倾向”一词，抓住了学习品质的核心。

学习能量（learning power）。这是英国学者克拉克斯顿等人所使用的概念，指的是有关学习的倾向、态度和价值观，包括改变与学习、意义建构、探究意识、创造力、学习关系、战略意识和心理弹性七大维度。“能量”一词非常形象地呈现出学习品质的本质。

活动风格（activity style）[②]。在美国的“多彩光谱”“搭建桥梁”等儿童学习与发展评价项目中，在对儿童学习结果观察的同时，会有一个对学习过程的观察，即活动风格的观察。这里的活动风格，也非常接近于我们所讲的学习品质。

三、学习品质的内容

《指南》的“说明”部分明确提到的学习品质有：好奇心和学习兴趣，积极主动，认真专注，不怕困难，敢于探究和尝试，乐于想象和创造。

① 玛格丽特·卡尔. 另一种评价：学习故事[M]. 周欣，译. 北京：教育科学出版社，2016：23.

② 玛拉·克瑞克维斯基. 多元智能理论与学前儿童能力评价[M]. 李季湄，方钧君，译. 北京：北京师范大学出版社，2002：236.

学习品质不是一个边界非常清晰的概念。不同的学者、不同的国家和地区，对学习品质包括什么、不包括什么，有相当大的差异。学习品质的内容，也会随着发展需要与具体领域而有所变化、不同。比如，在有些地区，某些学习品质可能比较缺失，就会被强调；不同的领域对学习品质具体内容的强调也会有所差异。事实上，《指南》中提到的学习品质，也不只是“说明”部分提到的这些，每个领域对学习品质的表述，也有所差异。

比如，在《指南》的说明部分，没有提到“反思与反解”“计划性”“坚持”“挑战、合理冒险”，但在具体的领域里，是有提到的。

练习活动

下面是对美国部分州“早期儿童学习与发展标准”中的学习品质内容的汇总。请比较其异同，尝试找出大家都比较强调的学习品质。

州名	具体内容
特拉华州	主动与好奇（用所有感官参与各种任务、活动，在成人指定范围内做出独立的选择，灵活、富有想象、创造、自信地参与活动，对讨论各种各样的主题、思想、任务等表现出热情与好奇），参与与坚持（能够集中注意并完成任务、活动，在游戏中能制订计划并按计划行动），推理与问题解决。
佛罗里达州	热情与好奇（展现出作为一个学习者的好奇心与求知欲），坚持，创造与发明，计划与反思（反思并从经验中学习，设置目标并照着计划去做）。
爱达荷州	在发现、学习一个新事物时，表现出兴趣、好奇，愿意冒险；坚持并完成系列活动、任务的能力逐渐加强；反思经验并从经验中学习的能力逐渐加强；设置目标、遵循计划的能力逐渐加强。

续表

州名	具体内容
明尼苏达州	好奇心，冒险，想象与发明，坚持，反思与解释。
北卡罗来纳州	思考、处理和运用经验，好奇、寻求信息和热情，冒险、问题解决与灵活性，坚持、注意与责任感，想象、创造与发明，审美敏感性。
俄克拉荷马州	学习中的热情与兴趣；形成与发展听的技能；自我指导与独立；设立目标、形成计划、遵循计划的能力逐渐加强；活动之间的有效转换；对规则、常规的理解、接受与遵守；找到问题、任务的一个以上的答案的能力逐渐加强；通过积极的探索，包括尝试错误、与同伴和成人交流讨论等方法认识、发现并解决问题。
罗得岛	游戏（在参与游戏中形成自己的学习风格），好奇心（对任务与挑战表现出好奇并愿意参与），坚持性（为完成工作而主动、接受帮助、冒险的能力逐渐加强），自我组织（设立目标、形成计划、实施计划的能力逐渐加强），推理（发现解决问题之可能途径的能力逐渐加强），应用（儿童用先前的经验、感觉、知识学新东西或以新的方式学）。
南卡罗来纳州	以游戏的形式发展自己的学习方法，表现出一个学习者的热心与好奇，学习中表现出参与、坚持与主动，自我组织的能力越来越强，推理和记忆的能力越来越强，运用先前的知识经验拓展自己的学习。
威斯康星州	好奇、参与与坚持（对新任务与挑战好奇并保持开放，不排斥，在主动参与、坚持、集中注意的过程中拓展学习），发明与想象（运用发明与想象拓展自己的学习）。

四、学习品质的发展

与知识、技能的学习与发展相比，学习品质的学习与发展呈现出一定的特殊性。知识、技能的学习，通常呈现出线性递增的趋势，即随着时间的增加，知识、技能会不断增长。一般说来，知识、技能学会了就一直具备，不会突然失去。

学习品质的发展，可能是U形（短期下降，然后回升）或L形（出现下降，不再回升）的，不是一旦形成就能够永久拥有的。比如，像好奇心、学习兴趣、乐于想象等品质，在儿童出生早期就具有，但可能随着其年龄的增加而不断递减。对这些可能会随年龄增加不断受到伤害的学习品质，首要的不是培养，而是保护。

第二节 好奇心和学习兴趣

一、何为好奇与兴趣

好奇是人和动物的一种本能。好奇是与人和动物的惊奇情绪相联系的，由新奇刺激所引起的一种朝向、注视、接近、好奇、探索心理与行为活动。幼儿天生就有强烈的好奇心，但这种好奇心的强烈程度是有差异的，而且也会因随后的环境而有着巨大的变化。

兴趣是人们力求认识某种事物和从事某项活动的意识倾向，表现为人们对某种事物、某项活动的选择性态度和积极的情绪反应。如果说好奇心是强烈的本能，会受到环境的很大影响，兴趣则是有一定的先天性，更多的则是后天环境熏陶、培养的结果。一个人的兴趣有广度与深度之分，有的人兴趣广泛、爱好多，有的人兴趣不太广、却很有深度。兴趣也可分为直接兴趣和间接兴趣，直接兴趣是对活动的过程感兴趣，间接兴趣是对活动的结果感兴趣。兴趣还可以分为暂时兴趣和持久兴趣。

学前儿童的好奇心与兴趣通常包括：儿童具有好奇感、有寻求新信息的兴趣、对新知识的敏锐、渴望学习等。也就是说，好奇心与兴趣，通常是在儿童面对新的人、事、物时，有进一步学习、探索的好奇与兴趣。儿童面对“新”东西的倾向性，能表现出儿童的好奇与兴趣的程度。学前儿童的好奇与兴趣通常会不断从对物、人，逐渐拓展到对主题、思想、任务这样一些社会性领域。

二、好奇与兴趣观察要点提示

如前所述，学前儿童的好奇心与兴趣的表现通常是内隐的而非外显的，是笼统的而非量化的。这就使对好奇心与兴趣的观察变得比较困难。但我们可以从可见、可测的角度，通过儿童的言行来探讨学前儿童的好奇与兴趣的观察。

首先，注意是好奇与兴趣的表现形式之一。注意是心理活动对一定对象的指向和集中。注意力的指向和集中是儿童开始探索世界的第一步。儿童可能会突然停下来，凝视或者专注于某个对象或现象，表现出对这个特定对象的兴趣。比如，他们可能会盯着教师手中嘴巴一张一合的玩偶，或者目不转睛地观察着种植园地里蠕动的蚯蚓。儿童是否真正好奇需要根据其在一定对象上的注意时长来判断，如果儿童只是快速、匆匆、短暂地看一眼便转移了注意力，并且之后不再关注，表明儿童对该对象并不感到好奇。注意、观察是儿童提出问题、寻找答案，并建立起对世界的理解的前提。

其次，提问是儿童好奇与兴趣的重要表现形式。因此，观察者可以根据儿童的提问的频率、提问的类型、所提问题的质量、如何面对自己所提出的问题等角度来间接地考察儿童的好奇与兴趣。具体地讲，有的儿童经常提问，有的儿童较少提问；有的爱提“是什么”的问题，有的爱提“为什么”的问题，还有的爱提“怎么样”“怎么办”之类的问题；有的问题质量比较高，儿童的思维参与程度比较高；有的问题则是儿童随便问问，问题的质量并不高。

最后，猜测、尝试、寻找答案是好奇与兴趣的另一种表现形式。有的儿童只是提出问题，习惯从别人那里获得答案，以他人告诉问题的答案为终结，而有的儿童提完问题后，还会自己猜测问题的答案，甚至会通过调查、对比、实验、查阅资料等多种方式来验证自己的猜测。

从儿童好奇的对象来说，包括对自然事物的好奇及对人和社会事件的好奇。

在儿童周围总是有着各种各样的自然事物，儿童对这些自然事物的态度，是接近还是疏远，是靠近还是远离，能看得出儿童的好奇与兴趣。这种好奇与兴趣既可能表现在对新的东西的态度上，也可能表现在对同一东西不同时期的态度上。比如，当儿童面对一种新的动物时，可能表现出好奇与兴趣；在面对自己每天都玩的玩具时，也可能表现出好奇与兴趣。对于年幼儿童来说，大多有一个属于自己的“百宝箱”，在不少成人看来是“垃圾”的东西，对儿童来说则是宝贝，这就是儿童好奇与兴趣的一种具体的表现。

儿童对人、对社会事件的态度也能表现出好奇与兴趣。比如，对周围发生的事情感兴趣，参与讨论等。在以前对儿童好奇与兴趣的观察中，更多地关注了儿童对自然现象的好奇与兴趣，对儿童的社会好奇与兴趣的关注明显不足。

下面是对学前儿童好奇与兴趣观察的一些具体指标。由于儿童的年龄不同，其好奇与兴趣有很大的差异，因此采用了分年龄段呈现的方式。

表6-1 不同年龄段儿童好奇与兴趣的具体表现

年龄	好奇与兴趣的具体表现
出生至18个月	1. 对周围的人感兴趣，如通过改变自己的行为对新声音、语调表现出兴趣，如变得更加安静或积极，改变自己的面部表情等。 2. 对环境里的新东西表现出兴趣，想去弄一弄、动一动，或者是盯着看。 3. 运用自己的各种感官去探索环境（如伸手去摸雨）。
18—36个月	1. 对当下的环境积极探索，找出有什么（如询问一个他找到的新东西、收集玩具等）。 2. 对新的活动、别人的活动表现出兴趣，提出一些简单的问题（如为什么、有什么、在哪里等）。 3. 对熟悉的人问问题。

续表

年龄	好奇与兴趣的具体表现
36—60个月	1. 通过问问题来获得自己想要的信息（如“那个是什么东西？”“为什么月亮是圆的？”等）。 2. 用材料进行探索或做实验，对他人怎么做事、为什么要做那件事情表现出兴趣。 3. 运用“为什么”之类的问题获得周围世界运作的知识。 4. 有自己相对比较稳定的兴趣（如火车、农场、动物等）。
60—72个月	1. 参与讨论新事物或一些突发事件（如“怎么会这样呢？”）。 2. 对周围环境中的变化问问题。 3. 对野外活动或到一些新地方表现出极大的热情。 4. 在他人帮助下，寻求新信息。

练习活动

请任意选择班上的一名儿童，用下面“儿童好奇心检核表”中的要点，观察这名儿童，了解这名儿童的好奇心。

儿童好奇心检核表

姓名：　　　　日期：
• 注意到新材料
• 探索新事物
• 提出关于“是什么”“在哪儿”“什么时候”和“怎么样”的问题
• 想知道事情“为什么”会发生
• 用感觉（视觉、听觉、嗅觉、触觉、味觉）来探索事物
• 喜欢做实验
• 能够对两种事物进行比较
• 使用科学工具（如磁铁、放大镜、望远镜）
• 使用数学工具（如天平、卷尺、算盘、计时器、计数器）
• 玩匹配和计数游戏
• 做收集、画图表、记录
• 参与探索教室里的宠物、养鱼缸、植物、昆虫
• 选择关于科学、计数、动物、植物和生态的书

资料来源：詹尼丝·J. 比蒂. 幼儿园教师技能大全[M]. 房阳洋，孙蔷蔷，周彬，等，译. 北京：机械工业出版社，2015：101.

第三节 积极主动

一、何为积极主动

积极与消极相对，主动与被动相对。积极主动是非常能够体现学习品质的态度、倾向的领域。本部分将积极与主动视作并列关系，重点讨论主动、主动性。

学前儿童的主动性对其随后的学习质量将产生很大影响。调查中发现，在影响学习适应能力的社会性适应能力的诸因素中，儿童的主动性尤其明显，说明儿童是否具有学习和交往活动中的主动性、积极性将大大关系到入学准备与适应状况。[①]幼儿园教师、小学教师通常也会提到儿童学习的主动性问题。然而，究竟什么是主动性？主动性仅仅是儿童社会性发展的一个方面吗？主动性是否等同于独立性？在儿童心理学、教育心理学上，对儿童学习主动性的界定不甚清楚，因而人们即使知道学习主动性很重要，但仍然难以观察。

主动性是指个体面对任务时表现出来的积极性程度的状态。与主动相反的是被动，即在他人推动之下做事。如此看来，主动性与积极性、独立性是紧密地联系在一起的。但在讨论儿童的学习品质时，不能用独立性、积极性代替主动性，因为学习主动性有着比较明确的、独特的内容。

① 朱慕菊.“幼儿园与小学衔接的研究”研究报告[M].北京：中国少年儿童出版社，1995：75.

二、学前儿童学习主动性观察要点

尽管人们大量讨论了一个人的主动性问题，但却对主动性的定义和内涵把握不清，因而给具体开展观察工作带来了一定的难度。下面从儿童面对任务的态度和目标意识的角度，探讨对儿童主动性的观察。

学前儿童的学习主动性首先表现为面对任务的态度。比如，儿童是否肯接受任务，是否愿意参与各种学习活动，在学习新东西时是否能够合理冒险，等等。在此有两个方面的内容需要讨论。第一是“什么样的任务”。我们都知道，当面对儿童喜欢、愿意的任务、活动时，儿童总能表现出极大的积极性。比如，喜欢玩的游戏、玩具，喜欢看的动画片。另外一类任务是儿童并不非常喜欢，但是必须要完成的，如收拾、整理玩具。这两类任务、活动都能表现出儿童的主动性程度。第二，当儿童面对一个任务时，总是有一定的“风险”，比如，可能会失败，儿童对“风险”的态度能够很好地看出儿童的主动性。要注意的是，这里的“风险”指的是儿童“合理冒险”（take reasonable risks），并不是说儿童鲁莽、粗心是主动性的表现。合理冒险既指向儿童敢于尝试一些有难度的、有挑战性的活动，也指向那种有风险的活动（如既可能成功也可能失败的活动）。

其次，考查儿童学习主动性的角度是儿童的目标意识，以及设立目标、形成计划、实施计划的能力。事实上，主动性也可以定义为个体按照自己规定或设置的目标行动，而不依赖外力推动的行为品质。按照这种定义来理解，“目标”是主动性中的核心要素。对于学前儿童来说，是否有计划意识，是否能够制订计划并根据计划行动，既是儿童学习主动性的表现，也是儿童有良好学习习惯的一种表现。

下面是有关学前儿童学习主动性的一些观察指标。

表6-2 不同年龄段儿童主动性的具体表现

年龄	主动性的具体表现
出生至18个月	1. 积极探索周围的新东西。 2. 与熟悉的成人、儿童互动（如微笑、接近、不退缩）。 3. 表达出想吃东西的愿望。 4. 从几个里选出一个（如一本书、一个玩具）。 5. 表现出对活动、经历、互动的喜欢与不喜欢。
18—36个月	1. 尝试用新方法做事情，开始能够冒一定的风险。 2. 与别的儿童一起玩，发起游戏。 3. 在众多活动里选择某一个活动，并且在随后的一段时间内一直从事该活动。 4. 提出如何安排时间。 5. 对打扮自己表现出兴趣（如穿衣服）。 6. 在成人建议下能够发起活动。 7. 享受学习新技能、新经验的快乐。
36—60个月	1. 邀请同伴加入游戏。 2. 在帮助下，能够加入已经开始的游戏活动。 3. 在游戏时间里能够选择新活动。 4. 在乱糟糟时提供帮助（如扫走地上的沙、帮忙把溢出的牛奶擦掉等）。 5. 发现、使用材料来实现某一想法（如找积木来修一座塔）。 6. 在帮助下，能够在做什么活动、用什么材料时做出自己的决定。
60—72个月	1. 对自己感兴趣的活动，能够主动进行选择。 2. 基本不需要帮助，就能形成一个方案（计划），并按方案做事。 3. 在帮助下，能说出冒险与危险之间的区别。 4. 在活动中能注意到适宜的冒险和不适宜的冒险的区别。

第四节 认真专注

一、何为认真专注

一般来说，人们倾向于将“认真”一词用于描述一个人的态度不敷衍、不马虎。本部分重点讨论专注。

专，本义为纺专，或用手转动纺锤，做动词时泛指转动，即物体围绕一个圆心旋转，故引申为专一，指集中于一点、一件事上。注，本义为注入、注射、灌进去，引申为对艰深文义的解释，此外还有与“专”相当的意思，即精神、力量的集中。“专注”二字合为一体，主要取用两者都含有的“集中于一点”的意思。目前对专注内涵的理解大致有三种取向。

1. 专注是一种心理活动状态

林传鼎等人认为专注是心理活动对某些事物的高度集中，越是高度专注，注意的范围越小；要达到专注，必须有引起高度注意的条件；长时间的专注易产生疲劳。[①]朱智贤和林崇德等人认为，专注是人的心理活动集中于对象的注意状态，专注状态下的人会表现出极强的抗干扰性，有明显的外部特征，如凝视、倾听，甚至会出现屏息现象。[②③]

2. 专注是一种学习品质

专注是儿童宜具备的一种学习品质，这点已经成为共识。有研究者认为，专注是学习品质的行为导向维度，包括注意和坚持，前者是指将心理能量集中于某个人、某项任务或某个情境；后者是指在分心或面对挫折时仍关注着当前的活动。还有研究者认为，学前儿童的专注表现为能够集中注意，在面对干扰、困难甚至失败时能够启用调节机制，完成具有一定持续性的任务。

---

① 林传鼎，陈舒永，张厚粲.心理学词典[M].南昌：江西科学技术出版社，1986：35-36.

② 朱智贤.心理学大词典[M].北京：北京师范大学出版社，1989：984.

③ 林崇德，杨治良，黄希庭.心理学大辞典（下）[M].上海：上海教育出版社，2003：1747.

3. 专注是一种生活方式

有研究者认为专注力与专注的含义是一致的。还有一种理解，认为专注力是一种生活方式，并将其本质概括为：创建新的范畴、欢迎新的信息、思维角度多元化、过程先于结果。[①]有研究者将专注力进一步界定为对个体思想、感受、态度、行为等心理过程与个性心理的思维觉察力，它让人打破思维定式，始终以开放的视野、敞开的思路，接受新的信息，审视自我保持思维的开放性与多元性。[②]

二、学前儿童认真专注观察要点提示

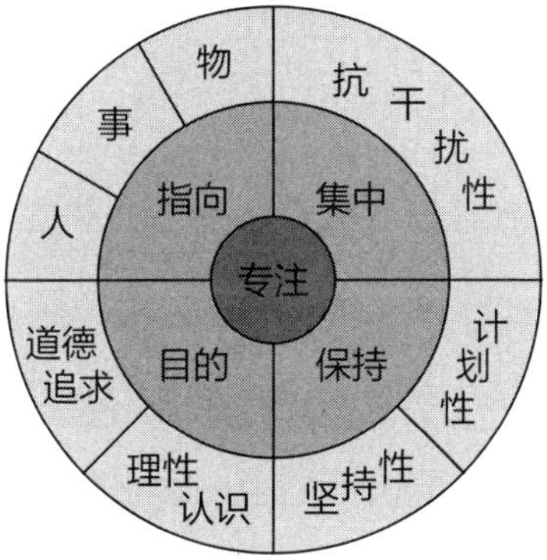

图6-1 专注的主要内容

（一）指向：选择一定对象

指向是指个体在众多对象中选择关注对象，并将自己的视觉、听觉或触觉等感知觉集中在这一对象上。对于学前儿童来说，其关注对象主要包括人、事、物三种类型。

① 兰格.专注力[M].徐佳，译.北京：中国人民大学出版社，2007（7）：47-56.

② 翟寅飞.体育教学中的师生专注力研究[D].武汉：华中师范大学，2012.

对人的专注是指，儿童将注意指向他人，包括认真倾听他人的言语，仔细观察他人的行动，用心理解他人的情感等。比如，儿童在跟别人交谈时，眼睛看着对方，认真听并努力理解对方的意思。对事的专注是指，儿童将注意指向某项事情或活动，投入地参与其中。比如，儿童花很长时间用积木搭建一个复杂的城堡，能连续跳绳或抛接球，能够一遍又一遍地做自己喜欢的事情。对物的专注是指，儿童将注意指向某些事物或现象，包括植物、动物、自然现象等，对感兴趣的事物能仔细观察，发现其特征或变化。比如，儿童经常在自由活动时间选择去看饲养角的兔子。

由此可知，儿童专注的对象既可能是一个游戏，也可能是一只兔子，还可能是一幅作品。因此，成人不应该将儿童专注品格的培养局限在某一类对象性活动上，如仅将专心阅读书籍或认真听教师讲话视为专注，而忽视了其他对象可能带来的专注培养契机，甚至随意打断儿童对游戏的投入或对动植物的观察等专注行为。另外，在学前阶段，兴趣是引发专注的重要因素。做比较熟悉或感兴趣的活动，和不太感兴趣而又必须做的活动，儿童需要付出的意志努力程度不同。

（二）集中：聚集全部注意

集中是指个体的心理活动在指向某一事物的同时，精神也集中于此，即使周围发生其他事情，个体也依然将注意对象保持在意识之中。也就是说，儿童在选择某一注意对象后，其意识全神贯注地聚集在这个对象上，对周围其他事物“视而不见，听而不闻，食而不知其味”，表现出极大的抗干扰性。

对于主体来说，干扰主要包括两个方面：感觉干扰和情绪干扰。感觉干扰主要是指感官所接收到的与当前活动无关的信息，而情绪干扰则是指情感上带来的思想负担。所谓抗干扰性，是指儿童能够抵抗周围无关刺激的干扰，不会被无关信息分散了注意力。在受到干扰后，能将注意重新转移到原来的活动上，有情绪波动时，能较快地缓解，保持平静。

（三）保持：持续一段时间

保持是指个体能在一段时间内维持对一定对象的关注，直到任务完成。保持主要包括计划性和坚持性。

计划性是指儿童根据他人的要求或自己的意图制订计划，并按照计划行动。明确做事的目的并有一定的规划，是维持较长时间注意力的一个重要因素，因为只有当儿童对所做的事有所了解才能全身心地投入。随着儿童的计划逐渐变得详细和复杂，也就意味着其专注于这一对象的时间可能维持得更长。

坚持性是指儿童在参与任务时，遇到挫折和困难，能不断尝试，直到任务完成；遇到问题能够通过求助并接受帮助、自己想办法尝试、邀请同伴合作等多种方式解决问题。

（四）目的：追求一定意义

目的是指个体的行动想要达到的结果。亚里士多德认为，有的目的是主导性目的，有的目的是从属性目的，而后者只是因为前者之故才被追求。[①]我们在此所强调的目的是主导性目的，是行动的终极目的。也就是说，个体的心理活动指向和集中于一定对象时，除了完成相应活动这一目的以外，活动背后的意义才是我们所强调的终极目的。终极目的在于道德上的目的，而这一目的又以知为前提，因此可以说，这里的目的主要包括道德追求和理性认识。

道德追求指个体的专注行为应当指向高尚的目的，这种高尚以善

① 亚里士多德.尼各马可伦理学[M].邓安庆，译注.北京：人民出版社，2010：39.

为尺度。专注作为一种品格，只能用于良善的行为和正义的事业。用于邪恶事业和目的的专注不是品格意义上的专注。比如，一心一意干坏事不是专注，而是鬼迷心窍、丧心病狂。对于学前儿童来说，其道德认知和理解能力有限，其行为也还没有明确的道德目的，但学前儿童的专注至少不应该用于做不好的事情，而应该用于正确的、积极的事情。比如，为了照顾好动植物，专心学习相关经验；能关注他人的需要，常常提供力所能及的帮助；能集中注意投身于值日工作、班级劳动等有益于班集体的活动。

理性认识是道德追求的前提。这里的理性认识包括两个方面：一方面是指，个体必须具备一定的道德知识，否则就不知道什么是善，不会为了善的目的而行动；另一方面是指，个体要认识到自己对善恶知识的认识有限，需要不断去思索和扩展。要引导儿童知道有益于自身、他人和集体的事情才是有意义的；了解有意义在不同情境中的具体表现可能不同；知道要达到一个目标可能需要很长时间的专心努力，而为了做有意义的事付出努力是值得的。

下面是观察学前儿童坚持与专注的一些具体指标。

表6-3　不同年龄段儿童坚持与专注的具体表现

年龄	坚持与专注的具体表现
出生至18个月	1. 能短暂地专注于玩具或活动，比如观察挂在摇篮上的玩具、看着移动的图案或者听摇篮旋律音乐时的专注表情。 2. 反复做一些简单的活动，比如不断地摇动或者按压某个玩具。
18—36个月	1. 一遍又一遍地做自己喜欢的事情。 2. 能够完成一些简单的事情，比如用积木拼一个简单的图形。 3. 在一段时间里坚持用相同的方法做事情，比如3—5分钟里一直用积木拼一个建筑物。 4. 坚持自己的选择，比如穿什么衣服、做一件事情等。 5. 当遭遇问题时，能够寻求帮助、接受帮助。 6. 讲故事时能认真听，并有一些参与，比如帮着翻书。

续表

年龄	坚持与专注的具体表现
36—60个月	1. 对自己感兴趣的任务能够专注。 2. 能至少专注于活动5—10分钟。 3. 一再地完成自己喜欢的任务。 4. 失败以后，仍然坚持尝试完成任务。 5. 用至少两种以上的方法尝试解决问题。 6. 进餐时心情愉快，而不是总是分心。
60—72个月	1. 在完成以前，保持对方案或活动的兴趣。 2. 在帮助下能够设立目标，形成计划，并根据计划行动：其他同伴和成人集中注意时，自己也能保持注意，比如在故事活动中集中注意。 3. 能较长时间地完成某一任务，在中断一段时间后还能重新回到原来的任务上，比如玩积木：在受到干扰后能将注意重新回到原来的活动上。 4. 受到干扰时也能集中注意。 5. 接受合理的挑战，能在沮丧中继续。

第五节 不怕困难（勇敢）

一、何为不怕困难

本部分从勇敢的角度来解读不怕困难，突出儿童面临困难时“不怕”的态度、倾向。

勇敢与恐惧有关。恐惧是外界危险在人心中的投射。恐惧作为人的一种本能，能够帮助人规避危险，对人的生存意义重大，但是如果完全顺应本能，一有危险就恐惧和逃跑，人类便不可能发展到今天的高度。所以，勇敢是对恐惧本能的一种适度超越，而并不是简单的不害怕。但是这种超越必须是适度的，按照亚里士多德的说法，即勇敢是胆怯和鲁莽之间的中庸，过了度即为鲁莽，不及则为怯懦。换言之，勇敢既包括面对艰难险阻无所畏惧的气概与行动，以超越怯懦，也包括对意义和形势的审慎思考与判断，以避免鲁莽。由此，我们认为，勇敢不是不恐惧，而是为了有价值有意义的事物而克服恐惧。对于学前儿童而言，勇敢即在面临困难或害怕的情况下，仍然敢做自己知道是正确的事情。

二、不怕困难（勇敢）观察要点提示

有研究者认为，勇敢分为三种主要的类型，即身体勇敢、道德勇敢、心理勇敢。①身体勇敢是面对身体伤害时的勇敢，道德勇敢是面对危险时的真诚与正直，而心理勇敢则是面临心理伤害，比如重大疾病打击时的勇敢。还有研究者根据对勇敢概念的分析，通过对家长进行调查，制定了学前儿童勇敢品格的培养目标。基于以上研究，结合对勇敢内涵的分析，以及对儿童的观察了解，我们认为，学前儿童的勇敢表现既有身体方面勇于尝试挑战性运动的果敢大胆，也有心理方面面对害怕、畏难、退缩、沮丧等情绪时的勇往直前，还有道德方面为朋友遭遇不公时的仗义执言。由此，我们制定了学前儿童勇敢品格的发展目标。

身体勇敢

1. 敢于玩各种体育器械，大胆参加体育运动。
2. 喜欢参加各种身体活动，能够坚持下来，不怕累。
3. 能够勇敢面对摔跤、磕碰等小伤带来的身体疼痛。
4. 能够克服炎热、寒冷带来的不舒适感。

① 黄敏娟，鄢超云.幼儿勇敢品格的理论解析及培育建议[J].陕西学前师范学院学报，2021，37（10）：33-41.

心理勇敢

1. 能克服对打针、黑暗等的害怕。
2. 敢在众人面前说话、表演。
3. 能大胆表达自己的想法和感受，或提出自己的要求。
4. 能用不同艺术形式大胆地表达自己的情感、理解和想象。
5. 敢于尝试有一定难度的活动和任务，不怕困难。
6. 做错了事敢于承认，愿意改正。
7. 面对失败，能够调整自己的情绪，继续努力。
8. 敢于拒绝别人的无理要求。
9. 与别人的看法不同时，敢于坚持自己的意见并说出理由。

道德勇敢

1. 发现集体中有不合理的规则时，勇于提出意见或建议。
2. 发现别人受到不公平的对待时，敢于说公道话。
3. 发现别人做错事情时，敢于指出。

下面是观察学前儿童不怕困难（勇敢）的一些具体指标。

表6-4 不同年龄段儿童不怕困难（勇敢）的具体表现

年龄	不怕困难（勇敢）的具体表现
出生至18个月	1. 能够完成简单的任务，比如将多支彩笔收回盒子。 2. 能够在父母的陪伴和鼓励下尝试爬、走等动作。 3. 敢于探索新的空间和玩具。 4. 能够克服游戏中的小障碍或困难，比如越过一个小障碍物或者抓住一个较高的玩具。
18—36个月	1. 能够尝试完成自己选择的、短期、明确但有一些挑战的任务。 2. 愿意尝试新的游戏，比如滑滑梯、荡秋千等，或参与其他儿童的活动。 3. 愿意在熟悉的人陪伴下去不熟悉的地方。 4. 能够在成人的鼓励下对不熟悉的儿童发起交流。

续表

年龄	不怕困难（勇敢）的具体表现
36—60个月	1. 能够在成人鼓励下顺利应对打预防针、体检、补牙等自己有些害怕的场景。 2. 能够到幼儿园隔壁班级或特定地点去借还物品。 3. 能够主动发起对话加入陌生儿童的游戏。 4. 愿意把自己的作品给别人看。
60—72个月	1. 在成人的提示鼓励下能够完成坚持21天阅读打卡等长期、有难度的任务。 2. 当遇到困难或挫折时，能展现出一定的耐心和毅力，尝试用多种方法来解决问题，或者寻求成人的帮助而不轻易放弃。 3. 能在集体面前表达自己的意见，面对反对意见尝试解释、辩论而不生气、不退缩。 4. 能够独自去熟悉的邻居朋友家。 5. 面对失败能够快速调整，重新开始。

第六节 敢于探究和尝试

一、何为敢于探究和尝试

敢于探究和尝试，指的是儿童在认知、情感和行为发展中表现出的一种愿意接触、探索、尝试新事物和面对挑战的态度和行为特征。面临同样的任务或困难，不同的儿童会表现出不同的倾向性，有的儿童对任务和困难展现出自信，愿意尝试解决，积极探索和操作各种事物，即使面临困难和问题，也愿意积极努力，表现出坚持不懈的精神。有的儿童则可能表现出畏难和退缩情绪，出现问题时，要么放弃不再继续，要么寻求他人帮助或附和众人。探究和尝试是一种行为过程，但是儿童是否有探究和尝试行为的出现，取决于是否敢于。敢于也即前文所讲的不怕困难、勇敢，也就是说，敢于探究和尝试也可以理解为不怕困难（勇敢）的一种具体表现。

儿童在年幼时就能够专注于探索过程，在探索的过程中发现事物间的运作关系，即发现一个特定的操作会带来相应的什么结果，儿童在这些探究和尝试中获得观察经验，最终会帮助他们对今后出现的问题做出合理的解释。探究和尝试一开始可能是随意的或凭直觉的，但随着儿童经验的增长，儿童可能会出现推理，根据推理提出假设，通过探究行为去验证假设的合理性，并最后建构新的经验。

二、敢于探究和尝试观察要点提示

学前儿童的敢于探究和尝试可以从以下几个方面来观察。

第一，好奇心和探索欲望。可以观察学前儿童是否表现出对新事物、新情境的好奇心，他们是否主动观察、摸索、问问题以了解和探索周围环境。

第二，是否主动接受和参与有挑战性的任务。比如，是否愿意尝试新的活动、参与需要解决问题的游戏或任务，或者是否会选择更具挑战性的拼图或建构玩具。主动选择这些任务的儿童通常对探索和尝试有较高的兴趣和动机。

第三，面对挑战和困难，是否主动尝试多种办法解决。观察儿童在参与挑战性任务时的投入程度。他们是否能专注于任务，持续一段时间，即使遇到困难也不轻易放弃。在面对挑战时，儿童的情绪反应也是重要的观察点。勇于探究和尝试的儿童通常在遇到困难时表现出积极的情绪，比如兴奋、好奇和愿意继续尝试，而不是畏惧或沮丧。

第四，目标坚持，不轻易放弃或改变自己的既定目标，自觉坚持完成需要一段时间的任务。比如，是否能够从头到尾完成一幅复杂的拼图、建构作品，或者一个高难度的身体动作。这些任务通常需要较长时间和持续的努力，能够坚持完成这些任务的儿童通常表现出较强的目标坚持性。

表6-5 不同年龄段儿童敢于探究和尝试的具体表现

年龄	具体表现
出生至18个月	1. 使用感官（如视、听、触、嗅、味）来探索周围环境。 2. 尝试用身体来探索环境，比如抓握、翻身、爬行、坐起和站立。 3. 对不同刺激，比如对声音、光线和触摸表现出好奇和探索的欲望。
18—36个月	1. 尝试自己完成任务，比如自己吃饭、穿衣、打开门或尝试新玩具。 2. 在遇到困难时尝试解决问题，比如通过试错法打开盒子或拼装玩具。
36—60个月	1. 愿意尝试新的游戏和活动，并通过这些活动来探索新的概念和技能，比如用积木探索平衡的概念。 2. 愿意尝试新的创意活动，并在过程中不断探索新的表现方式。 3. 提出问题并尝试寻找答案，比如问“为什么”，并通过观察、实验或询问他人来探索答案。
60—72个月	1. 能够设定具体的目标并努力实现，比如搭建一个复杂的建构作品或斜坡轨道。 2. 在完成任务的过程中，即使遇到困难也不轻易放弃。 3. 在遇到问题时提出不同的解决方案，并验证这些解决方案的有效性。

第七节 乐于想象和创造

一、何为乐于想象和创造

想象是在头脑中对已有表象进行加工、改造、重新组合形成新形象的心理过程，而创造则是产生新思想、发现和创造新事物的能力。学前儿童的想象非常丰富，创造则有着自己独特的表现形式。对学前儿童而言，“新”并不是对所有人的新，而是对自己来说是“新”。正是从这个意义上讲，皮亚杰曾有过“儿童发明算术”“儿童重新发明算术”“理解即发明”的论述。

需要特别强调的是，学习品质里的想象和创造，并不是完全指儿童的想象力和创造力，观察儿童的想象力和创造力也有专门的方法、工具。作为一种学习品质，此处更强调的是，儿童能够利用想象和创造拓展知识，进行新的学习。一名儿童拥有很高的想象力和创造力，但却并不一定善于利用自己的这种能力来进行新的学习。

二、想象与创造观察要点提示

学前儿童在学习中的想象与创造观察问题，容易产生很多误解。一是，想象与创造的观察与其他领域的观察很不相同。二是，这里不是在观察想象与创造本身，而是学习者是否在利用想象与创造进行新学习。

比如，儿童虽然具有想象与创造的能力，但敢不敢于想象与创造？有不少儿童是具有想象与创造的能力的，但却不倾向于、不敢于运用这种能力。一旦突破“敢不敢”这一层窗户纸，这些儿童的想象力与创造力就可能非常充分地表现出来。再如，当儿童在解决问题的过程中遇到困难时，儿童是否会做出用其他方法解决此问题的尝试，能在相当程度上看得出儿童是否会运用想象与创造。有的儿童具有较强的想象与创造“力”，但就是不去想、不去尝试一个新方法。这就好比一个“听力”好的人却并不是一个好的倾听者一样。

下面是观察儿童想象与创造的一些具体表现。

表6-6　不同年龄段儿童想象与创造的具体表现

年龄	想象与创造的具体表现
出生至18个月	1. 探索自己的手、脚。 2. 用嘴拉、扔物体。 3. 模仿在别的场景里观察到的行为，比如看到别的儿童用积木堆东西后，自己也学着用积木堆东西。 4. 用不同的方式或创造性地使用物体，比如将桶口朝下作为城堡的底部。

续表

年龄	想象与创造的具体表现
18—36个月	1. 在成人帮助下，能够发明一些日常材料的新玩法。 2. 表现出对事物是如何运作的理解，比如大众扫地时，去把簸箕拿来。 3. 喜欢玩装扮游戏。 4. 在游戏中大量使用假装、想象。
36—60个月	1. 创造发明一些新的游戏、玩法。 2. 运用想象以产生一些新的想法。 3. 集体活动时想出一些大家都能接受的规则。 4. 编歌词、续编故事。 5. 通过艺术、建造、运动、音乐等表达自己的想法。 6. 大量参与假装游戏。
60—72个月	用戏剧游戏或象征游戏进行假装，用新的方式组合活动、材料与设备，用与其他儿童不同的方式来完成活动，比如在积木游戏或绘画活动中用了与众不同的方法，通过添加动作或角色等改编一个熟悉的故事，通过多种方式表征现实，比如假装游戏、绘画等。

第八节 反思与解释

一、何为反思与解释

儿童的反思与解释，涉及儿童对已经发生的事情、言行、思想的认识，属于心理学里元认知的范畴。儿童的反思与解释，与儿童是否能够从经验中学习很有关系。具体地说，儿童的反思与解释涉及儿童是否能够吸收、思考、理解已有知识和信息，以便进行进一步的学习。善于学习的儿童，比较善于反思与解释。

反思什么、解释什么？反思与解释指向的是儿童曾经经历过的事件，能够记得起、能够清楚地描述，对儿童来说就是一种有效的反思与解释。在此基础上，才能讨论如何利用已有的信息来帮助自己学习、帮助自己解决问题。反思与解释既可能是指向自己的，也可能是指向他人的，比如，反思与解释别人为什么会这样做、他人当时在想什么。

实际上，解释既可能是指向想法、观点的解释（我是怎么想的），也可能是指向证据、事实的解释（我是怎么做的，我看到了什么）；既可能有自我导向的解释（解释的目的是使自己更加清楚），也有他人导向的解释（解释的目的是使他人更加清楚）；既可能有涉及自我的解释（解释的是自己的言行），也可能有涉及他人的解释（解释的是他人的言行）。不同的解释对儿童的意义不同。

二、反思与解释观察要点提示

显然，即使是动物，也能够从经验中进行学习。不同的人从经验中学习的倾向是各不相同的。有的人善于从经验中学习，一次经验就能收获颇丰，有的人则可能需要多次经验，才能学到相应的东西。而此处的经验，有的人更倾向于自己去亲身经历，才能从中学习；而有的人则能够从他人的经验中进行学习，通过仔细观察他人，猜测当时的情况，把自己想象成当事人，从中学习。综合地说，可以把从经验中学习理解为：从自己的经验中学习，从他人的经验中学习，从已有信息中学习。

下面是一些对学前儿童反思与解释观察的具体表现。

表6-7　不同年龄段儿童反思与解释的具体表现

年龄	反思与解释的具体表现
18—36个月	1. 用类似物体作为替代物。 2. 认识到行为可以产生、导致事件，比如，“如果妈妈把锅放在炉上，打开开关，她可能是要炒菜了”。 3. 根据先前事件调整自己的行为，比如，“我这样做不行，那样做看看会怎么样”。 4. 把今天的经验与过去发生的某个经验联系起来，比如吃饭前洗手。

续表

年龄	反思与解释的具体表现
36—60个月	1. 告诉他人曾经发生过的事情。 2. 用可用、适宜的材料表征周围的事物，从简单地表征到比较复杂地表征，比如，用积木来表征一间房间、一座桥、一条路等。 3. 出声思考，即一边做事一边把自己的思考讲出来。 4. 在心理上把问题解决好，而不是仅仅通过试误解决问题。
60—72个月	1. 用多种方式来表达自己的想法与意见，比如，讨论、艺术活动。 2. 对一些有趣的事或想法表现出较长时间的记忆。 3. 对记忆中的一个情景或动作能够描述或表演出来。 4. 寻求信息，以进一步理解。 5. 在帮助下，能用多方面（渠道）的信息来完成某一项目（活动），或获得新信息。 6. 基于过去的经验计划活动、设置目标。 7. 开始能够理解他人在想什么，或者他人的意图动机。

第九节 其他项目中的学习品质观察

一、多彩光谱项目中的学习品质

多彩光谱项目是美国哈佛大学零点工程项目的一个子项目，该项目力图倡导一种与传统路径不同的方法，让教育去发掘每一名儿童的特点，适应他们的能力水平，并使他们得到最大限度的发展。在多彩光谱方案的评价工具中，有一个专门的观察项目是活动风格观察，对学前儿童学习品质观察具有一定的启示意义。考虑到学习品质是一个相对比较新的领域，可参考借鉴的观察资料相对较少，本书在此对多彩光谱中的活动风格观察进行简要的介绍。

多彩光谱根据多元智能理论，对学前儿童多个领域的能力进行观察。这些领域包括运动领域、语言领域、数学领域、科学领域、社会领域、视觉艺术领域和音乐领域。[①]在对这些领域进行观察的同时，进行活动风格的观察。

一般认为，在成人世界中，一个人的成功不仅与其专业能力有关，还受到一定的工作风格的影响，比如专注、慎思、坚持力等。活动风格是从过程维度，而不是从结果上来反映儿童的学习或游戏。同时，活动风格还反映出情感动机与材料的互动，以及正式意义上所说的风格特征，比如学习的速度、对信息线索的偏好（偏重于视觉、听觉还是运动方面）等。

1. 容易参与活动的，还是不容易（愿意）参加活动的

①容易参加活动的

儿童迫切地、急于响应地参加活动，关心活动的具体内容和形式，以适应的、恰当的方式自然地加入，而不是采用破坏的、令人讨厌的方式。这类儿童是自己参加活动，而不是依赖于他人的推动。

②不愿参加活动的

儿童可能表现出拒绝参加活动，或者需要成人的哄劝，甚至给予一定的物质鼓励才能参加，或者需要改变以前的一些东西，比如改变以前的座位形式才能参加。这类儿童在勉强参加了活动之后，不是按活动以前的目标开展活动，而是按自己的计划行事。

2. 自信的，还是试探的

①自信的

儿童在活动过程中充满自信，轻松自如地使用材料，能力得到充分的展示。儿童能够自信地表达自己的观点、陈述自己的答案。要注意区分盲目的自信和建立在能力基础之上的自信，有的儿童仅仅是盲

① 玛拉·克瑞克维斯基.多元智能理论与学前儿童能力评价[M]. 李季湄，方钧君，译. 北京：北京师范大学出版社，2015.

目的自信，自信过高。

②试探的

儿童在进入活动、开展活动的过程中显得有些犹犹豫豫、迟疑不决，即使在听了教师的解释后，也似乎对怎样使用材料没有把握，每做一点事情都在寻求成人的赞同和确认，比如，做一下看一下成人，对“对”“错”比较敏感。

3. 嬉戏的，还是认真的

①嬉戏的

儿童参加活动、与各种材料打交道像是在做游戏一样，很有乐趣。儿童在使用材料、活动过程中还经常发表议论，甚至与材料“说话”。

②认真的

儿童在活动、使用材料过程中的快乐是完成任务、执行任务的快乐，更像是在严肃地工作，而不是嬉戏。儿童进行活动的方式可能比较直截了当，效率比较高。

4. 专注的，还是注意力易分散（易注意到环境的各种因素的）

①专注的

儿童很专注，专注于任务、活动，专注于材料，即使周围有分心的事情，也能较好地处理、控制；即使活动任务、材料不是儿童非常感兴趣的，也能专注。儿童在参加活动的这段时间里，目标较为单一（即完成任务），能将注意集中于活动、材料本身。

②注意力易分散的

儿童容易受周围活动的影响，做事情时经常东张西望，对待任务似乎抱着无所谓的、可做可不做的态度。

5. 坚持的，还是容易受挫、放弃的

①坚持的

儿童顽强地坚持活动，镇定地迎接挑战，不怕困难地继续进行活动，即使有困难也不轻易放弃。

②容易受挫的

面对挑战或挫折时，难以战胜，容易放弃，比如，动不动就向成人寻求解决问题的方法。

6. 冲动的，还是反思的

①冲动

儿童做事情很快但却比较粗心，突然地想干什么就干什么，很冲动。

②反思的

儿童能够反思自己所做的事情、自己的想法，比如“这里做得好”“那里没有想到会这样”之类的话。能够从实际工作或游戏过程中退回一步，观察自己的实际表现在多大程度上与其预测或期望相符合，比如说：“哦，我先前不该这样的，让我再试一次。”

7. 倾向于慢性的，还是倾向于快速的

①倾向于慢性的

儿童做事的速度不快，但却比较有条理，儿童可能需要很多的时间准备才能进入工作状态。

②倾向于快速的

儿童做事速度快，给人风风火火的感觉，不需要太多的准备时间，甚至立即就进入活动，并且很快完成任务。

8. 健谈的，还是比较安静的

①健谈的

儿童喜欢谈话，问这问那，经常主动发起谈话，这些话题可能与活动有关，也可能无关，但不是逃避活动的话题。

②安静的

活动时很安静，不说话，需要时会说话，问话的质量并不一定差，任务也可能完成得很棒。总之不能将“安静的”理解为缺乏能力。

9. 倾向于对视觉线索，还是听觉线索或动作（运动）线索做出反应

对视觉、听觉或运动线索做出反应，是儿童不同的获得信息的偏好。视觉是指看、观察，如从不同的角度看材料、工具，听觉是指儿童通过听音乐方向、别人的讲解来获得信息，运动是指通过触摸、动作比画等来理解信息。

10. 行动中是否显示出计划性

做事有计划性，先做什么、后做什么，顺序清楚，根据自己的计划做事情，而不是看到什么就用什么。比如，看图书讲故事时先大致翻一翻、看一看画面，计划好怎么讲之后再讲，而不是看到什么就讲什么。

11. 活动中是否带有个人的力量

儿童能充分利用自己的强项来解决、完成任务。

12. 是否发现内容的幽默

儿童能够发现、体会其中的幽默、好玩的一面，比如故事中的幽默。

13. 是否创新地使用材料

创新地使用材料：儿童用新奇的、富有想象力的方式处理材料和活动。

14. 是否表现出实现的成就感

成功地解决任务、难题后，非常高兴、快乐、激动，忍不住要跟别人分享、报告自己的成功，很享受这种快乐，而不是做出来就做出来了，不兴奋的样子。

15. 是否注意细节、敏于观察

注意细节，敏于观察：儿童能够注意到材料或活动的细微之处，比如，在阅读图书时能够看到一些细微之处。

16. 是否对材料好奇

对材料好奇：儿童对操作材料感到好奇，问很多问题，比如，

“这是什么”“是如何形成的”等，尤其是当面对新材料时问“用来干什么”的问题。

17. 关心“正确”答案

儿童常常关心自己完成得怎么样，比如，问成人自己做得是否“正确”，问其他儿童做的情况，是否“正确”，并进行比较。“正确”时儿童露出高兴的样子，“不正确”时露出有些不高兴的样子。

18. 重视与成人的互动

儿童更喜欢与成人互动，而不是操作材料。儿童不断地与成人谈话、看着成人，一边做一边看成人等。这种“看成人”不是为了寻求答案的线索，而是想和成人谈话、交流。

多彩光谱项目中对儿童工作风格的观察是开创性的。这一工作为观察者观察、记录儿童的风格倾向提供了一个可行的、直接的工具。工作风格观察的内容、具体的观察标准，对于开展学前儿童学习品质的观察，具有借鉴意义。

二、高瞻课程中的学习品质

高瞻（HighScope）课程是一种诞生于20世纪60年代，由美国高瞻教育研究基金会开发、推行和实践的开放式学前教育课程架构，是一个有着从理念到实践、从目标到观察的完整的闭环系统。课程的理念、目标的核心是儿童的主动学习。高瞻课程的58条关键经验（Key Development Indicator，KDI），也就是对主动学习的进一步具体化，是58条应该达到的目标。58条关键经验分属八个领域，分别是学习品质，社会性和情感发展，身体发展和健康，语言、读写和交流，数学，创造性艺术，科学和技术，社会学习。学习品质居八大领域之首。

高瞻课程的学习品质部分，一共涉及六条关键经验，分别是主动性、计划性、专注性（参与）、问题解决、资源利用、反思。我们可以将这六条关键经验，理解为六个具体的学习品质。高瞻课程还对这六个学习品质的具体含义、如何发展、支持性策略等进行了较为详细的呈现。

高瞻课程还有自己的学前儿童观察评价系统（COR），教师等通过对儿童的观察、记录获得观察信息，通过“观察系统”中所提供的具体指标判断儿童的水平，理解儿童，进而有针对性地支持儿童，促进儿童更好地发展。

高瞻的学前儿童观察评价系统中，学习品质一共有三个条目，分别是主动性和计划，使用材料解决问题，反思。[①]每一个学习品质都有一个类似于“定义”的解释、说明，帮助使用者进一步把握这一学习品质。每一个学习品质又被进一步分为八个水平。以“使用材料解决问题”（这一学习品质此前较少涉及）为例，其解释、说明包括以下内容。

幼儿在操作材料的过程中会不可避免地遇到问题。他们会发现自己的行为可以产生结果并解决问题，这样的经历对他们独立性和自信心的发展是很有帮助的。幼儿从尝试一个想法发展到尝试多个想法，直到寻找出一个能够奏效的解决方案。在这个过程中，幼儿获得了发展。随着处理的问题越来越复杂，他们的解决方案也越来越复杂。幼儿也可以预见问题并采取行动，从而避免问题产生并获得成长。

其八个水平分别是：

水平0 幼儿将眼睛、头或手转向他们渴望的人或物体；

① 高瞻教育研究基金会.学前儿童观察评价系统[M].霍力岩，刘祎玮，刘睿文，等译.北京：教育科学出版社，2018：22–30.

水平1 幼儿会重复同样的行为，即便这种行为并不能解决问题；

水平2 幼儿寻求他人的帮助来解决有关材料的问题；

水平3 幼儿用语言表述有关材料的问题；

水平4 幼儿持续尝试用一种或多种办法解决有关材料的简单问题，直到成功为止；

水平5 幼儿帮助其他幼儿解决材料问题；

水平6 幼儿预见游戏中潜在的材料问题，并找到可能的解决方法；

水平7 幼儿协调多种资源（材料和人）解决复杂的有关材料的问题。

在每一个水平中，又都有对这一水平的解释和例子。以水平4为例加以说明。

对水平4的进一步解释：幼儿使用材料来解决问题，要么用一种方法达到目的，要么尝试多种方法直到找到有用的方法。这些问题都是在具体情境中的（如把两个物体连在一起或修剪到合适的尺寸），而不是一个有标准的或有固定解决方案的问题（如完成拼图）。（注：记为这一水平的标准是幼儿成功解决问题。）

还举了两个例子。

第一个例子是：11/30，在小组活动时间，诺亚试图撕下一条胶带但是没有成功。他请一个小伙伴帮忙拿住胶带，然后，他用剪刀剪开胶带。

第二个例子是：6/2 在工作时间，伊娃用毛毯和空心积木做帐篷。当帐篷顶坍塌后她又铺了铺毛毯。再次坍塌后，她把毛毯的一角塞进空心积木里进行固定。

三、学习故事与学习品质观察

新西兰的课程Te Whariki被称作“编织而成的草席”，其形象是由纵横两个维度编织，但没有边沿的席子。课程的一个维度是四大教育原则，即派发力量和授权、整体发展、联合家庭和社区、互动互惠；课程的另一个维度是五大线索，即身心健康、归属感、贡献、沟通和探究。这两个维度的交互作用，就如同编席子，由于没有边沿，教育工作者、儿童、家长等都可以对编席子做出贡献。

对极具开放性的课程，如果采用传统的“打钩”的观察，课程根本无法真正运转起来，在这种背景下，玛格丽特·卡尔教授（她也是课程框架的制定者之一）提出采用学习故事的方法来观察儿童的学习[①]。既然称作学习故事，其突出特点就不是打钩、打叉、数次数、计时间，而是用叙事性的观察方法。

学习故事有很多鲜明的个性。比如，有一个基本的过程，即注意、识别、回应，与幼儿园教师的日常工作无缝衔接，并不需要专门安排一个时间来做观察。比如，学习故事聚焦于儿童的优势与长项、发展与进步，聚焦于每一名儿童的“哇”时刻，而不是其缺点与不足，而不是“呸”（或“唉”）时刻。再比如，要求教师将儿童自己的“学习故事”读给儿童自己听，强调观察结果是与大家相关的，是有用的、能用的、好用的。

学习故事写什么呢？写儿童的心智倾向。心智倾向的英文是learning disposition，也就是我们所说的学习品质，二者完全相同，只是叫法不同、翻译不同。

学习故事非常关注儿童活动过程中有助于心智倾向的五个领域，也可以理解为五个心智倾向（学习品质）。它们分别包括以下内容。

• 感兴趣。在家中和在早期教育机构中感兴趣的东西可能会相同，

---

① 玛格丽·特卡尔，周欣译. 另一种评价：学习故事[M]. 北京：教育科学出版社，2016.

也可能不同；应对过渡时期和变化着的情境。

• 在参与。参与程度越来越高。

• 遇到困难或不确定情境时能坚持。对学习感兴趣，愿意承担犯错误和失败的风险。

• 与他人沟通，表达意见、想法或情绪。

• 用多种方式承担越来越多的责任。

这五个领域中的每一个领域，都可以从三个维度来加以分析、理解，即准备好、很愿意和有能力。准备好指儿童视自己为一个学习者，有参与活动的动机和倾向；很愿意指儿童对学习场合和情景的识别；有能力指儿童拥有在这一场景下学习所需的知识和技能储备。比如，对马上就要玩“抢椅子”游戏的儿童来说，是否准备好、是否很愿意、是否有能力，大家很容易做出分析、区别。这样，就形成了一个心智倾向的五个领域、三个维度的基本框架，而这个框架可以用来帮助教师对儿童的学习品质进行比较细致和全面的观察。

表6-8　有助于学习倾向的五个领域、三个维度

领域	维度		
	准备好	很愿意	有能力
感兴趣	1. 兴趣。 2. 期望人物、地点和事物会很有趣。 3. 视自己为有趣的并对事物感兴趣的人。	准备好在所置身的学习场中识别、选择或建构兴趣，在不同学习场中将人工制品、活动和社会身份联系起来。	能够支持他们探究自己感兴趣事物的各种能力以及相关的知识储备。
在参与	1. 准备好持续参与，持续关注。 2. 视自己为能够参与的人。	对自己所置身的本地环境的安全性和可靠性做出有依据的合理判断。	有助于参与活动和保持专注的策略。

续表

领域	维度		
	准备好	很愿意	有能力
遇到困难或不确定情境时能坚持	1. 在遇到困难或不确定情境时有坚持不懈的热情。 2. 对学习中的风险和犯错的作用形成自己的假设：视自己为遇到困难或不确定情境时能坚持不懈的人。	对学习场和场合保持敏感，认为在这个场合和学习场克服困难或应对不确定情境以及抵制旧有成规是有价值的。	1. 发现问题和解决问题的知识与技能。 2. 将犯错视为解决问题过程的一部分经验。
与他人沟通	希望用“一百种语言”中的一种或多种语言与他人沟通，表达想法和感受：视自己为沟通者。	对学习环境的回应，在这种环境中儿童有发言权，也会被倾听。	1. 一种或多种语言（广义上的）。 2. 熟悉一些与情境相关的“体裁”。 3. 有关熟悉事件的脚本知识。
承担责任	1. 以多种方式承担责任，从另一个角度思考问题，支持公正反对不公。 2. 视自己为有权利和有责任的公民。	识别或创造承担责任的机会。	1. 承担责任、做出决定和被请教的经历。 2. 对公平和公正的理解。 3. 承担责任的策略。

学习品质是儿童学习和发展的重要内容，因此，也是幼儿园教师对儿童游戏进行观察和支持的重要方面。借助不同的观察指标系统，教师能够对儿童的重要学习品质进行识别、评价并在此基础上提供发展支持。

下篇

游戏观察的实施

第七章

制定观察计划　做好观察准备

在本章，我们不是讲具体的知识、技能，而是要进行实际的行动。具体来说，大家需要结合第三章、第四章、第五章、第六章的内容，制定出一个尽可能详细、有操作性的游戏观察计划，为接下来的游戏观察做好准备。

第一节　计划、准备的要求与背景

假设明天我们将有一小时的时间，进入班级游戏的现场进行游戏观察，因此我们必须在进班观察之前做好计划与准备。

关于因为游戏观察所要进入的班级，我们大致可能面临如下几种情景。

情景1

要观察的是自己的班级。由于是自己的班级，教师了解自己班级游戏开展的基本情况，也知道班级里儿童的情况，可以结合以前观察的情况，制定出具体的计划，做好相应的准备。

情景2

要观察的是别人的班级。虽然进入的是别人的班级，但对这些班级有一些了解或者期待。比如，我们要观察的是本园的其他班级，对这个班级的游戏的大致情况，观察者大体是有所了解的。再比如，我们要观察的是一个非常有名、有特点的幼儿园，虽然以前未曾到过这个幼儿园，但通过讲座、文章、视频等对其有一些了解，对参观有一些期待，甚至有一些困惑、疑问等。这时，我们通常可以有针对性地做一些准备。

情景3

要观察的是别人的班级，且我们对这所幼儿园、班级完全不了解。这时我们虽不能周密规划，但也绝不是完全无从准备。

如果是开展园本教研，我们面临的情况比较接近于情景1。园本教研的设计者可以提前一天做好计划与准备。建议采用全园教师集中的方式，在相对固定的时间、地点，较为正式地完成计划与准备。对大多数幼儿园教师来说，常常都会有“我对自己的班级很熟悉，不需要计划、准备”这样的想法，这也会导致教师开展的相当多的观察是日常观察，观察的随意性比较大，而效果也充满变数。

如果是完全随各种培训班入园参观学习，我们面临的情况可能比较接近情景3。这种时候的观察具有一定的随机性、偶然性。即使如此，参观者也可以提前制定计划、做好准备。这就如同外出旅游，要去的地方完全是陌生的，这也不妨碍我们提前做好攻略，不打无准备之仗。

对于情景2，教研、培训设计者可以提前做一些工作，使得游戏观察的计划与准备，能够更有质量、更有针对性。以集团幼儿园的教研、培训为例，虽然教师们来自同一集团，但实际上在不同的幼儿园从教，对其他园区的班级、儿童、教师也不太了解，制定计划和做好准备就有一定难度。而完全的外来参观者，更是不了解情况（情景3）。如何解决这一问题呢?

以下是笔者在一次游戏观察培训中，组织教师们进入完全不熟悉的幼儿园进行游戏观察时，设计的培训者（教研者）游戏观察准备，可供教师们参考。

提前将游戏观察者（学员）分成若干小组，并安排次日每个小组将进入一个班级进行游戏观察。在计划与准备的当天（即进班观察前一天）下午，邀请次日将被观察的班级的“东道主”教师，加入对应的小组中，向小组成员简要介绍班级的基本情况，回答小组成员（学员）所提出的各种问题，并展开讨论与交流。

部分“东道主”教师采用录制一小段视频的方式向学员介绍班级的基本情况，重点介绍了班级的游戏区域规划，各个区域中儿童近期的游戏动态等。他们有的采用在笔记本电脑等设备上播放，全小组围在一起看的方式；有的采用建立临时群，将视频传到群里观看的方式。通过这样的方式，学员提前了解了班级的基本情况，形成了自己的困惑、疑问与期待，然后在此基础上逐渐开始制定自己的观察计划，做好观察准备。

阅读与思考

下面是一个小组在计划与准备时，被观察班级的“东道主”教师提前准备给观察教师的背景信息视频。视频主要呈现的是班级的基本信息和游戏环境创设情况。

请扫码观看视频

“东道主”教师先完整播放视频，让观察者对班级的位置和空间材料有总体的了解。接下来，在第二次播放时，每出现一个游戏区域，教师就暂停视频，介绍这个区域中孩子们的游戏情况和这个区域的纵向发展脉络。比如，播放了怪兽工厂区域视频后，教师补充道:“这个怪兽工厂区是由孩子们感兴趣的‘怪兽’话题引出的，开始孩子们只是在这里设计自己的怪兽，开展创意画活动。随着他们经验的丰富，他们开始使用一些低结构材料，比如泡沫块、珠子、扭扭棒等来制作自己的怪兽，每个孩子都发挥自己的创意。从上周开始，我们投放了更加大型的低结构材料，比如大纸盒等，鼓励孩子们合作做怪兽，考虑到大材料粘贴的需要，我们增加了胶枪。最近几天，孩子们使用胶枪的兴趣浓厚，技术也越来越娴熟……”

借由视频，观察组的教师们对即将进入的班级游戏空间有了直观的感受，也了解了游戏开展的一些前因后果。接下来，他们就开始根据自己的兴趣来选择区域，制订计划了。

如果你要准备一段对自己班级某个游戏区的介绍，你会使用什么工具、材料，或介绍哪些信息以帮助观察者更好地准备？（其实对自己班级游戏观察进行计划时，你也需要这些信息。）

如果条件允许（比如，培训场地就在幼儿园），也可以在计划与准备前，前往要进入的班级了解情况。这一时间不需要太长（如20分钟），也不是开展游戏观察本身，而是为了计划与准备的“准备”。在了解情况时，观察者除了提前了解游戏场地和材料情况，也可以通过对话，从教师那里获得自己需要的背景信息，或者征求局内人（“东道主”教师）的观察建议。

阅读与思考

一次到陌生班级进行游戏观摩研讨的活动前，A、B、C三位教师在获知第二天将要观察的班级后，提前半天到该班级进行了实地走访，她们观察了班级的布局和材料投放情况，然后与班级教师D进行了简短的交流。

下面摘录了三位教师与“东道主”教师的部分对话。

A：你们班级的平板电脑活动是孩子们自选还是教师安排呢？

D：电脑活动我们是安排的，每天可以有四个孩子玩，两人一组，每一组可以玩15分钟，大家轮流来。我们班也有两个孩子家长要求不使用平板设备，他们就不排进表格中。

A：我看上面装了很多游戏，是教师装好的吗？

D：我们装好的，我们通过园内教研、征集家长意见后选择的游戏。孩子们只能选择上面的游戏，不能下载。

B：明天我想要看角色游戏，班级最近有没有开展什么有意思的角色游戏？

D：我们班最近几天有一个事情还挺好玩的，就是有几个孩子自己发起了一个“小狗家族”的游戏，他们几乎都是在那张桌子的下面玩，每个人都扮演一只小狗，有妈妈、宝宝，有时候东东还会去扮演狗舅舅。他们会自己用娃娃家的毯子等来搭一个窝，相互用汪汪叫来交流，有的情节还挺有意思的，如果感兴趣您可以留意一下。

C：老师，我对这个班不了解，您有没有推荐我观察的孩子，比如有一点特殊的那种？

D：那我推荐两个。一个是姿姿（用手机展现当天上午拍的姿姿搭积木的照片），她最近痴迷玩阿基米德积木片，几乎每周都要去几天，因为玩得多，所以搭建的水平比较高，她最近在探索在两个塔楼之间搭吊桥，很有挑战，如果她明天继续玩这个，您可以看看。另外，您也可以看看我们班的茂茂（掏出手机，展示照片），就是这个小男孩，他是发育迟缓的小朋友，动作不太协调，不怎么讲话，最近喜欢玩敲冰块那个桌面游戏。我们一直观察他比较多，如果看到什么有意思的，欢迎您给我们分享。

如果您是A、B、C三位教师中的一位，您会怎么来制定第二天的游戏观察计划和准备？

第二节 计划、准备的内容与形式

游戏观察的计划与准备，没有统一的形式，但一般建议计划包括谁观察、观察谁、观察什么游戏、观察游戏中的什么学习与发展、如何记录等几个基本问题。每个问题，不是简单地回答，还必须反问自己：我做好知识、技能的准备了吗？还缺什么？

表7-1 游戏观察的计划与准备

基本问题	回答（计划）	做好准备了吗？还缺什么？
谁观察？		
观察谁？		
观察什么游戏？		
观察游戏中的什么学习与发展？		
如何记录？		

“谁观察”是对观察主体的计划。在日常班级游戏观察时，观察主体通常是一位教师，但是在用于教研培训的观察时，则常常是几位教师一起合作进行观察。而教师要做的准备就是预留好观察的时间，能够进入现场实施观察。

“观察谁”是对观察对象的计划。如果教师使用的是追踪式观察，这里的对象可能就是一名儿童，明确这名儿童，教师就可以在游戏中跟随其进行持续观察。如果教师使用的是定点式观察，那么选定地点后，来到这个区域活动的儿童都是观察对象。还有一种情况，是教师按照计划在一段时间对所有儿童游戏中的某个方面进行观察，那么此处就应该明确计划本次游戏中应该要观察到的儿童，避免观察时的遗漏。

“观察什么游戏”是对所要观察游戏的类型的计划。教师首先需要明确自己要看的是角色游戏还是建构游戏，是规则游戏还是表演游戏，是室内游戏还是户外游戏。接下来，还应该初步选定更具体的游戏内容。比如，角色游戏重点观察娃娃家还是医院？建构游戏重点看积木条建构还是空心积木建构？明确了要观察的游戏类型，教师通常就明确了观察的时间和场地，也为观察工具的准备划定了方向。

“观察游戏中的什么学习与发展”是观察计划的核心，教师对游戏的观察和记录本质上就是对儿童学习与发展的观察记录。同一个游戏可以看到儿童多方面的学习与发展。比如，同样是观察建构游戏，教师可能计划的是关注儿童表现出来的精细动作发展和数学核心经验，也可能关注儿童搭建作品的精细程度和创造性，还可能观察儿童在搭建时表现出的计划性和灵活性，更可能关注的是儿童与同伴的合作与协商。对要关注的方面提前计划，也就可以大致清楚观察评价需要准备的工具和分析框架。

“如何记录”是对记录方式的计划，是使用轶事记录还是拍照？是录音还是摄像？是使用检核表还是特定的观察记录表？明确了记录方式，教师就明确了要准备的对应的设施设备和工具。

比如，如果对“谁观察”的回答是“整个小组”，或者“两个人进行合作观察”，那么，小组成员之间如何分工、合作，是否做好了相应的准备？如果两个人进行合作观察，两个人如何配合？虽然临时也可以根据实际情况进行调整，但提前有所商量，总是有意义的。

再比如，如果想要在游戏现场观察一个社会性发展水平最低的儿童，那么，我们对儿童社会性发展及其水平是否具有相应知识，是否需要查一查资料？

又比如，如果想要观察儿童在角色游戏中的学习品质的发展，那么，我们是否对角色游戏的核心价值、学习品质是什么（不是什么），已经比较清楚？是要观察所有学习品质，还是要重点观察一个、两个学习品质？对这个（些）学习品质，我已经知道什么，还应该了解什么？

需要指出的是，为游戏观察做好计划与准备，是一个不断学习的过程。在这个过程中，幼儿园教师需要不断学习，比如不断查找期刊论文、翻看相关的书籍（如游戏的书籍、观察的书籍、儿童发展心理学的书籍等）。这个过程是非常有价值的，是不可省略的环节。游戏观察的计划与准备，是幼儿园教师自己不断摸索、建构出来的，而不是听一听、看一看就能听出来、看出来的。

游戏观察的计划与准备，并非为了考察教师的游戏知识或儿童发展知识，但这些知识和技能的储备确实非常重要。在这个过程中，我们会深刻地感受到“知识就是力量”。尽管我们无法掌握所有的知识，但通过充分的计划与准备，不仅可以提升观察的质量，还能帮助我们更好地理解和运用相关的理论与知识。

第三节 案例与分析

案例1：不了解将要观察的班级情况下的观察计划

在一次某幼教集团的教研活动中，教研主持人组织教师们（包含总园区和其他分园的教师）到总园区指定的几个班级中进行游戏观察，在进班观察之前，主持人请教师们制作观察计划表。以下是其中一个观察小组制定观察计划的过程。由于教师们并不清楚该班的具体情况，于是，他们先画了这样一个表格（见表7-2）。

表7-2 观察计划表

游戏观察计划					
观察主题					
观察目的					
理论支撑					
时间		地点		对象	
游戏行为记录					
分析					
策略					

带着这张表格，教师们到中一班快速浏览了一下，大致了解了班上有哪些区域之后，又花了几分钟时间，小组讨论补充填写了这张表格（见表7-3）。

表7-3 角色游戏区观察计划

<table>
<tr><td>观察主题</td><td colspan="5">角色游戏</td></tr>
<tr><td>观察目的</td><td colspan="5">了解所观察儿童的角色游戏水平</td></tr>
<tr><td>理论支撑</td><td colspan="5">儿童角色游戏要素理论</td></tr>
<tr><td>观察要点</td><td colspan="5">①游戏计划：儿童是否在游戏前或游戏开展初期规划自己将要做的事情？
②游戏角色：儿童在游戏中扮演什么角色？
③物品和道具的使用：儿童在游戏中使用了哪些物品和道具？是怎么使用的？
④时间跨度：儿童的游戏持续多长时间？
⑤主题和情节：儿童的游戏主题是什么？有哪些游戏情节？
⑥语言：儿童用什么样的语言进行互动？</td></tr>
<tr><td>时间</td><td>3月19日上午10:00</td><td>地点</td><td>中一班角色区</td><td>对象</td><td>角色区的儿童</td></tr>
<tr><td>游戏行为记录</td><td colspan="5"></td></tr>
<tr><td>分析</td><td colspan="5"></td></tr>
<tr><td>策略</td><td colspan="5"></td></tr>
</table>

案例分析

这是一个在缺乏所要观察班级的信息的情况下，教师们制作观察计划的方法。可见，即使教师们将要去观察一个自己完全不了解情况的班级，他们也可以在短时间内做出观察计划与准备。

首先，从观察计划的要素来看，这张观察计划表明确了观察时间和地点、观察谁、观察什么游戏、观察游戏中儿童的什么学习与发展，这些内容的确定可以让观察聚焦；其次，教师们还明确了观察目的，即“了解所观察儿童的角色游戏水平”，这使教师们在观察时心中有方向；再次，尤其值得肯定的是，教师们在制定观察计划时，具有运用“理论”的意识，展现了一定的理论素养。教师们在观察计划中增加了“理论支撑”，并根据“理论”梳理了观察要点，这些观察要点使“了解所观察儿童的角色游戏水平”这一观察目标变得具体可操作，为实现观察目标搭建了桥梁。这也向我们展示了教师关于游戏的理论、基础知识的重要性。但这个游戏计划也还有可以优化的空间。

第一，从基本要素来看，这份观察计划缺乏对“谁观察”和“如何记录”的计划。尽管教师们都清楚是该观察小组的几位教师去观察，但对“谁观察”进行计划，并不是形式化地将教师们的名字写到表格上就行了，而是对教师们如何分工合作进行更细致的规划，以保证能够更全面、高效地获得信息；而对“如何记录”的计划，也可以有效避免重复记录、信息缺漏等。

第二，在对“观察什么”的计划中，尽管教师基于“儿童角色游戏要素理论”对观察要点进行了梳理，但是在对理论的运用中，可以进一步向儿童的学习与发展转化。以“游戏角色”要点为例，教师能意识到要观察儿童在游戏中扮演的角色，但如果能从“儿童扮演了什么角色”这一描述性事实走向关注“儿童的角色意识怎么样”，将会使教师对观察内容的解读走向更深层次。再如，在“主题和情节”要点中，教师能意识到需关注游戏有哪些情节，但还可以更进一步关注情节单一还是丰富、随意还是有线索。

第三，教师在进入班级进行初步了解时，如果能通过和教师简要地进行交流，或通过对区域环境、材料的观察，进一步从“角色游戏”这一“类型”聚焦到“小超市”这一具体的游戏主题，可以帮助教师更细致地做好游戏计划。

案例2：部分了解将要观察的班级情况下的观察计划

在一次培训中，李老师和周老师次日要进入一个他们从来没有去过、也不了解的幼儿园去观察，但是进班观察的前一天，培训组织方邀请了被观察班级的教师，向观察者介绍了班级的情况，以下是两位教师大致了解了该班近期的游戏情况后制定的观察计划。

表7-4 观察计划表

观察者	李XX、周XX	观察班级	大三班
观察时间	X月X日区角游戏时间	观察区角	建构区
观察对象	进入建构区活动的1—2名儿童		
观察内容	儿童的探究行为		
观察维度	探究的目的性 • 无目的地探究 • 有目的地根据材料特征探究 探究的方式 • 不使用辅助工具 • 使用辅助工具探究游戏材料，比如重量、长度 探究的社会性 • 独自探究 • 平行探究 • 联合探究 • 合作探究 探究的持久性 • 1分钟 • 2分钟 • 3分钟 • 更长（ ） 探究的专注性 • 遇到困难就退缩 • 遇到困难能坚持1分钟 • 遇到困难能坚持更长时间（ ） 探究过程中的情绪表现 • 积极 • 中性 • 消极		

案例分析

这份记录包括了对所有基本观察要素的考虑，能够支持两位教师第二天进入游戏观察现场时即便不是胸有成竹，也算是心中有数。

首先，她们明确了“谁观察”“观察谁”“在哪里观察”“什么时间观察”的答案，也基本回答了“观察什么”的问题，即观察儿童的建构游戏。

其次，两位教师提前选定了明确的观察焦点——探究，而且还认真地分析了这个焦点，给它下了一个操作性定义，考虑了观察这个焦点的不同维度。如此一来，两位教师要观察的“探究”就变得清晰起来，这也就使得教师们在观察的时候任务相对明确，知道自己应该把时间精力分配在什么事情上。

再次，两位教师在观察维度中尽可能把一些信息做了结构化处理，这就大大降低了教师观察记录的难度，他们能够将观察到的信息按照选项来进行归类，然后勾画，这就省去了教师完全做白描的时间，也常常省去了教师事后摸索梳理的部分烦琐。

最后，因为对要观察的话题提前进行了分解，所以两位教师不仅对观察进行了计划，而且在事实上也为观察数据的解读做了准备。在观察时，教师看到的是鲜活的事情，是具体的儿童的行为和语言，那么这些观察获得的信息该如何处理呢？两位教师在做观察计划时已有考虑。可以预想，因为她们是围绕探究在进行观察，所以她们的反思和下一步支持也一定会围绕探究来展开，这也就使得她们的游戏故事脱离了泛泛的流水账式的记录，有了焦点，也有了深度。

但是，这个计划表中也存在一些不足，或者在实施观察时需要回避的风险。

第一，作为局外观察者，两位教师选择“探究”作为在建构游戏中观察的焦点的适切性还需斟酌。当然儿童在各种游戏活动，包括建构游戏活动中可能会表现出探究，但是相对于科学活动、种植活动来说，建构游戏本身基于儿童的探究空间相对有限。如果是局内人教师已经留意到儿童在建构游戏中表现出突出的探究行为，那么这个选择就根基扎实。而一个初次观察的局外人，计划在科学区、种植区活动中观察探究，或者在建构游戏中观察儿童的数学能力发展、专注、坚持可能会更容易“看得见”。

第二，对“探究”各个维度的精细刻画让教师的观察记录和解读容易的同时，也同时附带着损失掉捕捉游戏中其他信息的危险。就像手电筒亮度越高光圈越小，当教师的观察要点高度结构化时，教师也可能就会忽略掉游戏中出现的其他信息，比如儿童之间的社会性交往，儿童解决复杂问题的能力，儿童在搭建时表现出的审美性等。意识到这一点，教师就应该在观察时有焦点又不完全局限在这个焦点上，对观察有准备，又保有一定的开放性，这样的观察就会减少“错过”。

第三，两位教师在选择的观察维度下预设了很多选项，很多选项看上去还泾渭分明，似乎能够方便教师判断，但是把这些选项放到真实的游戏场景中很可能并不实用。以“探究过程中的情绪表现”为例，当我们观察儿童的游戏时，是否能够准确识别儿童的情绪？当儿童专注投入游戏时，他们的情绪是“积极的”还是“中性的”？另外，儿童在探索中的情绪往往不会一直积极或一直消极，而常常是交织在一起的，所以三个选项的观察其实并不好操作。因此，在设选项的同时，观察者也需要计划一些留白，来把握游戏中比较细腻微妙的东西。

第四，这个观察计划是两位教师共同制定的，所以在关于合作与分工方面还可以有更细致的计划。这种分工可以是在对象上的分工，比如，李老师主要观察男孩，周老师主要观察女孩；李老师观察独自游戏的孩子，周老师观察聚在一起玩的几个孩子；李老师观察使用单元积木的孩子，周老师观察主要使用辅助材料的孩子；等等。这样的分工一方面可以更好地实现“看到全部的儿童”，另一方面也有助于教师做出更精细的知识上的准备。再比如，两位教师也可以在观察方法或工具上各有侧重地进行分工，比如，李老师主要使用打钩、打叉的方式来观察儿童游戏中的言行，周老师更关注记录儿童的精彩的言行，这样观察结束后两位教师的数据可以进行组合，从而了解更立体的儿童的游戏。此外，在观察对象比较少的时候，两位教师也可以不必都聚焦探究进行观察，而可以对观察的内容做分工，比如，李老师侧重观察儿童的社会性交往，周老师侧重观察儿童的科学和数学能力，这样的分工能够帮助教师“看到儿童的全部”。

第五，两位教师对探究进行观察时选择的维度也还有一些值得商榷的地方。比如，教师们要观察“专注性”，但是具体的观察指标却指向了“不怕困难”，这可能是因为两位教师对“专注”和“坚持”存在混淆。这两个学习品质有相关性，但并不完全等同。所以教师越是想要做比较专业化、精细化的观察计划，越是需要对各种概念进行相应的资料查阅和谨慎揣摩。如果能够做好这一点，那么观察形成的成果的质量通常就会很高。

案例3：非常熟悉将要观察的班级情况下的观察计划（教师自己的班级）

近期，张老师的班级里新设置了“水墨区”，投放了宣纸、毛笔和墨，为了了解儿童对水墨画的兴趣以及区域材料投放的适宜性，张老师计划在次日的区域游戏时间对该区域的儿童游戏进行观察。

表7-5 水墨区游戏观察计划

观察时间	2024年3月5日	**观察地点**	大二班水墨区
观察对象	进入水墨区的儿童	**观察者**	张老师
观察目的	1. 了解儿童对水墨区的兴趣 2. 了解儿童在水墨区的游戏经验获得 3. 判断水墨区材料投放的适宜性		
观察内容	1. 儿童对水墨区的兴趣 • 选择进入水墨区儿童的人数 • 儿童对水墨材料的反应 • 在水墨区游戏持续的时间 2. 儿童操作水墨画的动作 • 握笔 • 蘸墨 • 运笔 • 调墨 3. 儿童在水墨游戏中经验的建构 • 儿童怎么探索水和墨的关系（墨的浓淡与在宣纸上晕染效果的关系） 4. 作品创作 • 儿童创作了什么作品 • 作品的创造力和想象力 • 作品中的情感表达		

案例分析

新的游戏环境的创设，往往需要教师的重点观察，张老师的观察计划能够为第二天的观察提供很好的指导。

首先，张老师明确提出了观察目标，这有助于集中观察，获得有针对性的信息。虽然目标有三条，看起来似乎不够聚焦，但是这符合观察一个新的区域游戏的特点。对于新的区域，往往有很多未知，教师不确定儿童是否会喜欢这里，会在这里出现什么行为，也不太清楚儿童的已有经验，因此，教师需要了解儿童的兴趣、探究过程，并以此判断环境和材料的适宜性。

其次，张老师制定了具体且详细的观察内容，包括儿童的兴趣、操作动作、经验建构和作品情况。观察内容与目标相呼应，有助于观察目标的实现。同样，具体的观察内容也符合对儿童初次探究水墨画的要点的关注，有助于从不同角度了解儿童的行为和反应。

再次，计划特别关注儿童在水墨游戏中经验的建构，比如探索水和墨的关系，这有助于了解儿童在游戏中的学习过程和认知发展。

最后，张老师也强调作品分析，并从创造力、想象力和情感表达等方面进行分析，有助于全面了解儿童的艺术表达能力。

当然，教师也可以对观察与记录的方法进行计划，比如是拍摄视频还是做实地笔记，是将观察要点进行结构化处理，只需要勾选相应选项，还是需要描述性地记录。此外，观察要点还可以进一步细化，比如，对于儿童作品创作的观察，还可以关注作品的结构、美感和视觉效果。此外，计划中没有提到如何分析收集到的信息，比如，使用何种方法来评估儿童作品的创造力和想象力，如何评价儿童在作品中的情感表达等。

第八章

实施观察　做好记录

在做好游戏观察的计划与准备之后，我们就要实施观察了。作为一项增强自己本领的练习，我们应尽量根据自己的计划与准备进行观察，但这并不意味着只能根据计划与准备进行观察。显然，在实施观察的过程中，可以根据实际情况，灵活地做出调整。关于观察与记录，在本书第二章中，已经有所涉及。实际上，前面六章，都在为本章奠基。

在本书的第二章，已经简要讨论过这一问题：游戏观察一定要记录吗？答案是不一定。甚至可能还会出现记录影响、干扰观察的情况。即使如此，我们也不能否认记录的意义和价值。在某一次观察中，在某一时刻的观察中，确实可以不用、不必记录。但从长远来看，记录确实是需要的。

观察记录是幼儿园教师的本职工作，事实上也应该是一件有意义且有趣的事情。幼儿园教师的记录，是为了自己分析、解读儿童，是为了在读懂儿童的基础上更进一步地促进儿童的发展，这件事非常有意义。同时，不论是教师自己重读记录，重温儿童的可爱与生动，还是将记录与同行和家长分享，体验自己工作的价值，记录这件事本身也带来很多愉悦体验。就像记日记，它为记录者带来情感价值和个人发展利益，因而为很多人所享受。

但在现实中，对不少幼儿园教师来说，记录却变了味，成了个人沉重的负担。究其原因，这常常与幼儿园教师没有成为记录的主人，感觉是在为他人记录有关。设想在幼儿园里，如果记录是一项有格式、字数要求的任务，记录的目的是定期交给行政检查、存档，记录的判断标准是能否令行政、专家满意，教师的观察记录就失去了自主性，轻视了过程性，缺乏了互动性，那么就完全可能成为负担。

要回应这个问题，幼儿园管理者需要首先厘清观察记录的本质——为儿童成长和教师专业发展服务的工具，要给予教师观察记录的时间，形式可以有一定的灵活度，要用欣赏的态度来看待教师的观察记录并将其视作引发教育讨论的资源，鼓励教师将观察记录和其他日常工作进行整合。这样会降低教师对观察记录的负面体验。而对于教师自己来说，把观察记录运用到实际教育决策、家园沟通和同行交流中，让自己体验到观察记录的乐趣和意义，这往往就让观察记录的内驱力得以生长。

本章将聚焦几种基本的记录方式，并提供一些观察、记录游戏的案例。需要指出的是，我们所讲的“记录”，是指幼儿园教师在观察游戏的过程中“写”下的所有内容，既包括对游戏中所见所闻的记录，也包括对自己所感所思的记录。在观察的过程中，观察者应尽可能客观，不能太早或太草率地做出判断。但这并不意味着观察者不能思考，事实上观察者也不可能不思考。只是观察者应该非常清楚，哪些是事实，哪些是判断。在观察记录中，除了忠实地描述在游戏现场发生的事情，观察过程中自己的一些想法、灵光一现的精彩观念，也应该记下来。

第一节　记录的基本方式

一、轶事记录

轶事记录是观察者采用书面文字的方式，对儿童在游戏中的言行进行记录。这种记录是描述性的，类似于做笔记、写日记。我们外出参观、参加园本教研时，常常有一个笔记本，这个笔记本上的内容，基本上就是轶事记录。轶事记录是使用得非常广泛、最为基本的一种记录方式。通常情况下，我们会采用这种记录方式。

一般情况下，需要记录下时间、地点（情景、背景）、人物（谁）以及儿童的言行（说了什么、做了什么）。比如，某教师记下“2024年5月24日上午，骑行区，JC把一辆三轮车沿直线骑了15米远”。有了这些基本的信息，我们日后就可以将不同的记录放在一起进行比较、分析。

我们可以推测，在2024年5月24日上午的骑行区，JC应该做了不止这一件事情，应该也说了其他话，但我们为什么记录这件事，而不记录其他呢？这就与我们的观察目的、观察计划等有关系了。记录下“把一辆三轮车沿直线骑了15米远”，其目的可能是观察户外运动游戏中儿童的大肌肉发展，或者是儿童的坚持、专注、不放弃等学习品质的表现，也或者是描述儿童在变化，取得了可喜的进步。直线、15米本身传递出这样的信息：在此之前，JC可能不能沿直线骑，或者只能骑比较近，这次骑了15米。

游戏中的观察记录，有两种情况值得我们关注、讨论。一种是作为幼儿园教师日常工作的观察、记录，目的是了解儿童是否朝着目标进行，接下来应该如何开展活动等。上面的案例，就属于这种情况。这种观察记录，需要指向所有儿童、指向儿童的所有类型的游戏，这样的观察、记录需要简单、简洁，否则无法大量进行。另一种是作为研究的观察、记录，这样的观察记录有必须要遵循的格式、要求，它们通常指向部分儿童、部分游戏，而且常常需要非常详尽，尽可能不漏掉任何信息。

在大多数情况下，幼儿园的游戏都在快速地发展变化着。观察者常常没有充足的时间来详细记录，将过多的时间精力用到记录上，也就可能失去了观察的机会。因此，观察者一定要把握“看”和“记”之间的度。特别应该在游戏观察实践中练习快速、简洁记的本领。比如，有些教师会记关键、重要信息（自己看得懂），采用特定的符号代替一些常见词组，或者辅之以图示、照片等方式，实现快速、高效的记录。

如果观察者同时是当班教师，如何快速、高效地进行轶事记录，特别重要。有的教师会将记录本放在非常方便拿取的地方，或者在一些重要的地方都放上便利贴和笔（记了贴在墙上）。有的幼儿园甚至为教师提供一个有很多口袋的围裙，将小小的记录本、笔等放在围裙的口袋里。

二、检核表

检核表是一种帮助幼儿园教师观察、收集资料的方式，即将一系列提前确定的观察焦点技能或行为进行列表，教师判断儿童在游戏中是否具有这些技能或表现出这些行为，总体达到了什么水平。通常情况下，教师用打钩、打叉或者数字，对表中列出的技能、行为等进行记录。以下是关于儿童自主行为检核表的样例。

表8-1　检核表样例

技能或行为	是	否
自己背书包到幼儿园		
自己的东西自己拿		
自己如厕		
自己喝水		
自己进餐		
自己脱衣服午睡		
午睡起床后自己穿衣服		

续表

技能或行为	是	否
自己的事情（力所能及）自己做		
自己主动告诉家长教师布置的“作业”		
自己收拾书包		

检核表包含检核指标和表现水平两部分，教师根据检核指标对儿童的认知、行为水平做出判断。检核表的具体内容可以是一个非常具体的领域，比如是否会穿脱衣服、是否自己叠被子、是否能自己扎裤子等，也可以是一个相对比较大的领域，如语言发展、学习品质等。对儿童行为的判断可以采用“是”“否”两级制，也可以采用等级式的，比如“经常”“有时”“很少”“从不”。

对幼儿园教师来说，可以借用已有的检核表，也可以根据自己的目的、需要来编制检核表。借用已有的、他人编制的检核表，要求幼儿园教师熟悉已有检核表，或者善于搜索、检索各种检核表。而自己编制检核表，要求幼儿园教师对儿童发展的某一方面的技能、行为的内涵、外延，特别是其发展序列（进阶、发展的阶梯）比较熟悉。

检核表具有如下优势：第一，操作比较简单，有点像做判断题，使用起来省时省力；第二，适用多种对象，比如，既适用于全班，也适用于小组、个人；第三，几位观察者可以同时收集关于儿童的信息，比如，用同一检核表看全班儿童（一人看一半），或用同一检核表看同一名儿童；第四，收集到的信息可以进行横向（不同儿童之间）和纵向（同一儿童不同时间的表现）比较；第五，可以围绕检核表上的信息与同事和家长进行交流，不过我们也需要留意量化信息会丢失背景又容易相互比较，所以跟家长交流检核表信息时要相对谨慎、注意引导。

检核表也可与轶事记录结合起来使用，这样的记录既有量化的结果也有质性的信息，是一种互补的组合。

三、作品收集

游戏观察者还可以通过收集儿童在游戏过程中产生的各种作品（档案）来进行记录。这些作品可能本身就能收集（收藏），比如纸质游戏计划、游戏之后所画的游戏故事等，也可能是实物作品的照片、视频，比如搭建的斜塔、会动的坦克、角色游戏中的一段对话等。

系列地收集儿童的各种作品，就可以构成其成长档案袋。从游戏的角度，就可以有游戏档案袋。更进一步说，还可以有角色游戏档案袋、建构游戏档案袋等。

观察儿童的游戏、通过收集儿童游戏的各种“作品”来记录儿童的游戏，所获得的信息是非常“硬”的、非常有说服力的。呈现这些作品（结果），能够推知产生这些作品的过程，能够看到儿童学习与发展的过程，所收集的作品，具有“使学习看得见”的效果。

图8-1　儿童搭建的“斜塔”和绘画的“斜塔”

对于建构游戏中的儿童来说，他们希望搭建出他们自己的作品，这些作品应该像（逼真）一些、好看一些、高一些、大一些，还有，就是要稳一些。为了搭的作品稳，通常就要搭得直一些。可是儿童知道斜塔（听说过），也看到一些建筑是歪的，于是儿童就搭了一座斜塔。我们当然可以用轶事记录、检核表的方式记录，但只要我们拍一张斜塔的照片，就一目了然。再配上儿童的计划图，就更能“看到”他们的思想。有意思的是，对比儿童画的和搭的斜塔，画的要斜得多。如果我们能够将不同时间段、不同版本的斜塔照片放在一起，会更有系列性、持续性。

练习活动

以下是张教师收集的同一名儿童在2个多月的时间里，在建构游戏区搭建高楼的游戏记录（笔者选择了一部分）。从以下系列性的游戏故事中，你能看出什么？

教师记录的儿童讲述的内容

迪迪：今天我和堆堆搭平衡高楼，第一次搭的时候，我们把三角形放在第一层，半圆形放在第二层，这样放我们试了很多次还是会倒，我们调整底部，把下面的半圆形换成了平整的积木，把上面的三角形和半圆形进行互换。我们一边放积木一边进行调整，积木一样，可还是会摇晃，当往一边倒的时候，就说明倒的那一边重，我就往另外一边移，看移的时候上面会不会倒，一点一点地移，在倒的时候我们会很失落，但我们没有放弃。（2024.3.13）

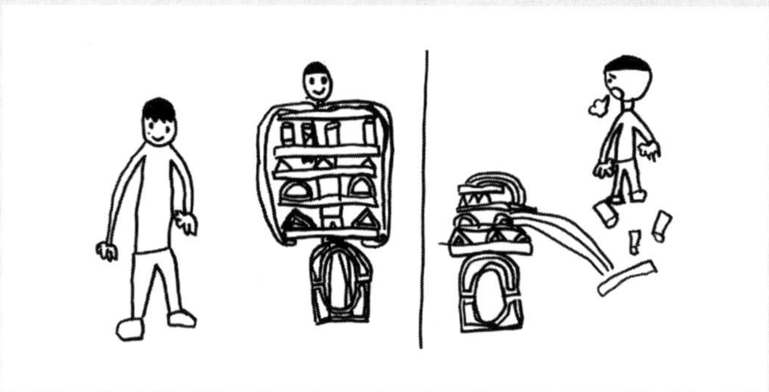

教师记录的儿童讲述的内容

迪迪：今天我和堆堆继续挑战把平衡高楼搭高，上次我们挑战到最后一层，只放了一个三角形，今天我们加了两个三角形，继续往上搭。放了三个纸筒，发现搭得太高，底座就会歪。我们又发现三角形是不稳固的，在第一层增加三个三角形稳固，交换材料，调整位置，可是还会摇摇晃晃，越高越重，调的时候，中心点很难找。今天我们一共倒了三次，我想请爸爸帮忙，我爸爸是工程师，他是设计桥的，应该可以解决。（2024.3.14）

教师记录的儿童讲述的内容

迪迪：今天我在建筑区继续挑战平衡高楼，我第一次失败的原因是在半圆上面搭，这样会不稳固，我用了两个半圆，我就进行调整，把底部减少了一个半圆，往上搭放一块木板，上面压了三个半圆，半圆上又放一块木板，木板上又压了一个大的半圆，我又继续往上搭，就倒了。我觉得上面大半圆只有一个地方支撑，所以容易倒，我要继续在大半圆上加积木，保持稳定。（2024.3.19）

教师记录的儿童讲述的内容

迪迪：今天我在建筑区继续挑战搭我的平衡高楼，我先拿平的底座再往上放了两个半圆，半圆上又放了一块木板，木板上放了三个半圆。我觉得今天不能继续往上搭高了，因为只要加就会倒塌，我想应该是下面的大半圆很滑，越往（高）越难。园长老师说我的作品最难，我觉得是因为我用了两个大半圆，更容易倒，我找到平衡搭好了，还有园长老师帮我调了一下，我觉得调很难，越高越难。（2024.3.20）

教师记录的儿童讲述的内容

迪迪：今天我和涂涂搭平衡高楼，搭完高楼后，我们准备搭一座矮的楼房，最高的楼房就倒塌了，我们又重新搭，我们配合得很好。我们想的都差不多，所以很顺利，我们修复高的，又开始搭矮的楼房，下次我们准备搭更难的高楼。（2024.3.21）

教师记录的儿童讲述的内容

迪迪：今天我们又在建筑区搭最高的平衡高楼，今天是搭的最高的，我今天发现越高越要小心，自己需要安静，调整自己的呼吸，注意底座比上面的重。

第一，要小心翼翼地放积木；第二，要对称，不能放的材料不一样；第三，底座要宽，越上去越窄；第四，底座要用最稳固的积木；第五，要跟其他的平衡高楼保持距离；第六，身体不要太靠近高楼；第七，积木的选择要一样高，重量才会一样；第八，要注意摆放的距离，要一样；第九，如果放了一个半圆，难度就会增加，要找到中心点放。（2024.4.2）

教师记录的儿童讲述的内容

迪迪：我在建筑区搭了两座高楼，我发现三个半圆形加起来更不稳固，我试了两次还是不稳固，我就把三个半圆形用长方形的积木分开，第二个高楼我用了新的纸筒材料，也很好玩，下次我要把两座高楼连接，再挑战继续搭高。

教师记录的儿童讲述的内容

迪迪：今天我在建构区搭了四座高楼，我发现半圆形和三角形的连接很难，四座高楼连接容易倒，我就把两个三角形拼成一个大三角形，但是还是会倒。我把它们分开，然后把木板夹在里面，这样就能连接起来，我用这个方法把其他高楼连接起来，下次我要搭个更高的高楼。（2024.4.30）

教师记录的儿童讲述的内容

迪迪：我今天在建构区搭了一个和之前不同的高楼，底座跟以前一样，上面不一样，用了小木块一起搭，还用了纸筒，一共用了三种材料，但是今天的高楼有点稳，不是摇晃的高楼，摇晃的高楼更好玩，下一次调

整一下。（2024.5.14）

教师记录的儿童讲述的内容

迪迪：今天我在建筑区继续搭，在昨天的基础上加了一个半圆形，半圆形上面放了一块木板，木板上面继续用小木块往上垫高，今天我的高楼倒了两次，第一次是因为我发现从下面的小木板开始歪，一放就倒下去了，第二次是因为江墨（儿童名）不小心碰倒了。今天我感觉最有难度，因为有半圆形，上面的稳定性就更难了。（2024.5.15）

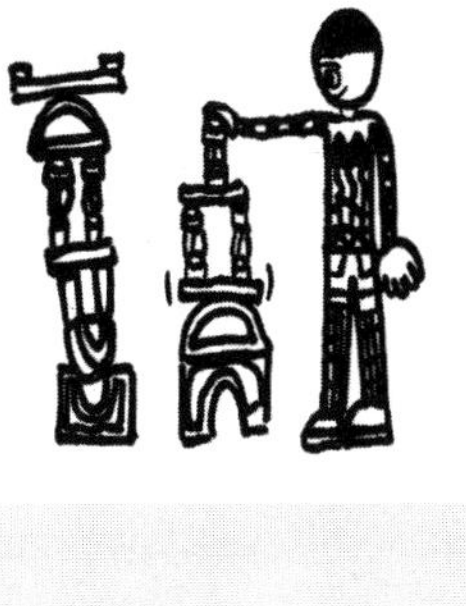

教师记录的儿童讲述的内容

迪迪：今天我在建筑区搭了两个面的高楼，我之前搭的高楼都是单面

的，今天搭前后两个面，明天搭左右两个面，四个面不一样，但是一样高，因为一样高才能连接。（2024.5.31）

要点提示

第一，儿童在同类活动中的兴趣和专注力。教师可以了解到迪迪对建构活动的兴趣和投入程度，以及她对特定材料和建构形式的偏好。

第二，儿童所搭建作品的发展变化。在迪迪的记录中，可以看出，迪迪从最初尝试搭建平衡高楼（3.13），到尝试把平衡高楼搭高（3.14），但都反复倒塌，到能够想办法保持稳定（3.19）；从搭独栋高楼，到给高楼配矮楼（3.21），再到搭多栋高楼（4.29），把多栋高楼连接起来（4.30），尝试使用新的材料（小积木片和纸筒）搭高楼（5.14）；从搭单面的高楼，到搭有前后左右四个面的高楼（5.31）。可以看出，儿童在不断地向更难、更高的目标挑战，表现出高度的探索精神和不怕困难的品质。

第三，儿童解决问题能力的发展。在迪迪的记录中，教师可以看到迪迪在建构过程中遇到的问题及其解决方法。最初，迪迪在尝试搭建平衡高楼时，遇到了高楼反复倒塌的问题，迪迪采用了调整底座（把不稳定的半圆形换成平整的积木）和移动积木位置（往哪边倒，就往另一边移）（3.13），增加支点和寻找中心点（3.14），减少底座不稳定因素（减少一个半圆形）和加大接触面（在半圆形上增加平整的长方形积木）（3.19、3.20、4.29）的方法。经过一周多的探索，儿童自己系统地梳理了积累的经验（4.2）。在后续的探索中，儿童在增加高度和难度的搭建中不断巩固积累的经验。

第四，儿童的反思和解释能力。当儿童通过绘画和讲述反思自己的游戏经历时，他们在无形中练习了反思和自我评估的能力。通过连续性地收集儿童的游戏故事，可以看到儿童每次游戏反思和解释的内容，这有助于了解儿童在游戏中的心路历程。

第五，个性化教育的线索。通过对个体儿童连续性作品的分析，教师可以获得每名儿童的独特发展轨迹，从而更好地进行个性化教育，制定适合他们的教育策略和支持计划。

一般来说，幼儿园教师倾向于将儿童搭的最终结果视作“作品”加以收集，不太倾向于收集儿童搭建过程的“作品”。实际上，儿童游戏的过程，儿童发现问题、尝试解决问题的过程，儿童与同伴、教师互动的过程，他们的对话、商量、争执都可以是“作品”。

练习活动

不同的游戏有不同的特点，不同游戏中可以收集的“作品”也可能有所不同。请大家尝试通过举例子的方式来填写下表。

收集作品的方式			
游戏类型	实物作品（如绘画、手工）	拍照（无法长期保存）	录音
建构游戏	搭建的小型插塑作品放在展示台上呈现，儿童的游戏计划、游戏回顾等	儿童合作搭建的立交桥全景照片	儿童就搭建计划进行争论的对话
角色游戏			
表演游戏			
户外体育游戏			
规则游戏			

四、手机记录

随着手机的拍摄效果越来越好，特别是拍摄的视频的存储、传输、使用越来越方便，以及手机携带、使用的便捷性，快速充电等，用手机进行拍摄（主要是拍视频，也包括录音、拍照等）已成为幼儿园教师游戏观察、记录的最主要方式。

1. 优势

在小视频时代，用手机拍摄进行游戏的观察和记录，其优势显而易见。

第一，记录真实、客观，有图（视频）有真相。

第二，包含的信息丰富（图像、声音、动态），比纯图片信息更加丰富。

第三，能够直接捕捉到儿童的知识、技能、运作、表情、声音等，而这些方面用其他方法很难观察、记录到。

第四，幼儿园教师在儿童游戏时因需面向全体、兼顾安全等，因而无法观察、记录，采用拍视频的方式，可以在游戏活动结束之后，自己时间方便时通过回看进行观察。

第五，可以反复进行的视频回顾为教师提供了宝贵的机会来检查、反思自己的游戏条件提供、游戏过程中的师幼互动等。

第六，教师也可以与儿童一起回顾视频，展开讨论以改进活动，如游戏结束之后的游戏交流。

第七，与家长、同行、专家、社会公众等分享视频，有助于促进家庭、行业乃至社会公众对儿童发展的了解。

2. 值得交流，讨论的地方

任何一种方法、技术，都可能有其适用的范围，也就有一定的局限性。在使用手机拍摄时，有如下方面值得交流、讨论。

第一，教师拍下视频，并不等于进行了观察和记录，很多幼儿园教师所拍的视频，还需要再次进行观察和记录，而如果记录的信息多，观察和记录往往是比较费时费力的。

第二，拍视频有可能会影响观察本身，也就是为了拍视频，没有观察或只进行了很少的很局部的观察。此外，拍摄视频除了准备设备外，随时拍摄、导出数据等也大大增加了工作量，容易成为教师的负担。

第三，有的幼儿园或教师过于追求视频的“技术”质量，如平稳、色彩、构图等，为了“技术”质量，甚至请专业的机构（如电视台）拍摄，让记录成本高昂。

第四，视频记录文件太大，其存储、传输、分类、整理等，也成为突出问题。

采用拍摄视频的方式，特别有利于对一些相对比较复杂、具有不确定性的游戏活动进行观察记录。比如，游戏中儿童的互动、儿童的沉思等，用其他方法可能很难观察、记录到。一段视频，还可以同时记录儿童多个领域的学习与发展。比如，一段儿童在餐厅炒菜的视频，记录了儿童动作（小肌肉发展水平、手眼协调能力等）、科学（对各种材料性质的了解）、社会（对社会角色的认知）等多个方面的学习与发展。另外，当观看者观察到两个或两个以上及时记录的情景时，儿童的进步就会有明显的证据。可以组合多个视频来显示儿童随着时间发展取得的进步。

用手机进行记录，还有很多非常有意思的地方，每一名幼儿园教师可能都有自己的小绝招。为了让拍摄更加稳定，有的教师会使用拍摄杆、三脚架；有的教师与保育员、实习生等紧密合作；有的甚至选一个好位置架好三脚架，游戏开始就拍；有的教师很会给自己拍的视频取名字、分类，方便以后的使用；有的教师善于管理拍摄的时间，便于记录、存储、传输，比如，她们知道如果观察记录要在微信群里传输，每一段就不能拍得太久等。

游戏观察中使用手机进行记录，还不只是拍儿童的视频、照片，将儿童的对话录下来。实际上，手机还可以起到纸质笔记本的作用。比如，每一部手机里都有“备忘录”，我们可以使用手机，将我们所见所闻、所思所感进行记录。使用手机，完全可以完成轶事记录、检核表、收集作品三种记录。

一些幼儿园教师还尝试运用手机微信中发送语音的功能，通过“文件传输助手”，自己向自己发语音，同时还可以将语音转成文字（需要稍加修改）。这样，手机就成了非常好的观察和记录的助手。对于大多数的幼儿园教师而言，可以一边用眼睛看着游戏的现场，一边对着手机讲出自己的所见所闻、所思所想，这是较为高效的观察记录。微信语音不能超过1分钟，对于记录有所限制，有些不方便，但并不影响总体效果。虽然当前也有各种软件，可能功能比微信语音还强大，但因大家都熟悉微信，使用方便，没有技术障碍，所以使用得相当广泛。

从拍摄本身（技术）的角度，关于用手机记录有一些建议。

第一，教师对设备（手机）要熟悉，比如电池能够使用多久、内存是否够用、多长时间需要导出。第二，对于手机记录的技术，特别是那些自己不怎么熟悉的功能和使用细节，需要经常练习、相互交流讨论。比如，如何拍到背景声音？如何避免拍到背景声音？怎么拍能够有更好的光线效果？如何快速开机、迅速进行拍摄，否则就难以记录意想不到的精彩瞬间？如何能够在拍照、拍视频间快速转换？什么样的着装有利于拍视频？什么样的着装不利于拍视频？什么时候要站着拍？什么时候要蹲下拍？什么时候要趴着拍？什么时候要爬到高处拍？

特别需要提醒的是，幼儿园教师拍视频的一个基本原则是不干扰儿童。不能因为观察者的拍摄，影响、干扰了儿童的游戏。幼儿园教师拍视频，一个难点是拍什么、不拍什么，也就是镜头对准谁、对准哪里的问题。做好这些决策最为重要的是幼儿园教师的敏感性，关于儿童、关于游戏的敏感性。有时可能需要跑几步，有时可能需要等待，有时可能需要直觉、预见性。

练习活动

观察你认为很会观察的一位教师是如何拍摄视频的，记录下你之前没有留意到的细节并在以后的拍摄记录中使用。

如果可能，可以在幼儿园专门组织一次拍视频的教研、比赛活动。

第二节 案例与分析

一、轶事记录

案例1

下面是对比呈现的A、B两位教师对同一事件的几段轶事记录。

A：豆豆很热情很开朗，见到朋友很兴奋，有点不注意安全。

B：豆豆飞快地跑向他的朋友并且抱住了他。

A：小本很贴心地安慰了牛牛。

B：小本对着牛牛说："痛不痛？我帮你吹一下。"

A：今天君君和小果玩得很乖，君君没有像以往一样抢小果的玩具，而是开动脑筋巧妙地实现了自己的目的。

B：今天君君和小果一起玩积塑。当君君想要小果手里的梯形积塑时，他用自己的半圆形积木和她交换并成功了。

A：芝芝踢球踢得特别棒，开学两周已经从一个“运动困难户”成长为一个“运动达人”。

B：今天，芝芝用右脚把球从操场的一边踢到了另一边。

A：丹丹很文静，不喜欢跟老师交流。

B：丹丹吃早饭时，周老师问了她三个问题，她都用点头的方式来回应。对老师的开放性问题，她都没有回答。

分析

看完这几段轶事记录，我们似乎能够感受到两位教师在进行游戏观察记录时风格的区别，A老师比较爱判断，B老师比较爱描述细节；A老师带着比较强烈的情感，B老师则相对客观。如果隐去个人信息用这些文字来写公众号的文章或故事，那么A老师的记录是可用的，但是作为对儿童个体的观察记录，显然B老师的记录更加专业，能够为后续的教育决策提供更多信息。

客观描述自己看到和听到的信息，推迟做判断、下结论的时间，这是幼儿园教师观察记录首先要坚持的原则。

案例2

李老师观察了小满在建构区的游戏，结束后她写下了这样一段轶事记录：“小满已经知道数字1—10。”

分析

这段轶事记录非常简洁，也捕捉到了小满在建构游戏中表现出来的数学知识技能，从这个意义上说，这段记录有可取之处。但是我们也很容易发现，这段轶事记录缺漏了一些基本的要素：这件事发生在什么时间？没有时间，当我们看记录就丢失了小满年龄这一重要信息。这件事发生在什么地方？虽然记录时李老师很清楚，但是时间一久，很可能就会忘掉自己是在什么游戏情景下做出的判断。此外，关于小满“知道数字1—10”这个判断也非常模糊，小满是自己独立，还是在同伴的帮助下或教师的支持下知道数字1—10的？小满做了什么让李老师做出他知道数字1—10这个判断？是他能够手口一致地点数自己搭建的小楼有十层高，还是他能够把建构区里搭建的小动物的家用数字1—10编号？还是他能够认出打乱的操作流程图上的数字1—10并排序？很显然，这些情况下的“知道数字1—10”反映出的小满的数学核心经验是非常不同的。

因此，要让这段轶事记录更加有质量，李老师除了应补充时间、地点的信息，还可以在记录中增加一些细节的描述。

二、检核表

案例

刘老师发现自己班的儿童在洗手时存在各种问题，有的拖拉，有的不擦肥皂，有的洗后不擦手。为了比较仔细地了解儿童洗手的情况，然后有针对性地进行支持，她制定了下面的检核表，将它贴在盥洗室门上，在一天中儿童洗手时，进行快速地观察记录。这里呈现的是检核表投入使用的第一天中午时的情况。

表8-2　某小班儿童洗手观察记录表

姓名	挽袖子	擦肥皂	搓手时关水龙头	认真搓洗	在水槽甩水	用毛巾擦干	备注
菡菡	√√	√√	√√	√√	×√	√√	玩水
伊伊	√√√	√×√	√√√	√××	√××	√√√	
欣欣	√√√√	√√×√	√√√√	√√×√	√√√	√√×√	
可可	√√√	√√√	√√√	√×√	√××	√×√	
希希	√√√√	√√√√	√√√√	√√√√	××××	√√×√	动作快
乐希	√√√√	√√√√	×√√√	×√√√	××××	√√√√	动作慢
森予	√√√√	√√√√	√√√√	√××√	××××	×××√	动作极快

续表

姓名	挽袖子	擦肥皂	搓手时关水龙头	认真搓洗	在水槽甩水	用毛巾擦干	备注
杰杰	√√√	√√√	√√√	√√√	×√×	√√√	
锦玥	√√√√	√√√√	√√√√	√√√√	××××	√√√√	
芷嫣	√√√	√√√	√√√	√√√	××√	√√√	在水槽外甩水
之娇	√√√√	√√√√	√√√√	√√√√	√×√×	√√√√	
璐宇	√√√√	√√×√	√√√√	√√×√	√√××	√√×√	玩水，用水不规范，动作特别慢
彧佳							
	√42	√39	√41	√35	√12	√35	
	×0	×3	×1	×7	×29	×7	

分析

这张记录表有很多设计得很好的地方。

第一，教师把对小班儿童洗手的要求分解为若干环节，每一个环节是否做到都很容易识别判断，而把各个环节一一看过来，教师也就了解了儿童洗手的情况。

第二，因为打钩、打叉非常方便，教师可以在比较短的时间内对全班每名儿童进行判断，了解总体情况。

第三，在检核表之外，教师还补充了一些简短的文字记录，比如“动作慢”“玩水”等，这样在记录洗手基本情况的同时还能捕捉到其他重要的信息。

第四，在记录表下面，我们能够看到教师做了一点简单的计算，这提示我们，虽然每次记录教师都是用钩叉进行判断，但是一天下来、一周下来、一个月下来，这些钩叉就可以转换为数字、比值，而这时各种比较就非常容易了。

当然，这个检核表仍然有优化的空间。比如，首先，对每名儿童的每一次洗手的每一个环节，教师都需要记录，她又同时使用了钩叉两个符号，这就使得有些记录是重复的。如果每个环节都要记录，那么只打钩，或者只打叉就完全可以，在大多数儿童都能做到的情况下，用打叉比打钩更便捷。其次，在设计检核表时，教师可以在表格上留出做简单笔记的地方，记录和阅读时都更加清晰。最后，教师还可以在记录的地方标注出时间，这样还可以看到每一个叉或钩是儿童什么时候的表现，记录多了以后，还可以看到儿童随时间的变化。

三、作品收集

案例

佑祎的礼物

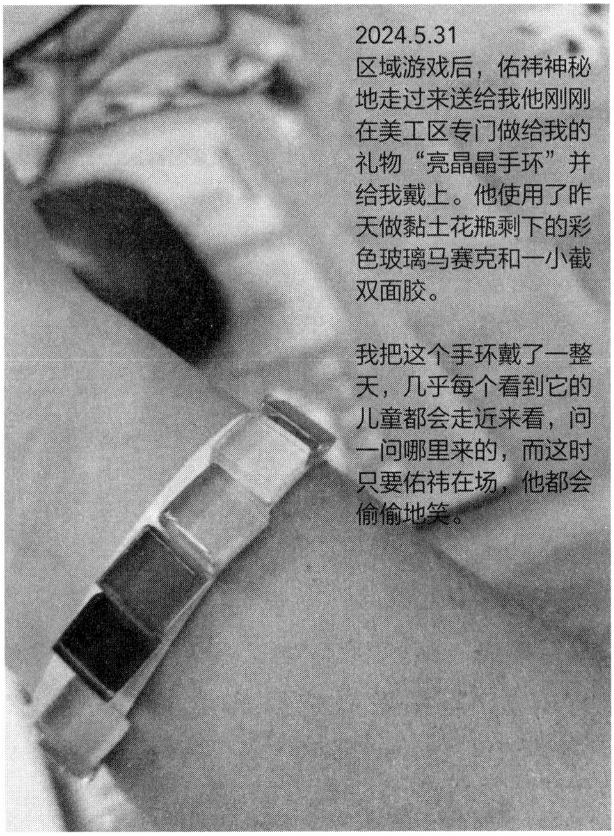

图8-2　佑祎的礼物

分析

这是教师用拍照的形式做的作品收集，同时还配合了轶事记录。看到这个作品，我们能够看到这是四岁的佑祎用彩色马赛克做的一个可以戴的手环。从作品本身我们能够看到佑祎有意识地选择了各种颜色的马赛克来组合。同时，我们能够看出他精细动作发展得不错，能够比较整齐地排列马赛克。更进一步，我们能够看出他运用美工材料的创作，而且创作的是一个具有实用价值的作品。如果超越作品本身来看，我们还能够看出佑祎这个礼物背后的情感——对教师的喜爱。

除了作品本身反映出的上面的信息，教师的轶事记录又为这个作品补充了额外的细节。

第一，我们看到佑祎的作品使用的材料除了一眼能够看出的彩色马赛克，还有让马赛克连起来的双面胶。看到双面胶这个材料，我们一方面能够看到这个选材很巧妙，取用需要的长度非常方便，粘贴也非常方便，另一方面我们也能够预估到这个手镯应该戴不了太长时间，因为双面胶接口是不能反复粘贴的。

第二，轶事记录让我们知道佑祎使用的材料是一个他接触使用过的熟悉材料，但本次的使用又是具有创造性的。

第三，在轶事记录中我们能够看到佑祎给自己的礼物取的好名字，这个名字准确地抓住了手镯的特征，佑祎的词汇量比较丰富，使用也很准确。

第四，通过轶事记录的两小段文字，教师也捕捉到了佑祎的一点个性特征和在这件事中体验到的情绪情感：他悄悄地送礼物，在看到手镯引来同伴的注意时偷偷地笑，这都反映出佑祎是一个并不很外露但内心丰富的儿童。当然，尽管他没有大方地表达自己的骄傲，但他内心的快乐已经跃然纸上。

稍微有些遗憾的是，我们猜想佑祎给教师制作的手镯尺寸不大可能一次就刚刚合适，所以他测量教师手腕尺寸和手镯尺寸的部分应该比较有意思，怎么调整手镯尺寸的方法也会很有趣，但这些信息在观察记录中并没有体现出来。如果轶事记录中能有所体现，这段记录会更有意义。

四、视频

案例

分析

这是教师通过拍视频的方式记录的儿童“下象棋”的游戏场景。最初，吸引教师的是两名儿童假装下象棋的样子，教师觉得很有趣，便录了下来。从这个视频中，我们可以体会到用视频记录的以下优势。

第一，视频可以真实、客观、生动地展现出儿童的动作、神情，这些精彩的瞬间有时可能是很难用文字描述清楚的。这个视频生动地展现出两名儿童完全不按照象棋本身的游戏规则走棋、吃棋，但学着大人的样子使劲啪啪地拍棋子、吃掉对方的棋子的有趣动作和神态。

第二，视频拍摄方便教师反复查看。最初，教师以为儿童完全没有规则，只是单纯的“假打”，但是经过事后的重复观看，教师发现，其实两名儿童也建立了自己的规则。首先，她们知道黑棋和红棋每人一组，且棋不越界；其次，她们都是把棋走到楚河汉界的中间，然后由对方吃掉，每次“吃棋”时是把双方的棋都收走，且收走的棋是分类垒高摆放的。于是，教师对儿童规则游戏的水平有了新的认识，教师一开始以为，儿童只是处于“以动作为中心的玩物阶段”，即儿童只是对规则游戏中的动作或材料感兴趣，无法理解和遵守游戏中的规则要求，但再次观看视频后发现，儿童不仅能够在形式上模仿部分游戏动作，能记住并遵守其中部分规则，而且有了初步合作，儿童开始顾及他人，并注意与他人的关系。

第三，视频拍摄也方便交流分享。这个视频可以用于和儿童讨论他们的游戏过程，与同行交流儿童的规则游戏，与家长分享儿童的在园游戏等。

但不足的是，教师在拍摄时，为了避免干扰儿童的游戏状态，距离儿童大概2米开外，加之区域游戏时噪声比较大，尽管教师通过拉大焦距的方式尽可能较为清楚地拍到儿童的动作和神情，但对儿童声音的采集效果不好。如果能够听清楚儿童在说什么，就可以更好地理解儿童的游戏。可见，用视频拍摄要考虑位置、角度、画面、声音采集等多方面的情况，要把视频记录用好，需要不断地练习。

第九章

整理资料　读懂儿童

在对游戏进行了观察、记录之后，幼儿园教师就应该对所观察、记录的资料进行整理，以谋求了解儿童、读懂儿童，读懂儿童的游戏、读懂在游戏中的儿童。在本书的第二章（游戏观察的基本流程）中对观察各个环节的关系有所涉及，读者可以结合这部分内容进行学习。

对观察、记录的整理是非常重要但同时也是非常烦琐的过程。幼儿园教师常常抱怨说："我不怕观察，怕的是记录，最怕的是把观察到的写出来，写成案例。"幼儿园园长也常常说："我们幼儿园每天、每周的活动很精彩，可老师们就是说不出来、写不出来。"在已有的培训、论文、图书中，对幼儿园教师的观察、记录、案例撰写都有较多的讨论，但对如何整理观察、记录的资料则较少涉及。观察资料的整理成了一个看不见的、只能靠幼儿园教师自己领悟、摸索的环节。

第一节　观察资料的整理

对游戏观察所得的资料进行整理是非常有必要的。如果不进行整理，随着时间的推移，观察记录的资料越多，整理就会越困难。园长、教师们一定不要这样想：等到这个案例结束了、等到这个学期结束了，我要把我的资料好好整理一下。这种想法通常导致的结果有两个，一个是整理起来工作量巨大导致草草收场，另一个是整理时遗憾自己忘掉了或者错过了重要的信息。事实上，对观察资料的整理应该是过程性的而非一次性的，整理甚至应该成为一种意识、习惯，需要我们不断坚持、自我培养。

我们可以通过整理进行分类，来更加深入地理解游戏资料的整理。

一、不同时间进行的整理

1. 即时性整理（一级整理）

这种整理在观察记录之后（原则上在一天以内，越快越好），常常是补充性的。因为在观察记录的过程中，可能有些看到了、想到了，但是却没有记录下来，或者记录得不是很完整（如只记下了关键词）。这种整理常常是回看一下自己的记录，有点查漏补缺的味道。如果是纸笔记录，可以在原记录的基础上，加以补充。如果是用手机、照相机进行的记录，可以找时间回看一下，看看当时的拍摄自己是否满意，是否拍到了自己想拍的东西，是否拍到了意想不到的内容，是否需要导出照片、视频，如果导到电脑里，是否要命名，如何命名，装入哪个文件夹等。诸如此类的行动，都是在进行即时的、初步的整理。

2. 阶段性整理（二级整理）

这种整理是在某一阶段之后，或者某些固定的时间节点所进行的整理，比如每个星期结束时。这种整理常常具有一定的回顾性，是对过去一个阶段的过程性小结和整理，有承前启后的味道。一方面，回顾一下过去，想一想哪些应该坚持，哪些应该放弃，哪些应该调整，哪些应该讨论；另一方面，回顾过去的目的，是要规划接下来该怎么办。这种整理可以在每周的固定时间进行（如周五下午），也可以在一个活动进入某些关键、转折的时刻进行，如在游戏主题推进遇到困难时。

3. 整体性整理（三级整理）

这种整理是在一个活动（如一个主题）结束时或一个学期结束时，对观察资料的整理。这种整理常常具有全面性、整体性。这种整理常常是比较复杂的，复杂的地方在于线索可能很多，有时会不知道从哪个（些）方面进行整理、总结。这种整理特别需要把活动的整体性梳理清楚，要有全局、全面、整体、系统的意识。比如，整个游戏是如何层层拓展的？儿童在游戏中每个领域获得了什么发展？教师在游戏的每个阶段扮演的角色是否不同，有何不同？如果教师在过程中能够及时整理，就可以降低整体性整理的难度。

4. 亮点性整理（四级整理）

这种整理是在整体性整理的基础上，将其中最突出、最有特点的亮点整理出来。我们在杂志上看到的案例、听讲座时听到的案例，比较多的都来自这种亮点性整理。这里的亮点，常常针对的是学前教育中的热点、难点问题，而且亮点也经常会随着时间的变化而变化。

二、以不同的游戏要素进行整理

1. 从时间的维度进行整理

这种整理是以时间为线索，按照游戏活动发生、开展的时间先后，对所观察、记录的资料进行整理。这样的整理有利于梳理清楚游戏的来龙去脉，比如，游戏是如何发生、发展的，转折点在什么时候等。有的幼儿园教师以时间为线索，画出脉络图，用脉络图来统整丰富的资料。这里的时间，可以是天，也可以是几点几分。一个30分钟的游戏观察记录资料也可以以时间为线索进行整理。

2. 从儿童的维度进行整理

这种整理是以儿童的线索，整理每名儿童、不同儿童的游戏情况。比如，一段时间以后，整理一个全班儿童的游戏情况。有的教师会给每名儿童建一个文件夹，里边存放该儿童的观察记录资料，比如，视频、照片等，类似于每名儿童的电子档案。以儿童为线索的整理，能够确保每名儿童都被观察、记录，有助于我们了解每名儿童的游戏情况。当然，这并不意味着每名儿童应该被“平均”地观察记录。事实上，在全面观察记录的基础上，有些儿童可能是观察、记录的重点。另外，我们既可以以一名儿童，也可以以一类儿童为线索进行观察资料的整理。

3. 从地点的维度进行整理

这种整理是以游戏的地点（空间）为线索进行整理。幼儿园的各个游戏场地都可以成为整理的线索。比如，室内、户外，户外的小土坡、小树林、沙池，室内的每一个区角、楼道等。一些新开辟的游戏地点（空间），或者一些传统的游戏地点发生了很有创造性的游戏，都是非常值得整理的。

4. 从材料的维度进行整理

这种整理是以游戏的材料为线索进行整理。幼儿园里可能有各种各样的材料，某一种材料是如何被使用的，某一种新材料是如何被使用的，某一种传统材料是如何被使用的，都值得整理。比如，很多人喜欢用高结构和低结构来描述、分类游戏材料，我们可以对高结构材料和低结构材料的使用情况进行整理，或许也可能发现高结构材料被低结构使用，低结构材料被高结构使用的情况，并从这个角度进行整理。

5. 从游戏类型的维度进行整理

这种整理是以幼儿园游戏类型的维度进行整理。幼儿园有不同类型的游戏，每一种类型的游戏都应该观察、记录，不同类型游戏的资料都可以进行整理。比如，角色游戏、建构游戏等。更进一步，每一个具体的游戏的观察资料也都可以进行整理。比如，儿童用积木搭一辆车身可以开动、炮台可以转动的坦克，教师就可以围绕“可以动的坦克”进行资料整理。

三、从儿童的学习与发展的维度进行整理

儿童在游戏中，可能会有很多的学习与发展。可以从不同的学习与发展的领域进行资料整理。这里的学习与发展，既可以是比较大的领域，如健康、语言、社会、科学、艺术等五大领域或者子领域等，也可以是某一个非常具体的方面。比如，教师可以整体解读儿童在角色游戏中与同伴合作时表现出的社会交往和语言表达能力、儿童在户外大型玩具上活动时各种基本动作的发展情况，也可以深入解读儿童对平衡的探索、对吹泡泡的探索、对摩擦力的体验、对胆大胆小的讨论等。

四、对不同记录方式资料的整理

1. 对纸笔资料的整理

纸笔资料是传统的观察记录材料，因为是实体材料，所以通常都需要用文件夹、资料盒配合回形针等材料进行收纳。分类整理时，教师可以直接将实体材料按照儿童、主题、区域等进行分类。而对资料中具体的文字内容进行整理则相对复杂一些，首先，教师要反复阅读、熟悉所持有的资料内容；其次，教师要识别提取资料中有价值的、重要的信息；再次，教师要发现这些内容之间的关系，比如，有的内容都聚焦于一个特定的游戏区，有的内容虽然是不同的游戏，但指向了某一名儿童社会交往能力的发展；最后，教师要按照发现的资料之间的关系对资料进行归类、整理。常见的方式有：第一，将有用的信息点裁剪下来，分门别类地放到资料库中，如果一页纸中几段内容都有用，就裁剪成几个小纸条，有点把资料“大卸八块”的意思，

如果教师担心资料被裁剪后不好上交、容易丢失等，可以把原始资料复印一份，这种方式比较传统，但是有的教师比较喜欢这种方式；第二，用索引标签贴纸，给不同的资料标注关键词和位置（见图9-1），有利于快速、准确地找到相应内容；第三，用彩色笔编码，将可以归为一类的资料用同一种颜色的笔进行标注，这样也便于后续对资料的利用。

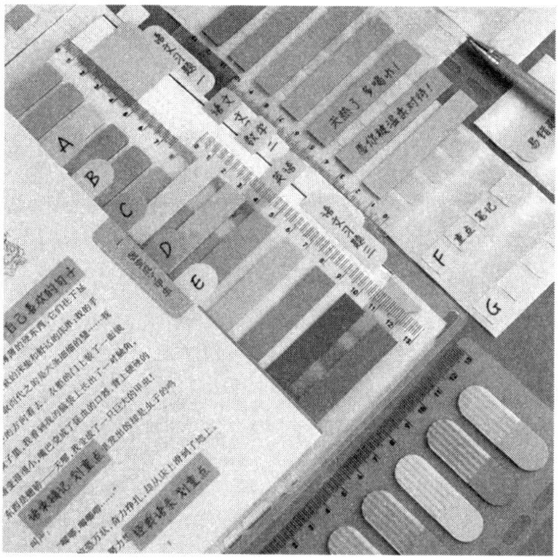

图9-1　索引便利贴

2. 对数字资料（图片、视频）的整理

进入数字时代后，儿童观察记录材料的形式已经越发数字化。尤其是年轻教师，他们需要整理的观察材料也基本是电子文档、电子照片、视频、聊天记录、视频截图等。对这样的材料，就可以使用电子文件夹来分类、编码。编码方法与处理纸笔资料并无不同，但是材料的收纳、移动、保存更加容易。因为这样的优势，很多教师在处理纸笔资料之前会先将其电子化，比如，进行拍照或运用软件识别文字做成电子文档，来减少资料存储的麻烦。

五、对不同性质资料的整理

1. 对定量资料的整理

通过检核表收集到的儿童游戏观察信息多数是定量资料，定量资料的整理可以靠简单的计算和统计来完成。这种计算和统计可以以儿童个体为单位来进行，也可以以小组或集体为单位来进行。比如，收集到儿童在一个月内选择区域的数据，教师就可以计算儿童进入不同区域的比例，找到他最常去和最不常去的区域。如果教师观察记录了自己所带小班所有儿童骑三轮小车的情况，那么汇总这些信息就能够判断班级中多少儿童能够独立骑车，多少能够蹬半圈，多少能够用脚滑行，多少还完全不尝试骑车，这种整理既能帮助教师了解全班儿童的整体情况，又能帮助教师找出那些需要额外支持的儿童。教师还可以将前后数据进行对比，发现儿童的发展变化，这种变化可以是总体的，也可以是个别儿童的。如一个月后，儿童在各种骑车情况的分布发生变化，或者某一名儿童骑车情况发生变化。在定量资料的整理中，也可以制作一些可视化的图表，以便更加直观地看到数据资料中隐含的意义。

（1）行为频次图

制作行为出现频次的柱状图或饼图，显示特定行为的发生频率。图9-2是某位教师对189个过渡环节样本中儿童出现过的行为的统计，可以发现儿童的行为出现的频次。[①]

① 王春燕，白小绵，杨瑒.幼儿园过渡环节安排与组织的适宜性——基于H市三所幼儿园半日生活视频的分析[J].学前教育研究，2018（3）：47-53.

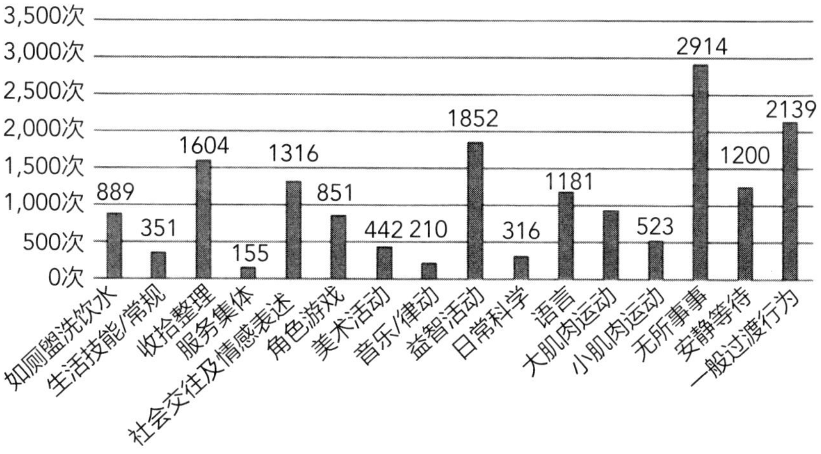

图9-2 幼儿过渡环节行为类型频次分布

（2）行为趋势图

使用折线图或面积图，展示特定行为或事件在时间上的变化趋势。通过观察趋势图，可以更容易识别行为模式和变化规律。图9-3是某位教师记录的5名小班儿童愿意和其他儿童一起游戏的折线图。

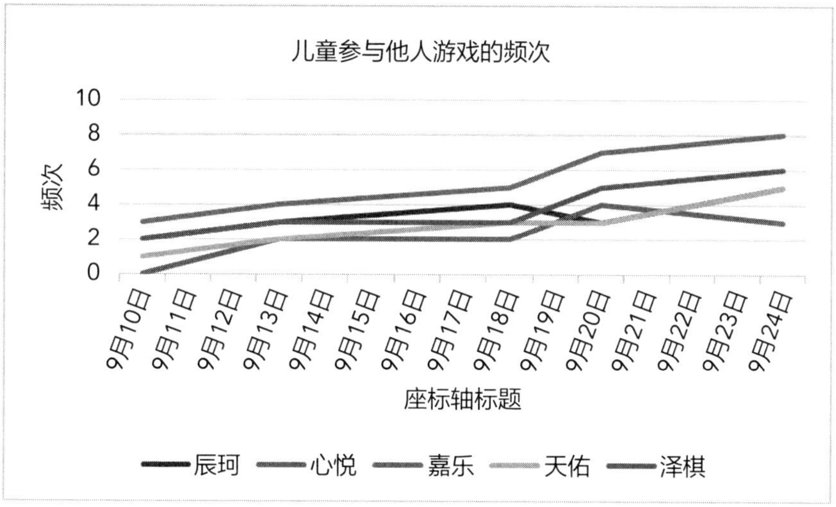

图9-3 儿童参与他人游戏的频次

（3）雷达图

通过雷达图展示多个方面的多维数据，适用于比较不同类别或个体的多维特征。雷达图可以帮助识别个体在多个方面的差异和相似性。图9–4是某名儿童运动能力的雷达图。[①]

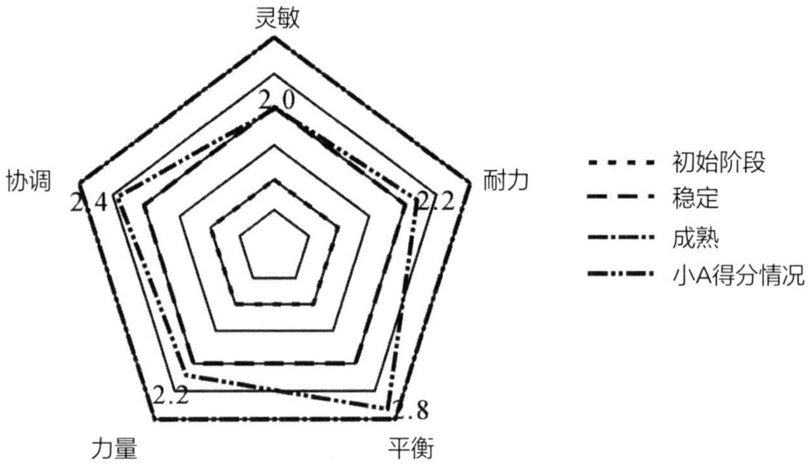

图9–4　小A运动能力雷达图

2. 对定性资料的整理

用轶事记录、作品收集、拍照、录音、录视频等方式收集到的资料也可以做简单的定量分析，比如儿童在游戏中说了多少句话、包括多少个词、句式结构如何等。但多数情况下，这些资料因为包括的细节丰富，更适合做定性分析。定性分析依靠的主要不是数字而是文字，教师根据资料的主题、场景、体现的儿童发展指标、背后的情绪情感、教师的参与方式和意图等进行编码、分类。具体来说，可以有

① 范惠雯，孙彩霞.雷达图：中班幼儿个性化运动评价载体的园本探索[J].湖州师范学院学，2023，45（12）：98–107.

以下整理方法。

（1）分类整理法

将观察记录按照主题、行为类型、情境等进行分类整理，有助于发现不同类别之间的联系和差异。比如，可以按照游戏类型、儿童的行为类型（如合作行为、独立行为、探究行为等）、活动场所或情境（如室内游戏、户外游戏）进行分类。

（2）主题分析法

通过识别和提炼观察记录中的主题，深入理解儿童的行为和发展。具体的步骤包括：首先，识别主题，即从记录中识别出重复出现的主题或模式，比如，在儿童搭斜塔的建构游戏观察记录资料中识别出了“儿童想法很奇妙”“儿童想办法让斜塔稳定”等主题；其次，提炼主题，即将类似的主题进行合并和提炼，形成更为明确和集中的主题。比如，将上述识别的主题提炼为“创造力”“问题解决”等；最后，解释主题，即结合理论背景和实践经验，对识别的主题进行深入解释和分析。

（3）叙事分析法

将观察记录以故事或叙述的形式进行整理，能够更好地展示儿童行为的发展过程和背景。这种方式可以是对一次游戏观察记录的整理，也可以是对儿童一段时间内游戏观察记录的整理。具体的叙事步骤可以分为情节叙事、描述性叙事和解释性叙事。首先，教师可以采用情节叙事的方法，按照时间顺序或事件发展过程进行叙述，展现儿童行为的变化和演进。其次，采用描述性叙事的方法，把事件发生发展过程中有意义的内容进行详细描述，突出重要的细节。最后，在描述的基础上，加入教师的理解和解释，探讨行为背后的原因和意义。

（4）案例分析法

在观察记录资料中选择具有代表性的个案进行整理和分析，揭示儿童个体行为的特征和规律。比如，某个拒绝参与多人游戏的儿童、某个擅于搭建创造性作品的儿童、某儿童挑战滚筒的案例等。在案例分析中，教师需要较为详细地描述个案的背景、关键行为和发展过程，对这个案例呈现出什么特点、反映了什么问题等进行深入分析。

六、对不同目的观察资料的整理

1. 对工作性记录资料的整理

观察记录是幼儿园教师工作的常规部分，所以教师日常工作中会收集大量资料。这种资料主要是追踪记录儿童的发展和班级游戏的推进。对这种资料，教师首先需要分类归档。儿童发展的观察记录，教师可以每天归档，定期（如一个月）整理，一方面，在这个过程中，教师可以确认是不是每名儿童每个方面都得到了观察和了解，另一方面，教师也可以通过纵向梳理的方式看到儿童的成长轨迹。关于游戏推进的观察资料，教师可以每周归档，在游戏主题结束时（不是太长的主题）进行整理。整理游戏记录的资料，教师主要是根据游戏发展的阶段，如“主题生成—个别儿童被吸引—全体卷入—兴趣淡化引入新主题”来对资料进行分类和整理，这种整理主要是了解游戏的发展脉络。而往往也是在这个过程中，教师能够发现一些有亮点的材料，为精彩的游戏故事积累素材。

2. 对研究性记录资料的整理

广义上讲，幼儿园教师时时都在研究儿童和自己的教学，但狭义的研究是教师有意识地提出问题，通过严谨、系统的方式收集、分析资料来获得答案的过程。这时的游戏观察记录就是研究数据，而对研究数据的整理也要更加理性和具有批判性，并且直接指向对研究问题的回答。比如，教师对班级中有些特殊的儿童进行个案研究，那么对这名儿童的观察数据就需要根据时间、事件或儿童的问题来进行分类整理。如果教师采用行动研究的方法来优化班级游戏的儿童自评，那么就需要将儿童游戏后自评的材料单独抽取出来，并按照自评的方式、自评的成效等进行分类整理。对于研究性记录资料的整理，在分类整理的过程中，要注重分析与解读，形成一定的结论、观点、主张、策略、模式等。比如，某幼儿园在整理“游戏中儿童有意义的学习的表现性评价研究”这一课题的观察记录时，首先是将众多观察记录资料按照儿童学习的领域进行了分类整理，在整理中逐渐积累、梳理，形成了不同领域儿童有意义的学习的要点，这就从资料分类整理上升到了形成成果。

七、按收集意图对资料的整理

在收集观察资料时，往往有两种情况，一种是教师有比较明确的目的，为了验证自己的某些猜测、想法、假设、做法是否正确或有效，另外一种观察资料，可能教师在收集时并没有明确的假设，但在对资料的整理分析中，逐渐发现了资料中的意义。可把这两种情况称为猜测验证型观察资料的整理和探索发现型观察资料的整理。

1. 猜测验证型观察资料的整理

教师在对儿童进行观察时，因为已经了解一些有关儿童的背景信息，所以常常在头脑中形成了一些猜测，并通过观察收集资料来验证猜测，比如“果果大概对这个游戏主题不感兴趣了，所以才会人在建构区，眼睛却看向美工区”“猜猜的朋友去玩超人游戏了，他可能很快会跟过去”。这种猜测往往有一定的正确率，但一定也会有猜错的时候。面对这种资料，教师可以将与猜测有关的资料放在一起，然后通过一系列的观察来检验自己的猜想。面对正确的猜测，教师积累了新的经验，而面对错误的猜测，则往往是教师进行反思和调整的重要时机。举例来说，如果教师发现果果在建构区看向美工区是因为建构区的材料无法实现她搭建凉亭细节的需要而准备从其他地方寻找，那么就会放弃对果果不专注的评价，而对她解决问题的能力给出高度评价，还可能接下来在建构区投放新材料，或者制定“区域材料可以混用，但游戏结束必须收好”的规则。

2. 探索发现型观察资料的整理

在收集这类观察资料时，教师并不带有猜测，甚至会有意识地悬置自己的判断，只是如实地观察和记录，然后在积累大量记录之后通过反复阅读来形成分析结果。在分析这类资料时，可以采用扎根理论的方法。扎根理论是一种研究的方法，其主要宗旨是在经验资料的基础上建立理论。研究者在研究开始之前一般没有理论假设，直接从原始资料中归纳出概念和命题，然后上升到理论。扎根理论在发展过程中形成了不同的流派，不同流派在分析资料的步骤上有所不同。在此简要介绍其中一种应用较为广泛的三级编码的方式。①一级编码也被称为开放式登录，在这个阶段，资料分析者要以一种开放的心态，尽量悬置个人的倾见和前见，将资料中有意义的词语、短语、句子进行编码，赋予概念。二级编码也称关联式登录，主要任务是发现和建立概念类属之间的各种联系，以表现资料中各个部分之间的有机关联。这些联系可以是因果关系：时间先后关系、语义关系、情境关系、相似关系、差异关系、对等关系、类型关系、结构关系、功能关系、过程关系、策略关系等。三级编码又称核心式登录或选择式登录，指的是在所有已发现的概念类属中经过系统分析以后选择一个具有统领性，能够将大部分研究结果囊括在一个比较宽泛的理论范围之内的核心类属。

因为对儿童熟悉，幼儿园教师不太倾向于用扎根理论整理观察资

① 陈向明.质的研究方法与社会科学研究[M].北京：教育科学出版社，2000：332-335.

料，但是有意识地进行一些这种类型的观察和资料整理，对于教师打破偏见，更好地理解儿童个体和集体的游戏具有重要意义。教师可以有意识地进行一些关于儿童言行的记录，面对收集到的观察信息，也可以偶尔采用匿名当事人的方式来阅读，试着站在局外人的视角来解读。这时候教师很可能会对儿童有一些新的认识。

第二节 读懂儿童

幼儿园教师对儿童的游戏进行观察、记录、整理，目的是读懂儿童，并在读懂儿童的基础上，支持、促进儿童的发展。读懂儿童、读懂儿童的游戏、读懂游戏中的儿童、做一名懂儿童的幼儿园教师，至关重要。

有研究者在使用“评价”一词时，抱持的是非常接近于我们在本章所提及的“观察、读懂”的意义。同时，谈及“评价”，有些人经常又会将其与做优劣、高低、好坏等简单化的评判或贴标签联系起来，因而学前教育领域也不乏“教师不要太多地评价儿童”这样的观点。需要澄清的是，本套丛书对“评价”一词的使用，着眼于教师通过儿童外在表现去推断其内部的所感所思、遭遇的困难和解困的直觉智慧，发现他们探索周遭世界的成长力量及取得的点滴进展。进行这种评价的目的，是发现儿童相对于过去的成长，思考教师自己适合以什么方式发挥作用，协助儿童继续成长。[1]

因此，当我们讲懂儿童时，并不仅仅是指懂儿童的学习与发展水

① 郭良菁. 社会认知视野中的儿童观察评价[M]. 南京：南京师范大学出版社，2021：序.

平、规律和特点，还指懂儿童面临什么样的困难、困惑以及他们所做出的探索、尝试。懂儿童的成人，懂儿童的喜怒哀乐、内心世界，与儿童感同身受，是一种移情式的理解。这里所讲的懂儿童，与人们通常所讲的专业水平高并不完全相同。比如，我们身边有的医生是很懂病的医生，有的医生则不仅懂病（在治病上水平很高、很专业），还懂病人、懂人（知道病人、家属的心理和担忧等）。据说被称为“万婴之母”的妇产科大夫林巧稚，就是既懂病又懂病人的医生。只要病人看到林大夫，就会比较安心。

懂儿童，并不一定意味着有高深的心理学知识、理论。“懂”的关键，是用心。

练习活动

作为成人，请回忆你的学生时代，想一想最懂你的老师是谁，你为什么说他（她）最懂你？最不懂你的老师是谁，你为什么说他（她）最不懂你？

我们（本书作者）关注儿童的朴素理论、儿童的精彩观念、儿童视角、儿童的视角的研究，其中一个重要的方面就是“儿童眼中的游戏”。接下来，我们沿着“儿童眼中的游戏”的思路，尝试讨论、回答读懂儿童的游戏、读懂游戏中的儿童这一问题。

一、儿童眼中的游戏定义

对成人而言，游戏的定义多种多样。但对于幼儿园的游戏，成人常常关注的是那些被称作“游戏时间”（一日生活作息制度中的一个时间段、环节）中的活动。比如，上午的9：00—10：00是一日生活作息制度上规定的“游戏时间”，幼儿教育工作者更多关注的就是这段时间里的“游戏活动”。

在儿童眼中，幼儿园的游戏活动绝不仅限于作息制度中规定的“游戏时间”段。在那些不被称作“游戏时间”里发生的活动，也完全可能是游戏。比如，在集体教学活动中，在吃饭、午休、上厕所时，在排队中、在活动与活动的转换之间……，在任何时刻，都有可能发生游戏。这些游戏通常时间不长，甚至很短，有时甚至是教师没看到就开始、教师看到就结束。同伴间一个眼神、一个表情、一个动作，心照不宣地开始游戏、结束游戏。

成人界定的游戏是有争议的，但对同一个成人来说，对游戏的定义又是相对确定的。根据这个人的这种游戏定义，某种活动，只要看其名称，就能据此判断是游戏，还是不是游戏。比如，有的成人会认为用积木搭建是游戏、玩沙是游戏，而画画就不是游戏（是上课、学习）。

在儿童眼中，同一个名称的活动，可能是游戏，也可能不是游戏。比如，如果必须照着厂家提供的图纸用积木进行搭建，如果必须挖一个多大、多深的洞，没有完成就要挨批评，那就不是游戏，而是工作、学习、上课。再比如，画画可能是上课、学习，特别是在传统的桌子上（教室里的书桌、课桌）、用传统的画纸和绘画工具进行画画时。但是，当儿童在地上画画、在墙上画画、爬到树上画画、在一辆报废汽车上画画，或是用不太一样的工具画画，如用拖把在墙上画画时，儿童就更可能会觉得是在游戏，而不是上课、学习。现在有不少幼儿园都给儿童提供了涂鸦墙，或者玩色的机会等，我们观察在这些活动中儿童的状态，可能也会赞同这时的儿童是在开放、轻松地玩游戏。

二、儿童眼中的游戏分类

在幼儿园教师、儿童游戏研究者看来，游戏是分类的（参见本章第四节）。根据不同的标准，游戏被分成了不同的类型。在幼儿园游戏开展的具体实践中，又常常是分门别类地开展、推进游戏。比如，这里是角色游戏、那里是建构游戏，这里是表演游戏、那里是规则游戏。这样的好处之一是，每种类型的游戏都开展了，不至于落下哪种游戏，让儿童的游戏经验有大的缺失。就像你看中小学生的课程表，就能清楚地看到什么课上了多少节、有没有应该开的课没有开一样。

在儿童眼中，他们或许从教师的言行中知道各种不同类型的游戏，甚至能够做出区分，比如，他们甚至知道现在“玩区域”跟“玩游戏”的区别。但是，儿童真正在玩游戏的时候，他们是不太管这是在玩哪种类型的游戏的。在儿童游戏的过程中，可能在同一个地点、与同一些人、用完全相同的材料，一会儿在玩建构游戏，一会儿在玩角色游戏或者表演游戏，甚至他们会创造出一个规则游戏，比赛输赢。可以说，儿童的游戏更倾向于是综合游戏。而成人在游戏分类、分类游戏的过程中，多多少少都有“分科游戏”的逻辑。

在儿童眼中，他们也会对游戏进行分类，可这种分类跟教师的分类常常有所不同。比如，他们更倾向于将游戏分为：好玩的游戏与不好玩的游戏，有教师在场的游戏与没有教师在场的游戏，偷偷摸摸玩的游戏与可以大张旗鼓玩的游戏，和喜欢的人一起玩的游戏与和不喜欢的人一起玩的游戏……

三、儿童眼中的游戏环境和材料

在幼儿园教师等成人看来，幼儿园的游戏环境与材料，应该具备很多特点，也是体现幼儿园教师游戏支持与引导能力的重要方面。很多幼儿园都会非常重视环境和材料，甚至会开展相关评比、比赛。有人对当前幼儿园教师培训的内容进行统计，发现“游戏环境和材料”是被培训得最多的，同时又是幼儿园教师最想培训的内容。[①]学前教育专业的学生到幼儿园实习、见习，也常常被指导教师安排做与游戏有关的“环创”。那些善于做“环创”的实习生，也就有可能更快或更容易得到“好评”。环境和材料要丰富、要有年龄层次、要多提供低结构材料等，是幼儿园里常被提及的要求、原则。

在儿童眼中，游戏环境和材料当然是非常重要的。在同等条件下，儿童一定会选择材料和环境丰富的游戏。但如果有好的游戏伙伴，有时环境和材料也没有那么重要。我们经常可以看到，两名儿童或者几名儿童，没有任何材料，也玩得有滋有味。

关于儿童年龄层次，当前确实存在有的班级的游戏主题、内容和材料没有考虑到儿童年龄特点的问题。但是我们也应注意到，有些材料是可以跨年龄的，不仅小班、中班、大班可以通用，甚至可以幼儿园、小学共用。面对这样的材料，是由儿童在选择和创造符合他们年龄特点和兴趣的玩法。比如，有一种叫“抽积木”的商用玩具，适用年龄处就写着“0—100岁”。而类似玩沙、玩水这样的活动岂止儿童，即使是成人，到了海边的金沙滩、银沙滩，不也玩得不亦乐乎吗？有些时候，儿童自己是可以玩出层次的。

关于当下一边倒的对低结构材料的推崇和对高结构材料的批判，我们也应注意到，材料本身难以完全确定其价值，还要看材料是如何

---

① 对此，不同的人有不同的解读。比如，有人认为，这是否说明虽然有很多培训，但培训效果还是不能满足教师的需求，所以他们还是需要这方面的培训。也有人认为，或许正是因为这些培训，园长、教师觉得重要，教师越是接受这些培训，也就越能达到园长的要求，并不一定是培训效果差。——作者注

被使用的。显然，一个低结构材料，也有可能被高结构地使用，比如，教师规定树叶必须用来拼贴金鱼；一个高结构材料，也可能被玩出低结构材料的丰富、多元、开放，比如，儿童用抽积木来玩多米诺骨牌游戏。对儿童来说，关键不在于材料本身的结构化程度高低，而在于他们身处一个什么样的游戏氛围之中。难怪有幼教工作者发出这样的感叹，在有的幼儿园、班级里，不管材料多么低结构，空气里都充斥着高结构。

四、儿童眼中的教师角色

在幼儿园教师等成人眼里，教师应该是观察者、支持者，这也符合《幼儿园教师专业标准》中关于游戏支持与引导能力的要求。的确，幼儿园教师应该观察儿童，并基于观察为儿童的游戏提供支持。

在儿童眼中，他们也有对幼儿园教师角色的判断。当直接询问幼儿园儿童，“你们玩游戏时，老师都做什么”时，儿童常常直接回答说教师就是“看游戏的人”“看我们是不是在游戏，游戏得好不好”。有的儿童甚至很清楚地知道教师要记录，有时甚至还很关心教师都记录了什么。本书作者就曾经碰到有儿童来看我做观察记录的本子，并说“还不错，没有叉”。这是这名儿童眼中实然的教师角色——给自己打分的权威。

当成人不断强调自己观察、支持的重要性时，在不少儿童眼中，他们更期盼教师不要在游戏现场。他们常常倾向于将教师在场的活动称为上课、学习，而只将教师不在场的活动称之为游戏。儿童有时甚至很想挑战一个成人的权威、游戏的规则，那些不被允许的游戏行为，常常对儿童极富魅力。对这些儿童声音的回应，并不是要教师离开儿童、离开教室，鼓励儿童去破坏规则，而是说成人需要理解儿童的这些特点，有时为了儿童更自主更有乐趣的游戏体验，要故意“睁一只眼、闭一只眼”，假装没看到、假装视而不见。

在儿童眼中，他们期望在他们游戏时，作为成人的我们当好“机器人”的角色，即当儿童需要帮助时，你需要控制自己直接告诉他们怎么做的冲动。相反，你要试着像机器人那样，只做孩子让你做的事情，成为他们需要的强有力的辅助力量。[①]这就意味着成人应时刻观察着、准备着，在儿童发出需求指令时，要能迅速出手、提供帮助。作为机器人（就像你家里的小雅、小艾同学），不能在主人没有发出指令的时候，却开始贸然行动，那是捣乱；也不能在主人发出指令时，却没有准备好，只能说“抱歉……”“等你长大了就知道了……”之类的肤浅的回应。

五、儿童眼中一些被成人称作“低水平”的游戏行为

在幼儿园教师等成人眼中，儿童在游戏中有很多行为，似乎体现出儿童的游戏水平不高，是需要介入、指导的，或者说应该避免、尽快渡过的。比如，游戏中的发呆、做白日梦，独自游戏，游戏中的游荡、闲逛，游戏中的简单重复等。

但在儿童眼中，这些行为都可能是有原因的、有差异的，而未必是水平低。比如，发呆只是他们想休息一下而已，做白日梦是他们在进行想象游戏、在做思想实验；独自游戏也并非他们不能加入别人的游戏当中，而是他们主动选择了独自；而游戏中的游荡、闲逛都是成人贴上的标签，他们可能只是在观察、比较、分析、判断罢了。当然，这样说，并不是要幼儿园教师将这些行为都说成是“高水平”的

① 基弗尔·塔利，朱莉·施皮格勒.让孩子做50件危险的事儿[M].杭州：浙江人民出版社，2018：序Ⅷ.

表现，而是要提醒作为成人的我们，儿童有可能与我们想象的不一样。

以重复为例，确实有一些儿童在游戏中，只是简单地、被动地、机械地重复，这确实是一种低水平的表现。但我们不能一看到重复，就断定为是儿童在低水平游戏。因为我们都知道，儿童喜欢重复、主动重复，在重复中学习、成长。我们都遇到过这样的情况，一名儿童自己都能讲得出的故事，就是要让家长讲，而且在讲的过程中即使有一页没讲、一句话没讲，都会被儿童发现、找出来。这种时候我们显然不能说儿童在低水平重复地听故事，在重复倾听故事的过程中，他们就在学习、就在成长。作为成人的我们，还应注意到，我们成人看似完全重复的行为，其中可能有细微的区分。即使是成人学习一项新技能时，也是快要会时常常瘾特别大，特别期望自己可以操作、实践、练习。每一次重复，都有其价值，而非低水平。所谓“小步递进”式的学习，描述的就是这样的现象。

练习活动

请回忆自己小的时候特别喜欢玩，但家长不喜欢的游戏，分析这些游戏有什么特点。将10名教师的回忆汇集在一起，沿着“儿童眼中的游戏”的思路，整理、分析儿童游戏的特点。

第十章
支持儿童　持续观察

正如在本书第二章中所讲到的，幼儿园教师对儿童的游戏进行观察、记录，并对资料进行整理、读懂儿童。但读懂儿童不是最终目的，幼儿园教师的责任是更好地促进儿童的学习与发展。观察、读懂的目的，是为了更好、更有效地支持儿童的学习与发展。这里的支持，就体现在一系列具体的活动上。而这些支持性活动是否有效，是高效还是低效甚至无效、反效，又需要进一步的观察、记录、整理、解读。由此构成了一个持续、循环的过程。

第一节　观察结果的运用

如果观察结果没有用，观察就会成为幼儿园教师沉重的负担。从实践来看，幼儿园教师大量的观察、记录，上交各种各样的故事，事实上确实在不同程度上成了负担。正如《幼儿园保育教育质量评估指南》（以下简称《评估指南》）中所强调的，要注重评估结果的运用。观察也是一种类型的评估，观察结果如何运用，也是一个需要讨论的问题。

对不少幼儿园教师来说，为什么要做观察、记录，写案例？是因为幼儿园领导要求交，有的幼儿园对每周上交多少观察记录、故事案例是有数量甚至是字数要求的。幼儿园为什么要做这样的要求？那是因为别的幼儿园都有要求，或者是为了课题结题、报奖、出成果等。

抛开这些形式化的要求，幼儿园教师的观察结果，可以有些什么用途呢？

第一，用于支持、促进儿童的学习与发展。这是本章的主要内容。

第二，可用于促进教师专业成长。对儿童适宜有效的支持是幼儿园教师的基本专业素养。而正像儿童通过运动来发展运动能力一样，教师基于观察来支持儿童的能力正是通过观察、支持的实践来不断形成和发展的。首先，教师日常对儿童的观察支持和自觉与不自觉的反思是其专业发展的重要途径，对儿童的观察结果有助于教师更深入地了解儿童的发展规律和个体差异，积累丰富的教学经验，提升专业知识和技能。其次，幼儿园中很重要的教师专业发展活动就是教师围绕着儿童观察和支持所进行的教研，观察记录能够帮助教师反思自己的保教实践，发现不足之处并进行改进，从而不断优化保教方法和策略。最后，通过与家长围绕儿童观察支持进行的交流有助于教师理解家长的需求并传递自己的想法，也能促进教师专业发展。家长工作也是幼儿园教师的专业。幼儿园教师开展工作总是围绕着儿童进行的，所以脱离具体儿童的家长工作，都会比较空洞、宽泛、无效。幼儿园教师越能将一名儿童的情况说清楚，就越能做好这名儿童家长的相关工作。

第三，用于幼儿园保教质量评估与改进。在强调保教质量及其评估常态化的今天，观察记录提供了丰富的第一手数据，可以作为评估幼儿园保教质量的重要依据，为制定改进措施提供科学支持。此外，通过展示教师的观察记录和分析结果，可以让家长和社会更好地了解幼儿园的教育理念和教学方法，提高家长对幼儿园工作的认可和信任。观察结果可以作为幼儿园展示自身特色和教育成果的重要资料，有助于宣传幼儿园的优势和亮点，吸引更多家长的关注。呈现儿童观察和支持的案例能够传递出对儿童的重视和关爱，能够表现出教师的用心与专业，这种对“软件”的宣传和对“硬件”的宣传同样重要。

其中，将观察的结果，运用于幼儿园教师对儿童学习与发展的支持，就是结果的最根本的运用。

第二节 支持儿童的具体方式

幼儿园教师认真、充分地观察每一名儿童，本身就是对儿童学习与发展的支持。儿童在游戏时，如果教师非常投入、仔细，并带着欣赏的态度去观察儿童、记录儿童，儿童能够感受到自己的活动、想法受到重视，也会从中获得巨大的力量。其实大多数成人也是如此，当我们自己的某项工作获得同事、同行、领导的观察（关注）时，也就获得了大家的支持。

当幼儿园教师观察儿童的游戏时，同时也包含着对教师前期支持儿童游戏效果的观察。当幼儿园教师进行游戏观察时，总是处在特定时间、具体情景之下，不可能是一个完完全全的零起点的观察。当我们在此时此刻对儿童的游戏进行观察时，常常会与昨天、前天的观察、解读以及教师做了什么（支持）联系起来。比如，当我们在此时此刻对儿童的游戏进行观察时，会看看昨天的解读是否正确、支持是否有效，也常常在想，我们接下来做点什么可以验证一下自己的猜测是否有道理。

一、师幼互动维度的支持类型

从师幼互动的维度，可以将幼儿园教师游戏观察之后的支持分为情感回应、环境支持和教学引领。

1. 情感回应

情感回应是指幼儿园教师在游戏观察过程中或游戏观察结束之后，以情感（如喜怒哀乐、积极的或消极的）的方式回应儿童的游戏。比如，幼儿园教师对儿童游戏的喜欢或不喜欢，对游戏表达出惊奇（如说“你们太了不起了”）。

2. 环境支持

环境支持是指幼儿园教师在游戏观察之后，通过改变、调整环境，以支持儿童的游戏。比如，当幼儿园教师发现因为积木数量不足，影响了儿童搭出高大的建筑，就提供了更多的积木；当幼儿园教师发现因为玩具数量过多，影响了儿童游戏中的深度探究，就减少了玩具的数量，以促进儿童通过合作、创造等方式，更加深入地游戏。

3. 教学引领

教学引领是指教师在观察儿童的游戏之后，通过集体教学、个别指导等方式，支持儿童的游戏。比如，儿童搭建的作品总是缺乏细节，教师就开展了一节集体教学活动，观察所要搭建的建筑图片的各种细节，促进儿童在整体的基础上有了丰富、多样的细节。再如，儿童在餐厅角色游戏区没有顾客时无所事事，教师则引导儿童思考如何招揽顾客，支持儿童想出了“送餐上门”的游戏点子。

二、不同时间维度的支持类型

从支持发生的时间维度，可以将游戏观察之后的支持分为即时支持、延时支持和前置支持。

1. 即时支持

即时支持是指幼儿园教师在游戏观察之后，在本次游戏过程之中就对儿童的游戏进行支持。当然，即时支持既可能是情感回应，也可能是环境支持；既可能是直接支持，也可能是间接支持。

2. 延时支持

延时支持是指幼儿园教师在游戏观察之后，并不立即（在本次游戏过程之中）就进行支持，而是在游戏活动之后进行支持。比如，教师将儿童游戏过程中的一些需要讨论、交流的游戏片段，拍成照片或视频，在游戏结束之后，播放给儿童看，引发大家的讨论、交流，这就是一种延时支持。

3. 前置支持

前置支持是指幼儿园教师在游戏开展之前，根据自己以前的观察或经验，为儿童更好地游戏做的一些准备、提醒等。幼儿园教师的游戏环境创设、带领（或引导）儿童一起制定游戏计划，就属于前置性支持。

三、不同干预程度的支持类型

根据支持行为的干预程度，可以将幼儿园教师的游戏支持分为直接支持和间接支持。

1. 直接支持

直接支持是指幼儿园教师在游戏观察的基础上，直接告诉、指示儿童应该怎么做或不应该怎么做。比如，在医院游戏中，告诉儿童应该先挂号再看病。

2. 间接支持

间接支持是指幼儿园教师在游戏观察的基础上，采用扮演某一游戏角色的方式，参与到游戏当中，间接地影响、支持儿童的游戏。比如，教师采用扮演病人的方式，前往医院挂号、看病，以病人的口吻，提出各种问题、要求，间接地影响儿童的游戏。再比如，幼儿园教师在儿童搭建积木游戏的旁边，采用一些儿童还未使用的方式进行搭建，间接影响儿童（但并不要求儿童必须像教师一样搭建）。

四、不同指向对象的支持类型

根据支持行为指向的对象的情况，可以将游戏观察后的支持分为集体性支持、小组性支持和个别性支持。

1. 集体性支持

集体性支持是指幼儿园教师在游戏观察基础上，对全班所有儿童的支持。集体性支持指向的是全班共性的问题。比如，幼儿园教师发现全班儿童在用比较轻薄的积木片进行搭建时，都存在一个比较突出的问题，就是在放积木片时手不太稳。基于这些观察和解读，教师组织了一些小肌肉活动、手眼协调活动，以支持儿童的游戏。教师根据全班儿童的游戏经验，生成的一些教学活动，也属于集体性支持。比如，教师发现儿童在游戏中常常会发生一些纠纷、矛盾，大多数儿童对如何面对、解决这些纠纷、矛盾也没有太多的办法，教师就生成、开展了一个关于“吵架”的系列主题活动，请儿童讲述自己“吵架”时的感受，以及如何应对等。

2. 小组性支持

小组性支持是指幼儿园教师在游戏观察的基础上，对部分儿童的支持。这里的部分，通常是指共同参与某一类游戏的儿童。比如，对今天（或最近一段时间）玩沙水游戏的这部分儿童，进行指导、支持。这种情况在幼儿园是经常性的。在游戏时间，全班儿童可能玩了几种不同的游戏。以区域游戏时间为例，全班儿童可能在玩几个不同的区域。教师给予不同区域的儿童不同的指导，就是一种小组性指导。

3. 个别性支持

个别性支持是指幼儿园教师在游戏观察的基础上，对个别儿童的指导。比如，同样是玩娃娃家角色游戏的三名儿童，其游戏水平、经验、面临的问题等都有很大的差异。教师根据每名儿童的实际情况，给予不同的指导，就是个别性支持。

五、不同介入方式的支持类型

根据幼儿园教师游戏介入的方式，有如下类型。

1. 赞同

幼儿园教师注意正在游戏的儿童，给予正面鼓励，使儿童专注于该游戏活动。比如，儿童在用积木修公园时，教师在旁边啧啧称赞："公园绿化得真好，还有小朋友玩的滑梯、蹦床呢!"这种赞同对儿童是明显的鼓励。当然，有时候，教师只是站在旁边看得很认真，什么也没说，什么也没做。尽管只是看，但儿童注意到教师的关注，对儿童来说也是一种赞同的表达。

2. 身教

幼儿园教师通过自己的行动或暗示，为儿童展示一项游戏技能或适宜的游戏行为、游戏方式。比如，儿童在修建公园，教师也在旁边修建公园，教师不去评价儿童修建得怎么样，也不说应该怎么修建等，但教师在修建的过程中，展示出"好"的行为，比如不把积木到处扔、修建完后收拾好材料等。这时，儿童也通常会受到影响表现出"好"的行为。

3. 促进

在游戏可能卡住无法继续时，幼儿园教师短暂介入，从而帮助儿童继续顺利地开展游戏。比如，儿童在修建公园，他们准备先修建好围墙和门后再修建里面的东西，可是他们就是修建不好门。这时，教师出手帮助儿童修建好门（常常是其中最难的一个环节，如帮忙扶一下等），以便儿童能够开始其他修建。请注意，这里的协助是短暂的，是儿童自己完全不可能完成的那种难点。

4. 协助

幼儿园教师给儿童一个较为稳定、持续的协助，以帮助儿童能够更好地开展游戏。这种支持有点像儿童脚踏车的辅助轮，是在一段时间内给儿童提供的“技术辅助”。比如，在修建公园的游戏中，教师教会儿童一种观察物体的方式，儿童能用这种观察方式解决同类问题。

5. 挑战

幼儿园教师通过提问等方式给予正在游戏的儿童一定的挑战，帮助儿童运用现有能力来进行游戏。比如，通过提出“公园里的那个亭子，上面的角是弯的，上面还有一个小动物的雕像，你们的怎么没有啊？”“公园里的那条河呢，我觉得那条河是小朋友们最喜欢的。如果有那条河，该有多好啊？”等类似的问题，来挑战儿童，促进儿童的游戏。

6. 共构

即共同建构，幼儿园教师与儿童共同游戏，解决游戏中的某一问题、困难。比如，当儿童用竹槽修建公园里的小河想拐弯又无法实现时，教师与儿童一起想办法拐弯。这里幼儿园教师真的是与儿童一起想办法解决这个问题，因为教师一开始也不太清楚究竟如何才能实现拐弯这一目的。这与身教、促进、协助是不一样的，是一种与儿童并肩活动式的支持。

7. 示范

幼儿园教师展示某一种游戏行为或从事某一游戏活动，而儿童则在旁观察教师的展示活动。比如，教师示范如何修建一个城堡，儿童在旁边观察，观察后自己再去修建城堡。这与身教有所不同。在身教中，教师对儿童的影响比较隐性、间接，而示范中教师对儿童的影响比较直接。

8. 指导

幼儿园教师为儿童提供特定的指示，通常是直接地告诉、建议等。比如，直接告诉儿童，公园里的英雄纪念碑有多高、上面的字是怎么写的。

9. 提问

幼儿园教师在游戏观察基础上的提问，是非常好的支持儿童游戏的方式。通常情况下，我们习惯于将提问分为开放式提问和封闭式提问。总体上讲，开放式提问对儿童有更大的挑战，对游戏的支持性更突出，但有的时候，封闭式提问也能给予儿童具体的指导。此外，也有人根据提问的目的或指向的思维技能来对问题进行分类。这种更加精细化的分类对于教师计划和反思自己对儿童游戏的提问支持更有帮助。

阅读与思考

以下是研究者在观察儿童弹珠（斜坡）游戏的基础上，归纳出的提问的类型。

1. 集中注意力类问题

这类问题帮助儿童重点关注某些特定区域、特定物体、特定人物、特定行为、特定问题等。这类问题引导儿童暂时放弃其他因素，集中注意关注某一点。这有点像做实验，实验者控制一些无关变量，只关注某一变量，以便能够集中精力只关注这一点。

所提问题举例：弹珠在爬第二段斜坡时是在哪里停下来的?

2. 测量和计数类问题

这类问题帮助儿童把发生的事情进行量化，以便更精准地认识事物、现象。对儿童提出的量化和测量类问题，应包括非标准化测量或时间范围。比如，用积木或鞋子测量距离，或者用一首短小的歌曲测量时间。

所提问题举例：弹珠到达地面后又滚了多远?

3. 比较类问题

这类问题可以帮助儿童比较物体或事件，或者给相似的东西分类。通常情况下，儿童会更关注相似点而不是不同点，因此，教师应为儿童提供机会去发现物体的特征或属性，以区分不同事物、现象的不同结构。

所提问题举例：哪颗弹珠在斜坡上移动得更快？哪颗移动得更慢？

4. 行动类问题

这类问题推动儿童尝试新的方法，或更多地了解自己当前的想法。这类问题也可称之为“我想知道”类问题。

所提问题举例：我想知道如果你在斜坡下再垫一块积木会发生什么？

5. 提出问题类问题

这类问题帮助儿童发现并解决问题。对于有经验的斜坡建造者来说，这类问题能够激发他们新的热情，从而在斜坡与轨道活动中探究和实验。对于年龄较小的儿童，他们自己的困惑应该优先于教师的想法。

所提问题举例：要让弹珠转两个弯，你可以怎么做？

6. 推理类问题

这类问题通过了解儿童经历的事情帮助他们用语言表达自己的思维。教师应谨慎问“为什么”类的问题，因为儿童通常不理解为什么，可能会把问题归因于魔法或一些不合逻辑的理由。教师经常会问“为什么”这类问题，是因为他们自己正在寻求一个标准答案。如果问“你为什么这么认为……”，则有助于儿童说出他当下的想法，这为教师进行评价提供了信息。同时，不论儿童如何回答，答案都是正确的，因为他们的回答是对自己当前理解的陈述。

所提问题举例：你为什么认为弹珠会停在两个斜坡之间？

当你在观察儿童户外踩影子游戏时，对应上述的每一种问题类别你可能会提出什么问题？

第三节 持续观察

在本书中，我们已经多次强调，幼儿园教师对儿童游戏的观察，不是一次性的，更不可能是一劳永逸的。观察、记录、解决、支持，再次观察、记录……，这是一个一直循环的过程。

在对儿童的游戏进行观察时，教师一定要有持续意识。幼儿园教师在游戏中所看到的，常常只是一个片段，所进行的分析、所做出的判断，通常也只是暂时性、假设性的，需要随后的观察加以验证。在幼儿园教师中，有一种现象比较常见，就是对一次片段性的观察、记录进行各种理论性的分析、解读，将《纲要》《指南》《评估指南》中的各种术语都加到了这一次观察记录之上，但这是幼儿园教师进行游戏观察时应该避免的。正如一位评审专家在阅读了几十份“优秀游戏活动案例”的文本之后发出的感叹：“观察记录一小段，解读分析几大段；观察记录两三段，解读分析几大篇（页）。”“一个两分钟的游戏片段，硬是解读分析出一张两页纸的覆盖五大领域、学习品质的学习与发展表格或者是思维导图。”言外之意，这些教师可能有“过度解读”之嫌了。

儿童发展的连续性、快速性、可塑性，决定了幼儿园教师的观察应该是持续性的。儿童的学习与发展，是其经验的连续不断地改造。理解了儿童经验的连续改造，就理解了儿童、理解了儿童的学习与发展。学前阶段的儿童，其发展变化非常快，很难准确预测，也有非常大的可塑性。显然，我们不能因为在小班的时候看到某名儿童不太喜欢积木游戏，就认为他不喜欢积木游戏。正是由于学前儿童变化快、变化大，持续观察就显得尤其重要，要特别避免简单给儿童贴标签的想法、做法。

游戏的模糊性、不确定性的特点，也决定了幼儿园教师的游戏观察应该是持续的。在同一游戏中，儿童也可能有不同的表现。如果我们不对儿童的游戏进行持续、多次的观察，就完全可能犯下盲人摸象的错误。

一、时间上的持续观察

持续，意味着时间上的连续、延续、不间断。时间上的持续观察，是一个较为模糊的概念。在每天、每周、每月的固定时间进行观察，都可以称作持续观察，但却有着很大的差异。

从实践上来看，每名幼儿园教师每天都不可避免地在进行着观察，但每天都在进行的观察，未必是持续观察，或者说只是特定类型的持续观察。比如，一名教师虽然每天都在观察，但完全是漫无目的、随意的观察。或者，一位教师每天都在观察某名儿童、某一游戏，但其他儿童、其他游戏却完全没有观察。持续观察，既应包括全班所有儿童，也应指向个体儿童；既可能重点观察某一游戏，也应该全面观察所有游戏；既应观察某个非常受欢迎的游戏场地，也应观察儿童不多，甚至没有儿童玩的地方。这些内容，在接下来“对象上的持续观察”里会有进一步的讨论。

幼儿园教师对儿童游戏的持续观察，必须处理好点面结合的问题。点，是指某一名具体的儿童、某一次具体的游戏、某一个具体的游戏地点、材料等；而面是指所有的儿童、所有的游戏、所有的游戏场地、所有的游戏材料。

在点面结合这个问题上，作品取样系统的做法对我们很有启发。作品取样系统是由山姆·麦索尔斯等提出的。作品取样系统强调真实性、表现性评价，目的在于协助教师运用教室内真实的经验、活动与作品来记录并评价儿童的技能、知识和行为。作品取样系统包括三个相互关联的系统：发展指引与检核表、档案、综合报告。其中的档案主要指的就是各种作品。所谓作品取样，就是选择一些能够体现儿童学习与发展的作品作为样例，展现儿童学习与发展的全貌。

在作品取样系统里，档案（作品）由两种项目组成：核心项目与个人项目。核心项目是全班儿童都一样的材料、作品，而个人项目则是能够展现该儿童与众不同的作品。作品取样系统不是将任何时候的作品都收集起来，而是以一年为一个周期，重点收集三个时期的儿童的作品：学期初、学期末、学年末。

在作品取样系统中，我们能够清楚地看到点与面的结合：既有全班相同的作品（核心项目，比如，刚入园小班儿童的第一次建构游戏的作品）、所有儿童的第一次建构游戏的作品（不管水平高低都收集），也有每名儿童的个人项目（这名儿童在游戏中最突出的表现）；在时间上，我们也可以看到，教师并非每时每刻的重点工作都是在收集作品（观察、记录），而是有重点的时间点，即学期初、学期末、学年末。

幼儿园教师可以根据自己的实际情况，来规划自己重点观察、记录的时间、阶段。比如，对于全班儿童都必须观察到的核心项目，可以规划好要观察哪些游戏、在什么时候观察这些游戏。比如，在时间上，一个学期有三次重点观察时间段，学期初、学期中、学期末，在游戏类型上重点观察角色游戏、建构游戏、表演游戏、规则游戏四类游戏。有了这些规划，教师就能够保证所有儿童在一个学期里，都能稳定地被观察和记录到。如果将这些观察结果以时间为线索放在一起，同时又兼顾游戏的不同类型，教师就能够看到相对比较完整的、发展中的儿童。

这种时间，还可以是以月为单位，每个月有三次重点观察的时间，上旬、中旬、下旬各有一次。如果条件允许，也可以以周为单位，甚至以天为单位。

另外，根据游戏观察的具体目的，其持续性的体现也可能会有差异。比如，以全面开展班级工作为目的的持续观察，相对更加强调面向全体，也就会更加平均地对所有儿童实施观察。而以研究或解决某个具体问题（如某名儿童游戏中常常伴随破坏性）为目的的持续观察，相对更指向某名儿童或某些儿童，而且持续观察的次数、时长会相对集中在这名（些）儿童上。

二、对象上的持续观察

1. 对全班儿童的持续观察

幼儿园教师是全班儿童的教师，必须为全班所有儿童负责。所以，当我们讲持续观察时，首先应该实现的是对全班所有儿童的持续观察。由于全班儿童人数多，加上持续的要求，使得实现对全班儿童的持续观察有着相当的挑战性。

为了实现对全班儿童的持续观察，幼儿园教师必须要有所规划，否则很难实现这一目标。比如，前面介绍过的作品取样系统就通过提供核心项目和个人项目的设计，实现对全班所有儿童的持续观察，但同时又能够注意到儿童发展的个别性、差异性。

2. 对具体儿童的持续观察

每一名儿童都是生动的、独特的，都值得也应该被持续地观察。

对一名名具体儿童进行持续观察，能够走入具体儿童的内心世界，是非常有意义、有价值的。

特殊教育的教师，就需要大量的对特殊儿童的持续观察。幼儿园里也有特殊儿童，需要教师进行这种持续观察。对特殊儿童的观察，特别是对那些不太能够读懂的特殊儿童的观察，不仅对这名儿童的学习与发展有价值，对幼儿园教师的专业发展也是非常有价值的。有些儿童的言行相对容易懂，甚至可能是“秒懂”。但有些儿童的言行却不好懂，这就更需要持续观察，甚至需要全班、全园的教师一起来分析、讨论，大家来出谋划策。这种情形有点像医院里的针对疑难杂症的会诊，这样的经历对教师来说无疑也是具有发展价值的。

实际上，每名儿童都是特别的，也是特殊的，都需要持续观察。对各种特别儿童游戏的观察，有着特别的意义。比如，对那些游戏“特别精彩”，或者某类游戏“特别精彩”的儿童的观察，可以帮助这些儿童玩出更高水平的游戏；对那些游戏“特别不精彩”的儿童的观察，能够帮助教师理解这些儿童面临的问题、困难，发现他们的兴趣、爱好，进而可能帮助这些儿童从“特别不精彩”到“有点精彩”“比较精彩”，或者发现这些儿童在其他游戏中的“特别精彩”。

3. 对某种游戏的持续观察

幼儿园的游戏类型是多种多样的，每一种游戏，都应该被持续观察。这里的游戏类型，不只是角色游戏、建构游戏，或者自主游戏这些比较常规、宽泛的类型，也包括很小、很细的游戏类型，比如，雪花片、五子棋、娃娃家、“老狼，老狼几点了”这样一些非常具体的游戏。

比如，有幼儿园聚焦如何在幼儿园开展手指游戏，并持续观察儿童在手指游戏中的兴趣点、难点和价值点，带动儿童手脑并用，实现了幼儿园活动的低成本高质量。

4. 对某种玩具、材料的持续观察

幼儿园的玩具、材料也是多种多样的。对每一种玩具、材料的持续观察，可以更加深入地了解儿童在使用这种玩具、材料时，他们的兴趣、需要是什么，可能会面临什么样的问题、困难，教师应该如何提供支持、引导等。

比如，有幼儿园专注积木这种游戏材料，持续观察儿童玩积木的阶段、过程，同时教师自己也以每周一次的频率玩积木，体验、感受儿童玩积木的过程，并在此基础上进一步持续观察儿童的积木游戏。对玩具、材料的持续观察、研究，是幼儿园教师开展游戏、支持游戏的基本功。

5. 对某个游戏场所的持续观察

游戏总是发生在某个场所的。对不同地点、场所发生的游戏，也可以做持续的观察。以室内、户外为例，两类游戏的差异是非常大的。总体上讲，年幼儿童更喜欢户外游戏。但这也不是绝对，并非只要开展户外游戏就是“好游戏”。需要关注、研究的是，儿童在室内、户外游戏时，他们的感受、体验和思考。哪些游戏更适合在户外开展？哪些游戏更适合在室内开展？完全相同的游戏，在户外和室内开展的区别是什么？如何更好地将室内游戏与户外游戏整合起来，实现1+1＞2的效果？这些都是需要持续观察的。

对幼儿园游戏地点的持续观察，特别是对平时观察不够多的游戏地点的持续观察，可能会有非常意想不到的效果。比如，很多幼儿园都有私密空间这样的场所，儿童究竟在里边玩了什么、是怎么玩的，这是教师通常不了解而又需要了解的。再比如，一位幼儿园教师尝试创设了一个没有任何玩具、材料的区域，儿童可以带玩具材料去这个区域玩，但离开时要带走。教师持续观察这个区域，更好地理解了儿童自发游戏的特点。

6. 对某个时间点的持续观察

在一日生活各个环节中，很多时间都在发生游戏，不同时间段（点）的游戏，也可能有不同的特点。一般说来，幼儿园教师通常比较关注那些被自己称作游戏的时间里发生的游戏。在做各种游戏观察计划与准备时，指向的也是那些被教师自己称作（视作）游戏的活动。而对那些非游戏时间里发生的游戏活动，观察常常是不足的，也很难说是在做持续的观察。

比如，儿童在午睡、进餐、如厕、来园、离园以及各种转换时间（如从室内到户外、从户外回室内）里儿童会有游戏吗？有什么样的游戏？这样的游戏有何特点？哪些儿童在这些环境里容易发起游戏？如果教师能够有意识地进行持续观察，就会大大增加对儿童与儿童游戏的认识与理解。

第十一章

游戏案例的撰写

对游戏的观察、解读，最主要和直接的目的，是为了儿童，为了儿童能够更好地游戏、学习与发展。在保证“为了儿童”这一前提下，游戏观察也能够助力教师，实现教师的专业成长，有助于提升幼儿园保教质量。儿童游戏、游戏观察要能实现促进教师专业发展、提升办园质量的价值，有赖于游戏案例的撰写。

案例不仅对撰写者、撰写者所在单位有重要意义，对于读者、学习者也是非常有意义的。对于大多数幼儿园教师来说，通过案例来学习他人究竟具体是怎么做的，比学习各种“某某性”“某某法”“某某原则”的理论，要更加直观、有效。因而，在各种职前职后培训中，案例教学被广泛采用。

第一节 案例、游戏活动案例、优秀游戏活动案例

1. 案例

案例的英语是case，原意为状态、情形、事例等。case一词，在医学上被译成病例，用在法学上被译成案例或判例，用在商业或企业管理教学中被译成个案、实例、案例等，目前国内译为案例居多。案例，就是人们在生产生活中所经历的典型的富有多种意义的事件陈述。它是人们所经历的故事中的有意截取。

一般来说，案例具有以下几大特点[①]。

（1）真实性。案例取材于工作、生活中的实际，不是凭借个人的想象力和创造力杜撰出来的。

（2）完整性。案例的叙述要有一个从开始到结束的完整情节，并包括一些矛盾性的冲突。

（3）典型性。案例是由一个或几个问题组成的，内容完整，情节具体详细，是具有一定代表性的典型事例，代表着某一类事物或现象的本质属性，概括和反映理论知识。

（4）启发性。案例应该对同行、读者或相关人员具有启发性，比如能够引人深思、启迪思路、深化认识等。

（5）时空性。案例中的事件应置于一定的时空框架之中，也就是要说明事件发生的时间、地点等。

2. 游戏活动案例

游戏活动案例，有时也简称为游戏案例，全称应该是幼儿园游戏活动案例。幼儿园以游戏为基本活动，游戏质量是幼儿园保教质量的重要组成部分。游戏活动案例，是幼儿园提升游戏质量的重要途径，也是证明、展示幼儿园、班级游戏质量的有效方式，还是交流、培训的重要载体。游戏活动案例，顾名思义，就是以幼儿园游戏活动开展为内容的案例。相对而言，教学活动有着比较固定（稳定）的流程，大多数的内容、形式都可以提前预计好，而游戏活动则具有更大的不确定性，大多数的内容、形式都无法提前预计。因此，提升游戏活动质量，非常适合采用游戏活动案例的方式进行。

---

① 张家军，靳玉乐. 论案例教学的本质与特征[J]. 中国教育学刊，2004（1）：48-50、62. 引用时有改动。

3. 优秀游戏活动案例

关于优秀游戏活动案例中的“优秀”，不同的人有着不同的理解。

第一种理解，“优秀”是用来形容、描述“游戏活动”的。即这个游戏活动是一个非常优秀、精彩甚至非常成功的游戏活动，而案例就是要呈现游戏活动中最优秀、最精彩、最成功的方面。在当前我们所见的案例中，大多都是这种类型的。以至于很多教师在听了其他教师的优秀游戏活动案例之后，总是很羡慕别人的孩子，羡慕这些孩子怎么会如此厉害；也常常羡慕案例中的教师，羡慕这些教师的支持、引导怎么如此有效、高效。究其原因，就是游戏案例撰写者、评审者认为活动本身必须是优秀的，不优秀的就不能撰写、不能通过评审。记得多年前全国教育科学规划办的一位领导说，“我们的研究，一研究就成功，一推广就失败”，大概原因也与“成功的案例才有价值”，甚至是“不成功不能结题”的判断标准有关。

第二种理解，“优秀”是用来形容、描述“案例”的。即这个游戏活动不一定非常优秀，不一定非常精彩，也不一定成功（甚至完全可能是失败的），但这个活动中的某一个、某一点特别值得讨论、特别有启发，因而是一个非常优秀的案例。比如，游戏活动并不非常精彩，但是教师通过儿童的游戏，充分认识了儿童、重新认识了儿童，在此过程中改变了自己的儿童观、游戏观，这种认识、转变非常典型，对他人具有启发意义，也可能是一个“优秀案例”。再比如，在一个建构游戏活动中，儿童想搭一个上大下小的建筑，他们想了很多办法，最终都没有成功。这可能是一个“优秀游戏活动案例”吗？按照第一种理解，儿童毕竟最终没有成功搭建出上大下小的建筑，虽然过程也可能精彩，但这样的案例常常不会成为“优秀游戏活动案例”。但按照第二种理解，精彩的过程就使得这个案例完全可能是一个“优秀游戏活动案例”。

第三种理解，“优秀”是用来形容、描述儿童、儿童的游戏、游戏中的儿童。即在游戏中，儿童一定要表现出游戏的各种特点（如自愿自主等），儿童在游戏中展现出很高的游戏水平（即学习与发展水平）。也就是说，这里的“优秀”不是指向教师的，至少主要不是指向教师的。儿童的游戏水平越高，游戏活动也就越优秀。比如，一些儿童能够搭出一座10层的塔，而另一些儿童用相同的材料在相同的地方搭出了一座10层的斜塔，后者的水平高于前者，也是更优秀的游戏活动案例。

第四种理解，“优秀”是用来形容、描述教师的。即教师在游戏中所扮演的角色如何，是否充分观察、读懂儿童、有效支持，游戏中的介入是否恰当、有效，游戏之后是否有高质量的回顾、讨论，游戏前是否有环境、材料的提供以及经验的准备等前置性支持。

当然，同样是形容描述教师，“优秀”也可能分别指向教师工作的不同侧面：“做”“说”和“写”。对大多数幼儿园教师来说，很可能的情况是“做得好，说得不好，写得更是不好”。这就意味着，一个游戏活动案例的优秀，是活动本身优秀、说得优秀还是写得优秀，这也是值得甄别和思考的。如果一个游戏活动现场非常优秀，但教师本人不会讲、不会写，这个案例是否可以称为“优秀”呢？如果一个案例读来精彩，但是由其局外人（如研究生、大学教师或记者）来讲来写，这是一个“优秀游戏活动案例”吗？

第二节 全国优秀游戏活动案例遴选中的遴选标准解读

2018年，教育部基础教育司曾经组织过一次全国“幼儿园优秀活动案例”的征集。一共收到2900多个案例，经过遴选（评审），共有133个案例入选。在入选案例的基础上，又选择了33个案例出版了《游戏·学习·发展：全国幼儿园优秀游戏活动案例选编》，由人民教育出版社2020年出版。

在教育部“关于开展幼儿园优秀游戏活动案例征集的通知”（教基司函〔2018〕44号）中，有一个部分是“遴选标准”，也就是优秀游戏活动案例的标准。这个“遴选标准”是教育部基础教育司组织众多幼儿园游戏理论工作者和实践工作者，经过多次研讨、试用而制定出的。阅读这个“通知”，特别是“通知”中的“遴选标准”，对于广大幼儿园教师理解、撰写优秀活动案例，是有帮助的。

“遴选标准”原文

本次征集的优秀游戏活动案例是教师提供相关环境和玩教具材料，幼儿基于兴趣自主开展或教师组织开展的，能够体现幼儿高质量学习探究过程的游戏活动记录和分析反思。相关游戏活动须是幼儿园真实开展的，而非为征集工作临时打造，或以幼儿演示和表演为主的游戏活动。

由这段文字，我们可以看出以下几点。

第一，一个“优秀游戏活动案例”应该包括“游戏活动记录”和“分析反思”两个主要部分。当然，这并不意味着将一个案例机械地理解为先呈现记录、再呈现反思，而是说案例应该有这两个方面的内容，不能只是客观描述（从头到尾描述一个游戏的过程），也不能没有游戏活动的记录，单纯去做笼统分析或过度解读。

第二，游戏活动必须是真实的。这里的真实，有几层含义。首先，是在幼儿园日常游戏中发生过的，而不是临时打造、表演的。为了“优秀”，对着“优秀标准”，教师设计好游戏的过程，安排好角色，甚至导演好儿童的一言一行，这样的游戏活动案例，即使看上去很“优秀”，也不是真正的优秀，是一种异化了的“优秀”。其次，是本园、本班真实发生的游戏，对别的幼儿园、别的班级的游戏进行“游戏活动记录”并加以“分析反思”，也不是这次征集活动所认定的“优秀”。虽然，观察、记录别园、别班的游戏，并进行分析反思，也能提高教师自己的专业性。

第三，游戏活动案例要“能够体现幼儿高质量学习探究过程”。也就是说，案例中越能够看到儿童“高质量学习”“高质量探究”，就越“优秀”。有幼儿园教师指出，有些游戏特别容易体现出学习、探究，而有些游戏就不太容易能够体现出学习与探究。比如，建构游戏就比较容易直接、快速地体现出科学、数学方面的学习，而且可以通过照片、视频直观、生动、形象地呈现这种高质量的学习。而角色游戏尽管非常受欢迎，也对儿童的学习与发展具有重大意义，但就不太容易体现出儿童的学习。这种说法有一定的道理。在各种优秀游戏活动案例中，确实建构游戏所占的比重也比较大。但是，如果在不太能够快速直接体现儿童高质量学习的游戏中，教师的案例也能够体现出儿童的学习，那无疑是更加“优秀”的。

另外，越是能够体现出学习、探究的“过程”，也就意味着案例越“优秀”。对儿童的游戏进行观察、记录，看到儿童的学习与发展，并不太困难。真正体现幼儿园教师专业性的，是看到学习与发展的“过程”，特别是儿童如何从A变化到A1、A2、如何从A到B的过程。

（一）体现正确的儿童观和教育观

“遴选标准”原文

体现正确的儿童观和教育观。幼儿是积极主动的学习者，尊重幼儿游戏的权利，充分理解和支持幼儿在游戏中的想法和行为。珍视幼儿游戏的独特价值，将教育目标与内容自然地蕴含在游戏中，引发和支持幼儿持续探究和学习。尊重和理解幼儿的学习方式和特点，关注幼儿的个别差异，支持和引导他们从原有水平向更高水平发展。

【对标准的解读】

这一条标准是关于价值观的。它虽然很难具体化为特定的内容、教师特定的做法，但又是统领整个案例的灵魂。不论是教师对游戏过程的描述，还是教师对个人想法的阐述，抑或是教师实际的支持行为，都会反映出教师的儿童观和教育观。

何为正确的儿童观和教育观，“标准”也给出了界定。将儿童视为积极主动的、有权利的、有独特学习方式和特点的个体；将游戏视为儿童的权利、儿童学习目标达成的途径；将游戏中教师的任务定位于尊重、理解、支持，通过巧妙设计和个别化的互动来引发和支持儿童的持续探究和学习。

这些观点很抽象，但是当我们阅读案例时，又总是能直接感受到这些观点。比如，当儿童在游戏中反复失败时，教师是视若无睹，还是积极介入？是立即介入，还是观察一段时间再伺机而动？介入时是直接代替儿童做，还是指导儿童做？指导时是示范，还是层层递进地用提问引导？这些选择的背后反映的都是教师对儿童、游戏和教育的价值取向。此外，我们也常常能够在案例中教师描述儿童言行和教育者反思的字里行间看到教师的儿童观和教育观：教师为儿童的尝试而不是成功喝彩，教师对面对同样困难的两名儿童采用了不同的支持策略，教师追问自己“如果当时我没有……而是……，可能会怎样？”，这些表述都生动展现了教师正确的价值观。

（二）教师的支持引导适宜有效

“遴选标准”原文

教师的支持引导适宜有效。教师能够根据教育目标、幼儿的兴趣需要及已有经验，提供适宜幼儿的空间和游戏材料，耐心观察幼儿的行为，倾听幼儿的声音，正确解读幼儿游戏行为所反映的经验与水平；能够抓住教育契机给予幼儿适时、适宜的回应与支持，推动幼儿深入学习与探索，并能帮助幼儿回顾、梳理已有经验，激发进一步探索的欲望；能够对游戏活动过程进行总结与反思，针对环境材料、游戏规则、指导策略等方面存在的问题提出改进思路。

【对标准的解读】

这一条标准聚焦教师的教育行为，它比较具体地为我们描述了教师应该在儿童的游戏活动中采取的教育行动。幼儿园教师在儿童游戏时需要提供材料、耐心观察和倾听、正确解读、适时适宜回应支持、引导幼儿梳理经验。此外，教师还需要对游戏活动进行反思并调整改进。这些教育行为可以说贯穿儿童游戏的前中后全过程，涉及硬件和软件两大类别，也囊括了教师与材料、儿童、自己的对话。

同时，这条标准也为这些教育行为给出了适宜、有效两个判断标准，而这就比较灵活了。中国人讲究天时地利人和，适宜就有这个意思。教师在恰当的时间和场合，面对恰当的对象做出了恰当的教育行为，这三个恰当缺一不可。因此，这就需要教师仔细观察、反复考量、大胆尝试、灵活调整，有时候还需要用一点直觉。有效是从教师教育行为的结果来说的，从某种意义上讲，教师的支持如果要有效，一定得适宜；而如果是适宜的，则一定会有效。教师投放的材料能够激发儿童的兴趣，引发他们的学习，这是有效；教师的提问能够调动儿童主动思考、大胆探索，这是有效；教师帮助儿童成功解决了冲突并学到了“先深呼吸五次，再说话”的方法，这是有效；教师支持儿童发现了自己原本的设计稿不合理所以不能成功，这也是有效。

特别值得提出的是，标准将教师自己个人的总结和反思也纳入教育行为中，可见高质量的游戏支持除了做还有想，除了面向儿童还有面向自己。

（三）真实体现儿童游戏与学习过程

“遴选标准”原文

真实体现幼儿游戏与学习过程。幼儿能够在游戏中根据自己的兴趣和需要自主选择，与环境、材料充分互动，不断创造新的玩法，在游戏中发现问题、解决问题、主动探究，获得一个或多个领域学习与发展的有益经验，在游戏过程中能够体现出好奇、专注、探究、合作等良好的学习品质。

【对标准的解读】

这条标准聚焦的是对儿童游戏与学习过程的呈现，并且讲出了可以从哪些具体的方面进行呈现。一方面，游戏过程，我们需要关注儿童是否能够自主选择，是否能够与环境材料互动，是否能够有创造，是否能够发现和解决问题，是否能够主动探究。这些也就是我们解读游戏中的儿童的一些角度。另一方面，落到学习上，儿童的学习就是有益经验的获得，而这些经验不应该是一个领域，而是涉及各个领域的。标准还特别强调了儿童学习过程中表现出的学习品质。

真实是对案例呈现的重要标准。真实似乎是一个最低标准，因为案例的精彩一定是建立在真实基础上的。但在现实中，有时候教师为了案例的精彩，可能会牺牲真实。这又让真实成了一个很高的标准。为了让案例中的儿童更加聪慧，让儿童的点子更出彩，为了让自己的指导显得更层次丰富、指导效果更突出，教师可能会删除一些细节，并杜撰一些内容。但过度的创作哪怕会让案例更好看，却偏离了游戏案例的基本——真实呈现。标准中专门强调真实是对教师撰写游戏案例的重要提醒。

第三节 案例的不同类型

根据不同的维度，可将案例分为多种类型。从案例持续的时间以及推进过程中线索的复杂性，可将案例分为点状、线状和网状案例；根据案例在归纳总结时的侧重点，可分为全面总结型案例和亮点突出型案例；根据案例中的活动目标或儿童的游戏愿望实现程度，可分为成功型案例和失败型案例。每一种案例都有其独特的价值，并无好坏优劣之分。点状案例、失败型案例也可能是非常好的案例。

一、点状、线状、网状案例

我们常见的游戏案例，常常是比较复杂、线索比较多的活动。比如，活动可能持续了一个月、两个月，甚至一个学期、两学期。事实上，优秀案例并不以持续时间的长短作为标准，并非案例持续的时间越长就越优秀。

1. 点状案例

点状案例是指发生在一个较短时间段（如一次游戏活动，通常不会涉及两个半天）的游戏活动案例。比如，某名教师在某次游戏活动观察现场，发现一个非常有创意的游戏活动，或者一个问题的发现、解决过程，或者一次冲突的解决过程等。对幼儿园教师来说，写好点状案例，对自己的专业成长是很有帮助的。毕竟，一个个点状案例多了，就可以连成线、织成网。有一个“新版‘老狼老狼几点了’”的案例，就是发生在一次（一个半天）游戏活动中儿童的探索：儿童不断想办法，把一个传统的规则游戏玩得更加丰富、有挑战。

练习活动

请阅读“新版‘老狼老狼几点了’”（详见《游戏·学习·发展——全国幼儿园优秀游戏活动案例选编》）中卢老师记录的儿童玩出的三种有别于传统玩法的“老狼老狼几点了”游戏。在这短短的一次游戏中，你看到了儿童哪些方面的发展？请阅读案例的教师小结部分，你与卢老师的发现有什么异同？

2. 线状案例

线状案例是指案例中只有一个主要线索，持续的时间可能很长，也可能不是太长（但通常会超过半天，不止一次）。比如，一名儿童在游戏中的不断成长，一个游戏的产生、发展，一种材料的玩法从低级到高级等。线状案例因为线索较为集中（单一），常常能够非常清晰地呈现出儿童某一方面的不断发展变化。网上曾有这样一个案例，一对父女持续40年每年在同一个地方拍照。这就是比较典型的线状案例，能非常清楚地看到父女的变化。在“嘉阳的17次挑战”这个案例中，呈现的是嘉阳这个小朋友，在玩多米诺的过程中，面临的17个问题及其想办法解决的过程，在这个过程中嘉阳获得了自己的学习与发展。

练习活动

请阅读游戏案例“嘉阳的17次挑战”（详见附录），尝试用一个流程图来梳理过程中嘉阳碰到的问题和解决的办法。接下来，请在流程图上补充每一次挑战中，教师提供了怎样的支持。

3. 网状案例

网状案例是指案例中常常有多个线索，持续的时间通常比较长。比如，案例中不止一名主角，而是涉及多名儿童的游戏，甚至可能不是同时开始、同时结束的。这就有点像一辆公共汽车，过程中有乘客上车、下车，不可能所有乘客同时上车、下车。再比如，案例中不止一种游戏，而是有多种游戏，融合在一起，常常不太分得清楚。事实上，幼儿园的游戏活动，常常是多线并进的，这也意味着网状案例更接近幼儿园游戏活动的本真。在小说、电影中，就常常会有多时空线线索、多线索叙事等说法，讲评书的人也会用“花开两朵、各表一枝”的策略。网状案例的挑战，就是如何能够将复杂的事情讲清楚，而不是将听众、读者讲糊涂，产生混乱感（丰富的杂乱）。

练习活动

请阅读游戏案例“搭一座平衡城市”（详见附录），除了这位教师梳理呈现的这一条线索，你还能从案例中寻找出其他线索吗？请尝试画出线索图。

二、全面总结型案例、亮点突出型案例

在幼儿园教师的工作实践中，常常存在两种类型的案例。一种是全面总结型，比如，需要全面总结本班（本人）整个学期游戏开展的情况，或者整个学期课程情况、家长工作情况。在这种情况下，通常都需要做较为全面的总结，强调全面性、整体性。另外一种情况是要突出亮点，而尽量不要面面俱到。比如，幼儿园期末时开展汇报、交流，或是全区、全市开展各种“故事”比赛。类似的交流、比赛，发言常常是有时间限制的。在并不长的时间里，往往无法全面汇报、每个方面都讲。在这种情况下，就需要撰写亮点突出型案例，即在简要做出全面呈现的基础上，选出其中一个非常亮的点，进行汇报、交流。

全面总结型案例的优势是全面，挑战是如何能够线索清晰地呈现。全面总结型案例常常也是网状案例。如何能够在比较烦琐的情况下，主次分明，重难点突出，需要幼儿园教师在头脑里想一想、在纸上画一画。如果有可能，可以深度画一画案例的线索图，就像主题课

程、项目课程中可能画的主题网络图一样。

亮点突出型案例的优势是话题聚焦，容易讲清楚，也可能非常打动人，挑战是亮点如何选择？所选择的亮点是否真的很亮？如果案例是用于交流、评奖、发表，撰写者就必须具有一定的他者视角，必须思考听众、编辑、读者的情况，判断自己选择的亮点，对他们来说是不是亮点。华东师范大学的著名教育学家陈桂生教授曾说，我们写文章时最好能够“写出他人心中所有、笔下所无”。套用陈老师的这句话，幼儿园教师在讲述、撰写亮点突出型案例时，也最好能够“讲出他人心中所有、口中所无”“写出他人心中所有、笔下所无”的案例。

上述有关亮点突出型案例的叙述，可能会造成一些误解，即认为写案例就是揣摩评委、专家的心理。但实情并非完全如此。一方面，亮点、特色具有一定的相对性，不同的人可能有不同的看法，要得到大家的认可，案例撰写者确实不得不考虑他者的看法。但另一方面，广大幼儿园教师也必须用心把握一些大家都认同的标准和价值观并真诚地表达。真正好的案例，打动人的案例，常常是出自内心的。只有出自自己的内心，才可能进入他人的内心。

三、成功型案例、失败型案例

本章前面曾经提到，一个优秀的游戏活动案例，可能反映的是这个游戏活动的成功。在活动中成功型案例中，可能是儿童的游戏非常精彩、非常成功；也可能是教师的观察、解读、支持非常精彩、非常成功。

然而，游戏活动中儿童的失败、教师的失败，也可以成为好的案例。我们常说“失败是成功之母”，但在我们的案例中，却常常有些回避失败。即使呈现失败，也都是为了衬托随后的成功。如果仔细观察、分析，我们会发现，有些儿童在游戏中的有些失败，并没有成为成功之母，是没有生长出有效经验的失败，就如同有的人讲的，“只是经历，没有经验”。这种失败是无效失败。而有的儿童在游戏中的有些失败，确实成了成功之母，失败带来了成功，是有效失败。成都市第三幼儿园有一个很有意思的案例叫“种鱼”，在这个持续了一段时间的游戏中，教师支持了儿童要在土里种鱼这个注定不能成功、甚至有些“荒唐”的提议，在儿童多轮的定计划、实施、反思、调整之后，土里果然没有种出鱼来，但是儿童在过程中的学习却是那么生动鲜活，而且培养起来的探索和质疑的精神，将会为儿童未来的学习生活提供重要动力。

除了无效失败、有效失败之外，教师对于“失败”的反思，常常决定了案例的“优秀”程度。比如，有的教师会反思“假如当时我没有介入……”“假如当时我及时介入……”等问题，而这些问题对于教师的成长是很有价值的。比如，有一位教师在看见儿童用彩泥做食物时做了一个上下两层的圆饼，于是立即走上去对儿童说:“你做的双层蛋糕真漂亮，要是能装饰一点花在上面就更好了”，并拿起彩泥做了两朵花放在上面。可儿童停了一下却把教师做的花取下来说:“荷包蛋上是没有这些的。”从游戏结果来看，教师的指导确实不算成功，但是她在案例分析中对自己的介入进行了反思，意识到自己在没有充分观察和倾听儿童之前就草率地介入，所以才会让自己的支持无效。如此一来，这个失败的案例其实促进了教师的专业发展。

第四节 游戏活动案例的主要内容

幼儿园游戏活动案例没有固定的模板，但是要把一个案例交代清楚、讲出专业性，则一定要包括一些基础的要素。我们从教师行动的角度将这些要素归纳为观察、推测、判断和发现。

一、我的观察

这个部分最主要的目的是讲清楚，在游戏活动中究竟发生了什么，观察者（幼儿园教师）看到了什么、听到了什么，这个部分也就是对游戏中的儿童、儿童的游戏进行尽可能客观、详细的描述。

当然，这种描述肯定不可能像流水账式地从第一分钟描述到最后一分钟，也是要有所取舍的。一个重要的描述策略是：既要有框架又要有细节。框架是指整体性描述，让读者（听者）了解基本情况、大致脉络；细节并非所有细节，而特指那些重要细节，包括重要的时间节点和场景信息，关键的人物和材料、关键的行为或语言等。此外，游戏中有趣的、丰富的、展现儿童高水平的或事关儿童碰到重大挑战的或引发游戏重大转折的情节等也需要相对细致的描述。

二、我的感受（感动）

这个部分最主要的目的，就是作为幼儿园教师，在总结、撰写案例时，在分析、下判断之前，对案例所引发的情感上的触动保持敏感。这些情感可以包括多个方面，比如，令你惊叹、惊奇、惊喜的是什么？让你感动、感慨的是什么？让你觉得遗憾，甚至有些后悔的是什么？引发这些情感的可能是儿童的某一个或某一系列行为、某一句话、某一个材料的使用展现出的儿童的智慧、童真、成就或某一种品质，也可以来源于教师对自己在游戏中作为与不作为的感受。当幼儿园教师产生这些感受时，往往意味着教师对游戏的观察从“入眼”走向了“入心”。

三、我的判断

这个部分最主要的目的，是从学术、专业、理性的角度，分析判断儿童的学习与发展。通常情况下，即使一个点状案例，也可以分析出多方面的学习与发展，这就需要对这些学习与发展进行一定的排序，而非简单的堆积、罗列。比如，将那些重要而又被忽视（或缺失）的学习与发展放在前面，并加以较为详细的讨论。

在讨论儿童在游戏中的学习与发展时，要尽最大可能地理论联系实际，将理论具体化或将具体言行做理论分析。教师如果能够把握或者至少能够对照儿童特定领域学习与发展的核心经验来做分析，往往就容易判断得具体和准确。撰写判断时一个需要避免的误区就是简单、直接引用《指南》中的话，这种引用虽不犯错，但因为没有经过教师的思考并且没有与观察到的细节建立联系，所以意义不大。

另外一个可以分析、讨论的，是游戏中为什么有或没有实现儿童的学习与发展，以及怎么能够有更好的学习与发展。

四、我的发现

这个部分最主要的目的，是体现幼儿园教师（案例撰写者、讲述者）在认识和观念上的变化，即自己的专业成长。在这个部分，幼儿园教师既要看到自己的优势、长处，也要看到自己的不足、缺点。

比如，幼儿园教师可以从游戏观、儿童观、教育观、质量观、课程观、材料观、教师观等不同的角度，呈现自己的专业发现。比如，在一次教研活动的现场，一位幼儿园教师分享了她关于游戏材料的发现：低结构材料也可能被高结构地使用（如必须按教师要求玩沙玩水），高结构的材料也可能被低结构地使用（如完全是儿童自己学会、发现了五子棋的规则）。她的这个发现不仅对她自己后面投放适宜材料支持儿童发展有意义，而且对聆听分享的同行也很有启发性。

表11-1　幼儿园游戏案例构思框架一

我的观察	我的猜测（感动）	我的判断	我的发现

在实际撰写案例的过程中，可以用表11-1的方式来撰写初稿。在成为正式稿的案例时，不必拘泥于形式，甚至完全可以不出现“我的观察”“我的发现”之类的词语。

表11-1更简洁的一种形式，可以如表11-2所示。

表11-2　幼儿园游戏案例构思框架二

我看到的	我想到的
观 事实 发生了什么	察 判断 发现了什么

第五节 游戏案例撰写中应注意或值得讨论的问题

一、如何既促进儿童也成就教师

观察、记录的目的，是进一步分析、读懂儿童，并在此基础上促进儿童的学习与发展。当然，这是游戏观察最根本的目的。此外，观察、记录的这些原始资料，也是具有教师专业发展价值的。

在一些幼儿园，幼儿园教师开展了大量的观察、记录，原始资料非常多，甚至堆积如山。但这些资料没有得到充分的分析、整理。一方面，没有用于促进儿童发展；另一方面，也没有将这些观察、记录的资料，转化成案例，促进教师专业成长。这是一个巨大的浪费，同时也加重了幼儿园教师的负担。

二、如何避免简单模仿和过于模式化

在游戏活动案例撰写上，比较容易出现模仿、模式化的问题。比如，一个获奖案例或一位知名专家举过的例子，很容易随后就在不同的幼儿园出现。当然，有些活动是普适性的，全国每个幼儿园都可以开展，但简单、直接的模仿、复制，确实难说优秀。

当然，模仿也是一种学习，对未入门者来说，掌握模式、理解套路也是成长的重要路径。但面对自己班级里一名名生动、活泼而又独特的儿童，面对一个个拥有不同教育期待的家庭，面对自己幼儿园所处的自然、社区、文化，简单模仿、过于模式化，显然是不妥当的。

三、如何避免过度解读或笼统分析

“看了一点点，写出一大篇”“观察记录一小段，分析反思几大段”，在幼儿园游戏案例撰写中仍然是较为普遍的现象。有些案例游戏过程的描述部分只有分析部分内容的一半，“功夫”都用在分析上了。还有些案例观察不细致、记录不客观，遗漏了儿童的学习与发展、观点与想法的关键环节和事实证据。有的观察、记录比较长，却是流水账式的，没有抓住关键、要点，没有针对性。

在分析、解读时，没有很好地基于观察、记录就发表自己的议论、观点，或是简单对应《指南》、套用理论，或千篇一律，或一味拔高。有些属于交代不清楚，写得不明了，如“调整后的游戏顺畅多了”之类的表述，但是对于“谁调整的？怎么调整的？调整过程中有学习吗？怎么顺畅了？顺畅了会不会降低难度？”等问题都没有交代。

四、如何为案例取名字

一个好的案例标题不仅能够向读者和听众准确传达案例的核心信息，而且能够为案例增色不少。但是什么样的标题是好标题呢？首先，案例名称需要遵循所有文章标题的基本原则：简明扼要。标题不宜太长，也不应太过迂回，最好能够三言两语直接传递出关于这个案例所反映的游戏内容。比如“嘉阳的17次挑战”“穿一串不散落的手链”等，能够很直观地反映出游戏内容，而“童趣时光 如影随行”“神奇的大自然”等就无法直接感知到案例要反映的游戏内容。其次，好的案例名称还应该简单易懂。虽然游戏案例的读者并不直接设定为儿童，但儿童无疑可以成为游戏案例的听众，因此，标题也应该能够让儿童听得懂、有共鸣。此外，案例标题如果有一些“巧思”就会进一步增加吸引力，比如，借用一语双关的思路，有教师把班级儿童种植游戏活动案例命名为“中一班的‘花花世界’”，有教师把班级表演区游戏案例命名为“果果的‘艺’鸣惊人”，读来都甚是巧妙。

第六节 游戏案例赏析

一、剪一条穿项链的线

1. 案例文本

案 例

小三班的美工区今天专设了串珠角，妹妹与小十一成了串珠角的顾客。小班儿童的手部小肌肉正处于发展初期，穿串珠这个精细动作对于这个年龄段的儿童是一项充满挑战性的活动，不同儿童所反映出的手部灵活程度也会各不相同——小十一是串珠角常客，她非常熟练地完成了拉线、剪线、选珠的前期准备，快速投入了穿珠活动中。相较之下，妹妹则遇到了属于自己的烦恼。比起小十一仔细比照所需串珠线长度的动作，妹妹明显忽略了这一步骤，她随手扯开一大截线，高高举起，想用剪刀去剪线的尾部（见图11-1）。

图11-1 将线高高举起，用剪刀去剪线的尾部

图11-2 将线筒夹到腋下

尝试了几次没有成功，妹妹发现，高举的线摇摇晃晃，剪刀一剪它就会溜走或往回缩，根本剪不断。然后，妹妹改变了策略，她将线筒夹到腋下（见图11-2），长长的线垂在桌子上，这下线不会摇摇晃晃了，她将剪刀伸到了线筒下方，开始第二次尝试剪线。

教师解读

妹妹在初次尝试剪线失败后，并没有马上放弃或求助教师，她通过观察发现了失败的可能原因之一——线不够稳定，并针对这一现象想出了解决办法，用身体固定线筒，用桌子安放线的末端，使整条线相对不会那么摇晃。从妹妹这一系列的行为我们可以看出，妹妹非常善于观察与推测，在推测出原因后，能根据观察到的事物物理性质来改变剪线的条件，说明妹妹已具有初步的探究能力，面对困难能积极思考并应对，能根据事物的物理性质来推测因果关系，在探究活动中懂得使用辅助工具。

可惜的是，妹妹的第二次尝试也失败了，线仍然没有那么稳固，依然会出现第一次尝试中可能出现的现象。相应地，妹妹开始了二次加固。这一次，她直接放弃了没办法固定的线头，将线牵起来悬空，用手捻起中间点，用剪刀同时去剪两边垂下的线，想用这种方法去获得一段线（见图11-3）。但是很快她发现，这样剪出来的线会变短，于是她多绕了一圈，让垂下来的线变成四条，并试图用剪刀同时去剪四条线（见图11-4）。

图11-3　用手捻起中间点，剪两边垂下的线

图11-4　让垂下来的线变成四条

线条变多后并没能如妹妹所愿变得好剪，而是更滑溜更不好控制了，即使已经尝试失败四次，但妹妹并没有出现焦急的神态。她拿起剪刀仔细观察了一下，开始怀疑自己拿剪刀的姿势是否正确，比画了几次后，她依然使用前一次尝试的拿线方法，但是换了一种拿剪刀的手法（见图11-5）。她尝试剪了几下，虽然依然没有剪开，但她发现剪刀这样用对于她来说似乎更加顺手，于是便没有再改变拿剪刀的手法，而是回到最初的思考——接着琢磨怎么固定乱动的线。她将整条线都放在桌面上，用剪刀尖垂直紧贴桌面来剪（见图11-6），这样是不是能完全固定住线呢？

图11-5　换了一种拿剪刀的手法

图11-6　剪刀尖垂直紧贴桌面来剪

教师解读

短短的六次尝试，体现了妹妹在探究行为上的逻辑性，单次改变单一条件来进行试错，这种行为在广义上可以用初中物理中的一个名词来解释——控制变量法。我们可以看到，妹妹的六次尝试分别改变了五个条件：线末梢的固定点位、拿线的方法、剪线的数量、拿剪刀的方法、线的固定点位，这说明妹妹已经出现了有逻辑的探究思维，并且具有将思维转变为行动的再现力与执行力。

然而，即使将线放到桌子上，也没有多么稳固，线仍然在剪刀与桌面的碰撞间歪三扭四，连续六次探究失败终于让妹妹产生了肉眼可见的烦躁，她扔下剪刀这个难以掌控的工具，开始徒手拉扯串珠线，试图进行“暴力”扯线（见图11-7）。在“暴力”无果后，她终于停止了独自斗争，将目光转向身后的教师，试图寻求帮助（见图11-8）。

图11-7 “暴力”扯线

图11-8 目光转向教师，试图寻求帮助

当我以为这次探究活动要终止于教师介入的时候，我发现妹妹只是看着教师，并没有出声寻求帮助。在发现教师始终背对串珠角，无法主动发现她的求助时，她放弃了向教师求助的行为，将目光转向左手边的另一个小女孩（见图11-9）。这次，她同样没有出声，只是不停地盯着对方，想让对方自己注意到。所幸虽然左手边的小女孩一直沉浸在自己的世界中，但右手边的小十一发现了她的困境，并主动提供了帮助（见图11-10）。

图11-9 目光转向左手边的另一个小女孩

图11-10 小十一主动提供帮助

教师解读

妹妹的独立探究大约持续了七分钟，对于小班儿童的挑战性任务专注力来说处于中等偏上水平，且过程中一直锲而不舍地尝试，情感上对探究基本表现出积极的态度。从妹妹两次无声求助的行为来看，她虽然已具备一定的独立探究能力，且有寻求帮助的意识，但没能掌握寻求帮助的方法，也缺乏开口求助的勇气。这是她由独立的探究转向联合的合作性探究的瓶颈。

小十一第一次下剪，也没能成功剪断，妹妹并没有得到帮助就放弃尝试、袖手旁观，而是主动肩负起拉线的动作，就这样，两名儿童一人拉一头，让松松垮垮的线变得更直了（见图11-11）。小十一再次尝试剪线，她惊讶地发现依然剪不断，这对于她这个剪线熟手来说是个稀奇事。她想了想，问妹妹：“你这个线是不是太硬了呀？我一个人有点剪不动。”妹妹没有搭话，只是默默地拿起剪刀，和小十一两个人一起剪线（见图11-12）。

图11-11　一人拉一人剪

图11-12　两人一起剪线

教师解读

从这次短暂的合作中，我们可以看到，当小十一发起帮助的互动后，妹妹的合作意识就顺其自然地显现了。她能够主动承担力所能及的任务，并且能结合自己的独立尝试经验持续对线的固定进行探究。小十一在尝试失败后，向妹妹发起询问，但妹妹并没有选择与小十一进行讨论，而是仍然独立思考解决方法并用行动试验。从中我们可以看出，妹妹在探究中具有合作意识，但与同伴的交流意识与分享意识较弱；相对地，小十一在探究行为中更愿意与合作同伴产生交流与讨论。

小十一在第二次尝试失败后选择了向教师求助，这时教师介入了妹妹的探究活动。教师深知妹妹不爱说话的腼腆性格，她拿起线筒，用双手拉出一段距离，询问妹妹这个长度是否足够，妹妹不回答，教师换了一种提问方式，询问她打算做手链还是项链，妹妹回答做项链，于是教师增加了线的长度（见图11-13），妹妹点了点头。教师告诉妹妹剪线时线一定要绷直，然后自己绷直线让妹妹自己拿剪刀来剪。但妹妹明显地对剪刀产生了抵触情绪，拒绝使用剪刀，只是看着教师不说话。教师鼓励无果，于是询问妹妹是自己剪还是请教师帮忙，妹妹终于小声答道:“要老师帮。”于是，教师帮助妹妹完成了剪线活动（见图11-14）。

图11-13　教师帮忙调整线的长度

图11-14　教师帮忙剪线

教师解读

从以上片段中我们能够发现，小十一虽然有更好的合作探究能力，但她的探究行为只持续了两分钟，她认为是线太硬了，加大力度后发现仍然失败，她就停止了对增加力度方法的探究以及对其他条件改变的探究。在教师介入后，妹妹显现出与之前截然不同的探究态度，她放弃了独立探究与再次探究，拒绝了教师发起的合作，选择完全让教师带她做。由于妹妹的性格，教师在支持她游戏时无法采取以引发儿童思考为本位的支持活动，只能选择直接帮助来推进游戏进程。在游戏结束后，教师可以针对这个串珠活动发起一次游戏分享，让小十一和妹妹一起用游戏故事或口头分享的方式说说游戏中遇到的困难以及自己的思考，让全班儿童一起来观察实物、推测原因、思考解决办法，组织儿童一起一步步地根据思维逻辑进行尝试，反思失败的原因。通过集体分享与反思，不仅能够由个体推及集体，增加全班儿童的生活经验，也能有意识地培养儿童的探究持久度、探究专注力，让儿童有目的性探究与合作探究的意识，进而促进儿童的探究能力与深度学习，可谓是一举多得。

2. 案例赏析

这个案例是教师对一个陌生班级中儿童一次区域活动的观察、记录和解读。案例中有很多地方可圈可点，值得学习。

第一，教师呈现案例时以妹妹剪线为线索，将案例分为五个部分：第一次的剪线失败、接下来的六次不懈的尝试、被卡住的时刻、小十一的参与、教师的帮助。在每一个部分，教师都尝试对妹妹的表现进行了细致的解读，也让整个文稿显得很有节奏。比如，她对妹妹六次尝试中改变五个条件的梳理，可谓言简意赅而又切中要害。

第二，案例非常好地展现了教师观察—推测—判断—发现的行为过程。她观察到了儿童的一言一行，然后一边描述一边推测过程中儿童的想法、碰到的困难、可能的感受等。接下来，她运用自己对小班儿童在专注力、探究性等方面发展的特点，结合看到的两名儿童的游戏情况，对她们的学习与发展进行了深度的分析。她作为局外人虽然没有直接与两名儿童互动，但她对观察到的教师支持进行了分析、评价。最后，她对下一步的教育支持提出了具体的建议：组织集体分享与反思，这也是这个案例之后她的发现与收获。

第三，面对一群自己并不熟悉的儿童，教师的观察相当仔细，她不仅留意到妹妹在过程中每一次重要尝试时的表情与行为，也记录了妹妹与小十一的互动以及她们与教师的互动细节。读完她的描述，我们对整段游戏过程有了清晰的了解。

第四，教师观察了两名儿童的游戏，还有意识地对她们进行了一些对比，这就给了她解读和反思的一个新视角。透过比较妹妹和小十一在遇到困难时的表现，她找到了坚持性和社会性两个很贴切的分析要点。

当然，整个文稿看下来，我们发现教师的文字能力比较强，她撰写的案例详略得当，有一些表述读来饶有趣味，比如，妹妹六次探索失败后的急躁被教师描述得非常生动，甚至让人忍俊不禁，这也为案例增色不少。

二、九轮车的故事

1. 案例文本

案例

幼儿园每个班都有一个百宝箱，用于收纳各种废旧材料。有一天，家长带来了一对车轴（见图11-15）。面对这又大又重的车轴，儿童会怎么玩呢?

图11-15　车轴

一、车轴来了，怎么玩

儿童积极与材料互动，共探索出三种玩法。琪琪举起来当举重器（见图11-16），小予站上面当平衡车（见图11-17），洋洋用手支撑当锻炼器（见图11-18）。

图11-16　举重器

图11-17　平衡车

图11-18　锻炼器

当班级有新材料时，要给足时间让儿童自主探索。

然而，三天后，车轴便无人问津了。这时，教师发现越野车的底部车轴清晰可见，于是将越野车和车轴放在一起，希望能再次激发儿童的兴趣，但两天过去了，依然无人关注。

一天，在区域游戏时间，“汽车迷”小予选择了建构区，教师心想机会来了，于是一手拿着越野车一手扶着车轴在地上来回滚动。果不其然，小予看到后也开始拿起车摆弄，突然对小伙伴说：“你看，它们的轮子是不是很像？它可以做成一辆车。”于是，他找来了小伙伴，决定做一辆可移动的车。

当儿童对材料失去兴趣时，可以投放相关联的新材料或进行平行游戏，引发儿童继续探究。

二、木板总是掉，怎么办

儿童将木板搭在车轴上，可是车一动，木板就会掉，怎么办呢？他们从美工区找来透明胶和绳子，用透明胶粘（见图11–19），用绳子绑（见图11–20），将美工区的经验迁移到固定木板的情境中。

图11–19　用透明胶粘

图11–20　用绳子绑

可是，车一推，木板还是掉了。儿童说：“哎呀，为什么车一动，木板老是会掉啊？”教师回应道：“是啊，中间这三块木板老是掉，那为什么两边的木板没有掉下来呢？”（见图11-21）儿童拿起两块木板开始对比，发现两边的木板上有一个卡槽，可以卡在车轴上（见图11-22）。

图11-21　木板没有掉下来

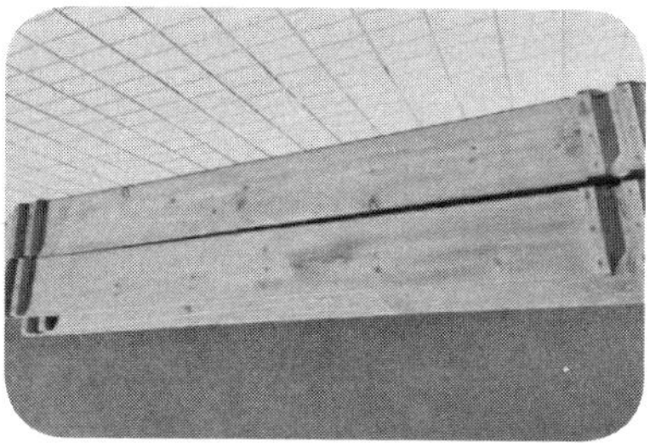
图11-22　发现卡槽

教师的关键提问引导儿童聚焦问题的关键，找到问题的原因。

于是，他们在户外操场上找到了带卡槽的木板，将其卡在车轴上。这次，车能够平稳地滑行了。儿童高兴地跳了起来，四轮车就这样诞生了。

三、怎么让车转弯

就在大家玩得不亦乐乎的时候，坐在车头的帅妹紧张地叫了起来，原来是车撞到了花盆（见图11-23）。

图11-23　车撞到了花盆

帅妹对推车的琪琪说："花盆都撞烂了，你怎么不知道转弯？"琪琪说："我也想转弯，可是转不了啊。"这个时候儿童发现这辆四轮车只能直行，不能转弯。

（一）用绳子拉

怎样才能让车转弯呢？儿童用不同的材料拉车转弯，他们发现细绳易断（见图11-24），粗绳拉车累也不能转弯（见图11-25），最后选择用带卡槽的木板拉（见图11-26），省力。

图11-24　细绳易断

图11-25　粗绳拉车累也不能转弯

图11-26　带卡槽的木板拉车省力

虽未解决转弯问题，但拉车工具从细到粗，从软到硬的过程，是儿童不断调整方法，修正观点的过程。

（二）用会转弯的轮胎拉

在下午的户外活动时间，小予看到小班教师用轮胎拖着小朋友任意地转动。他全身趴在地上，脸贴着地面仔细地观察，然后站起来对琪琪说：“这个轮胎下面有小轮子，可以随便转，我们把这个轮胎套在车上就肯定能转弯了。”（见图11-27）

图11-27　小予在仔细观察任意转动的轮胎

儿童将轮胎和四轮车组合在一起，变成了八轮车。经过尝试后，发现轮胎可以左右转弯，可四轮车依旧只能前行。（见图11-28）果果说：“是不是我们拉轮胎的力气太小了，速度太慢了，我骑三轮车的速度就很快。”

图11-28　轮胎和四轮车组合

于是他们再次尝试，将三轮车、轮胎和四轮车组合在一起变成了11轮车，11轮车的速度确实比人拉车更快了（见图11-29）。

图11-29　三轮车、轮胎和四轮车组合

虽然转弯的问题依旧没有得到解决，但在整个过程中，教师基本没有干预或给儿童出主意，而是支持儿童的所有尝试，他们在开放的户外环境中，积极主动地观察、合作、探索，协调利用各种资源解决问题。

（三）要有方向盘

为了支持儿童对车的探索，教师找到了《麦克造汽车的故事》，儿童在图画书中发现了汽车组装的方法，决定用书里的方法试一试（见图11-30）。

图11-30　在图画书中发现了汽车组装的方法

果果说："车前面需要一个可以转弯的方向盘。"小予说："三轮车就有方向盘，也能转弯，我们可以把四轮车的前面直接放在三轮车上。"五轮车诞生了，一起来看看吧！

可五轮车转弯时连前面的三轮车也不能动了。

帅妹说："你看，木板太宽了，把轮胎卡住了。"（见图11–31）

图11–31　木板卡住了轮胎

屡次尝试都失败了，儿童有点泄气，趴在三轮车旁嘀咕着："为什么三轮车就能转弯呢？"

（四）用可转弯的方向盘来带动

这时，教师将车轴悄悄地推到了三轮车的后轮处（见图11–32）。几分钟过去了，小予说："我知道了，三轮车的后轮和我们的车轴是一样的不能转动，前面只要有一个能转向的方向盘就可以转弯了。"

图11-32　教师将车轴推到三轮车后轮处

帅妹说："我们之前的轮胎就可以当方向盘。"

儿童发现了可以转弯的秘诀原来是：1个可以转弯的轮子+1个不能转弯的轮子。他们去掉了四轮车前面的车轴，将木板直接放在可以转弯的轮胎上，又将轮胎的绳子挂在了三轮车上，可转弯的九轮车就这样诞生了（见图11-34）。

图11-33　用车轴当方向盘

图11-34　可转弯的九轮车

四、反思与收获

（一）儿童的思维跃升：五步法的运用

在连续半月的游戏中，儿童主动思考和解决问题，将"杜威的五步学习法”体现得淋漓尽致。从最初的好奇，探索车轴的玩法，到深入分析问题，解决木板固定难题，再到如何实现车辆转弯。在每一轮探索中，儿童通过亲身体验、细致观察、提出假设、验证假设，并最终达成目的、得出结论。他们的思维从依赖已有经验发展到运用分析比较，再到整合思维，实现了经验的螺旋式上升。

这个过程让我们看到了儿童思维发展最生动的样态和最必要的条件：真实的问题情境、内在的动机、充足的时间和信任。同时也让我们由衷地为儿童展现出来的探索热情和探索能力赞叹。

（二）教师的智慧引导：退与进的艺术

回顾整个故事，儿童从初探材料到尝试做车，再到深入探究车辆转弯的秘密，教师大部分时间都退在儿童身后，把主动权交给儿童，儿童在前，教师在后，观察、倾听、看见儿童。

游戏也经历了几个差点要断掉的风险点，这时教师前进一步给儿童提供支架，投放相关联的新材料，提出关键提问等。这种适时的退与进，是支持儿童持续探索和学习的关键。

2. 案例赏析

这是一个由教师撰写的自己所带班级的线状游戏案例，反映了由一个新增的轮胎材料所引发的儿童的系列探索以及过程中教师的支持。既写出了活动如何步步推进，儿童在过程中如何发现问题、解决问题，也对教师的角色进行了深入解析。

第一，与前一个案例不同，该案例用两个大的板块分别介绍了儿童的游戏过程和教师的反思与收获。第一个大的板块又分成三个小的部分来介绍游戏主题的产生、推进和高潮。尤其在“让轮胎转弯”这个游戏的高潮部分，教师进一步将儿童的探索按照策略梳理成了四个环节，这样的组织方式让游戏的过程显得环环相扣又要点突出。

第二，在介绍游戏过程中，教师也加入了非常简要且精准的分析和支持策略。比如，当车轴刚刚投放到班级引发了儿童的各种游戏方式时，她写道："当班级有新材料时，要给足时间让儿童自主探索。"而当儿童搭四轮车时，教师通过提问引导儿童发现卡槽能让木板固定在车轴上，她写道："教师的关键提问引导儿童聚焦问题关键，找到问题原因。"这种简要的分析让案例的过程陈述超越了一般意义上的讲故事，有了突出的教育意味。

第三，在该游戏案例中，反思与收获虽然简短，但是专业性很强。一方面教师从儿童的探索入手，联系杜威的相关理论对其进行分析，有一点透过现象看本质的意味。另一方面，教师用"进"和"退"准确地归纳了儿童游戏过程中教师所扮演的角色，也分享了她的发现：好的教师既要会在儿童需要时出手相助，也要会在儿童尝试时退后等待。

附录

嘉阳的17次挑战*

四川省成都市第十六幼儿园　付国庆　张玲

编者按

第一次在成都市第十六幼儿园完整听到年轻的张玲老师激动地讲述嘉阳的故事，听到余琳园长那么兴致勃勃地聊起儿童故事背后的教师的故事，我很是感动。

感动于张玲老师牺牲不少个人休息时间，晚班时提前来园，早班时推迟下班，才能完成连续25天的观察，并拍摄相关视频，而她仅仅还是一位工作才两年多的职初期教师。感动于张玲老师班上的其他教师，乐于分担更多的班级工作，一起倾听、解读、支持、拓展儿童的游戏，才会最终成就嘉阳的17次挑战。感动于付国庆老师那么细致地梳理、记录整个观察过程，并剪辑制作观察视频。还感动于成都市十六幼的管理者们，如此欣赏、支持和鼓励一线教师在游戏中观察记录。正是有了读懂儿童、尊重儿童、发展儿童的良好园所文化氛围，才能有那么多美好精彩的游戏故事案例层出不穷。

---

* 注：该案例发表于《学前教育》杂志2017年第4期，引文信息如下：付国庆，张玲.嘉阳的17次挑战[J].学前教育，2017（4）：21-26.

更让我们兴奋的是，故事没有止于幼儿园墙内。在中国学前教育研究会第5次会员代表大会现场，经四川师范大学鄢超云教授牵线，华东师范大学郭力平教授、西南大学苏贵民教授和美国孟菲斯大学薛烨教授，齐聚讨论嘉阳引发的这一系列游戏。透过不同专家的不同视角，我们期望更多的一线教师、园长和学前教育研究者，能围绕幼儿园的游戏现场、观察记录，倾听彼此，分享多元的主张，距离儿童发展的真相再近一些。

相信流淌在文字间对儿童、对游戏的理解和尊重，相信集众人之善良、智慧和爱的对话，会感动更多在为儿童幸福而奋斗的人们。

男孩嘉阳5岁半，在幼儿园上大班，非常喜欢玩有挑战的游戏，只要想做，就算到了饭点，也会不吃饭先探究一阵，对教师的提醒和建议很难采纳。如果教师提醒的次数多了，他还会发脾气。在认知方面，他特别享受学习新事物、探索新发现的过程，很有自己的想法。但是，在人际交往和社会适应方面，他又有些固执，不太喜欢同伴加入他的游戏，也不太能够接受同伴的不同意见，经常会与他人发生争执。班里的孩子，尤其是女孩，一向觉得他太凶，不喜欢跟他玩，因此，在班级里经常会看到嘉阳独自一人游戏的情景。

第1次：一个倒全部倒

10月20日上午，晨间游戏时，嘉阳、毛毛在用小积木叠高。我在旁边观察了一会儿，想用新玩法来挑战孩子们，就开始把小积木一块一块地立在桌子上，示范着多米诺骨牌的玩法。

还没等我推倒积木，毛毛指着我摆放的一排积木说："小张姐姐，我会玩这个游戏，这个游戏叫多米诺骨牌，我在家玩过。"说完，毛毛便用小积木玩起了多米诺骨牌的游戏。

嘉阳也跟着摆起来。两人合作先摆了一个圆形，然后摆了一个正方形，可惜都失败了，没有一个全部倒下。于是，他们又找来区域里的麻将，分别用不一样的方法排列起来。（见图1）

嘉阳又找到子弹头材料，分别尝试了四头的子弹材料和两头的子弹材料，发现两头的更容易倒。他说："因为两头的更轻！"（见图2）

图1

图2

解读

如果说之前嘉阳只是对搭建多米诺骨牌的游戏好奇，那么现在他已经迷上了这个可以带给他无限可能与挑战的游戏。他已经开始有目的地探索"什么材料可以一个倒全部倒"，在操作各种材料的探索过程中，建构着"轻的还是重的材料才适宜"的游戏经验。

第2次：搭建更长的多米诺骨牌

10月21日上午，晨间游戏时，嘉阳又拿起了两头的子弹材料，玩起多米诺骨牌游戏。子弹的数量在不断增加，4个、6个、10个、16个。最终，他成功挑战了16个子弹。（见图3）

图3

解读

今天，嘉阳又有了新的游戏目标——搭建更长的多米诺骨牌，显然他的兴趣从探究“什么材料可以一个倒全部倒”发展到挑战材料的数量。

第3次：一个变成仨

10月22日，嘉阳依然用子弹头材料继续他的游戏。他说：“小张姐姐，我想从教室这头摆到教室那头。”（见图4）

图4

解读

我激动地看到，勇于进取、执着追求的嘉阳为自己设定了更大的挑战。

这时，毛毛和小杜跑来，想跟嘉阳一起摆。可是，嘉阳怎么都不同意他们加入，说他们摆的会倒。毛毛再三请求，并提出了好的建议，一人摆一头。（见图5、图6）嘉阳最终勉强同意毛毛可以和他一起摆。但是，他还是不同意小杜加入，只是让小杜负责守护材料，不要让其他小朋友碰倒。最后，因为两人摆得不在一条线上，所以最终没有连接起来。

图5

图6

第4次：挑战新材料——竹片

10月23日，吃完早饭，嘉阳从手工区找来一筐从废旧凉席上拆下来的竹片，在桌子上摆弄起来。

竹片很难立住，一开始立上两个都难，可是嘉阳并没有放弃。他也在一次次的失败中不断总结经验，发现了底部宽且平的竹片才好立。

后来，他每次摆放前都会先在筐里精心挑选。最后，他成功摆了16个！

解读

竹片倒了无数次，嘉阳挑战了一次又一次，他的坚持与耐心简直让我惊叹！

后来，嘉阳发现地板的缝是一条直线，提议根据这条线来摆（见图7）。三个孩子真的从教室的这头摆到了那头（见图8）。这也引来许多孩子围观。可惜，最后还是失败了，他们仨聚在一起，认真讨论失败的原因。（见图9）

图7

图8

图9

毛毛说:“是不是因为太近了，刚刚全部都重（叠）在一起了?”

小杜说:“对啊，刚刚完全倒不下去。”

嘉阳接着说:“对，这个距离不能太远，远了靠不上；也不能太近，近了会重起来，只能刚合适。”

解读

以往，嘉阳很不喜欢同伴参与他的游戏，即使参与也要讲条件、提要求。游戏中，若因为同伴导致游戏失败，他会发很大的火。今天，他竟能心平气和地与同伴讨论，这让我很欣喜。合作游戏和分享经验的新机会引发嘉阳开始关注材料之间的距离问题。

第5次：会拐弯的竹片

10月26日，晨间游戏，嘉阳依然选择用竹片来玩多米诺骨牌游戏。今天，他不再沿直线摆，而是摆出了弧度，而且在拐角的地方会把材料靠得更近。

我问:“为什么这里的距离要小一些呢?”

嘉阳说:“离得远就靠不上了，这里是要拐弯的！而且拐弯的地方要摆成弧形才行!”

最后，嘉阳成功立起来28个竹片，并且结果和他提前说的一样——一个倒全部倒。（见图10）

图10

解读

对于喜欢挑战的嘉阳来说，有难度的材料似乎更能激发他的斗志。

第6次：又一种新材料——数字木块

10月27日，嘉阳用数字木块玩起多米诺骨牌的游戏。对他而言，这个材料很轻松就能立起来。（见图11）他说，要用一整筐材料铺满整张桌子。经过无数次失败和不断重来，他最终成功了，实现了目标，兴奋地跳了起来！（见图12）

图11

图12

第7次：现在玩得太简单了

10月29日，我给嘉阳、毛毛和小杜分享了高手玩多米诺骨牌的视频。他们拿着手机看视频，不断发出“哇”的惊呼声。“好厉害！多米诺骨牌可以修建一座城市，”嘉阳说，“我们也要做这样的，现在玩得太简单了。”

解读

当孩子们对多米诺骨牌有了一定的游戏经验时，我想需要给他们一些新的刺激，去激发他们的灵感，将他们的游戏引向更高水平！这就是支架吧。

第8次：嘉阳当起了小老师

10月31日，因为嘉阳，班上许多孩子也玩起了多米诺骨牌的游戏（见图13）。尤其是小杜，她很崇拜嘉阳。每次见到我，她都会告诉我，嘉阳是班上玩多米诺骨牌最厉害的。因为嘉阳，她对玩这个游戏也非常着迷。

今天，嘉阳说桌子太小了，摆不下。于是，教师为他们在区域里腾出了一片空地，请他们从桌面转移到地面。没想到，嘉阳当起了小老师，教小杜用彩色木块摆圆圈，并且成功了！（见图14）

图13

图14

解读

平时，嘉阳很少跟女孩一起玩。估计是小杜对他的崇拜与表扬以及愿意听他的指导，让他觉得很有成就感吧。

第9次：木块的新组合

11月2日，嘉阳又有了新玩法。每两个木块上面再平放一个木块。（见图15、图16）他说："想试一试，这样可不可以倒。"搭好后，他一推，木块都哗哗地倒下了。

图15

图16

解读

嘉阳的探究已经从单个体向组合体升级，估计是受到多米诺骨牌视频的启发吧！

第10次：当大家的老师

11月3日，嘉阳说，要和小杜一起用所有的材料做一个大圆。（见图17）但他和伙伴的合作似乎并不顺利，不断有意外发生。直到游戏结束也没有成功，他们显得有些失落。（见图18）

图17

图18

解读

听到孩子们的合作目标，我很欣喜。游戏中的嘉阳变得越来越能接纳别人，能够与他人愉快地交往、合作。

为了进一步激发孩子们的探索欲望，班上的教师们利用中午孩子们的休息时间，齐心协力，用班上所有的多米诺游戏材料，在教室的中心摆了更为复杂的图形。（见图19、图20）

图19

图20

解读

视频虽极大地激发了孩子们的探究兴趣，但孩子们只能通过屏幕间接感知，而且视频中的搭建过程过于复杂。身边的教师现场来摆，可以让孩子们直观感知更为复杂的图形是可以实现的，更能给予他们力量与信心！

孩子们起床后，看见教师摆的巨大的多米诺骨牌一个个倒下，“哇、哇”的惊呼声不断。孩子们都迫不及待地加入了玩多米诺骨牌的游戏，兴趣空前高涨！（见图21）下午的餐前活动环节，孩子们纷纷提出想玩多米诺骨牌，但尝试后发现并不像想象中那么简单。于是，我请嘉阳给大家做了示范，（见图22）嘉阳的精彩表现赢得了孩子们的阵阵掌声。

图21

图22

第11次：去教室外面玩

11月4日，受到昨天教师游戏的激发，更多的孩子参与到玩多米诺骨牌的游戏中。由于参与的人数过多，教室的空间已不够。于是，我将班级门口的升旗平台利用起来，建议孩子们将游戏从室内搬到室外！（见图23）

图23

解读

游戏从室内转移到室外，更多孩子可以参与。对于嘉阳来说，这也可能带给他更多的同伴交往和合作的机会。

第12次：挑战大圆

11月5日，嘉阳还在继续挑战他的大圆。嘉阳说需要大家的帮助，他一个人不能完成。于是，我跟他一起召集大家加入挑战大圆的游戏，并很快得到了孩子们的响应。

说干就干，孩子们每人找到一块空地开始摆起来。过程中的失败已是家常便饭。虽然直到游戏结束大圆还是没有摆成功，但是孩子们面对失败也淡定了许多，失败了大不了再重来。（见图24、图25、图26）

图24

图25

图26

解读

在游戏过程中，孩子们融洽地合作着，尤其是在经历失败后能够相互包容、理解，继续合作。这些让我愈发相信，结果并不那么重要。

第13次：再次挑战大圆

11月6日，不甘心的孩子们决定再次挑战大圆。和昨天一样，分工合作，一人负责一段。今天，孩子们搭得更专注、更小心了，真是功夫不负有心人，最后终于成功啦！

第14次：挑战三角形

11月10日，挑战大圆成功后，嘉阳又开始探索新的形状了，开始摆三角形！嘉阳也许是受了我给他看的视频的启发，非常关注每一排三角形的个数与排之间的距离。（见图27）

图27

看着他摆的三角形，我问："你的三角形摆放得真不错，有什么秘诀吗？"

嘉阳说："有啊，就是第一排1个，第二排2个，第三排3个。"

我又问："那第10排呢？"

嘉阳说："当然是10个喽。"

解读

嘉阳知道三角形的多米诺要成功推倒，必须一排比一排多。

第15次：小杜，我明天陪你

11月11日，嘉阳依然选择用蓝色木块做三角形。当他的三角形排到第13排时，我看见他在用眼睛很仔细地看着什么。（见图28）

图28

我好奇地问："你在看什么呀？"

嘉阳笑笑说："我在看这块木板对准前面的缝隙没有。"

我又问："为什么要看呢？"

嘉阳说："如果木板的中间没有对准前面的缝隙就打不倒。"说完又补充道："摆放的时候，后面一块积木要放在前面两块积木的缝隙中间。"

我故作惊奇地说："哦，原来是这样。"

解读

嘉阳不仅探究出摆三角形时每一排个数的要求，还探究出可以倒的积木的位置，我对嘉阳越来越刮目相看了。

游戏时，嘉阳还把自己的方法教给了小杜。可嘉阳成功了，小杜却没有成功，很难过。没想到嘉阳说："没事，小杜，我明天陪你继续摆放三角形，好不好？"

解读

嘉阳现在越来越懂得关心朋友了。

第16次：没事了，重来吧

11月12日，嘉阳果然说话算话，陪着小杜继续挑战三角形。（见图29）当两人都摆好时，他还设计了一条路线将两个人的连接起来。而且，嘉阳很清楚路线的起点和终点都要是两个人的第一块木块。

图29

可眼看就要成功了，小杜不小心晃了下桌子，瞬间木块全部倒下！

看到这一幕，两人都傻眼了。这时，嘉阳一遍又一遍地大声叫着小杜的名字，连一旁的我都感觉他很崩溃。为了让自己冷静下来，他跑到一边去。我看到他的眼睛湿润了。

解读

平时，嘉阳很少哭，这是我第一次见他这样。我非常能体会嘉阳的感受，因为没有谁会比嘉阳更清楚摆多米诺骨牌过程中的艰辛。

小杜走过去对嘉阳说："都怪我，都怪我，对不起！"

嘉阳努力平复自己的情绪，故作镇定地说："算了，没事了，重来吧！下次你注意点！"（见图30）

图30

解读

嘉阳的反应太让我感动了，没想到他会这么快平复自己的情绪，而且原谅了小杜的不小心，如果是以前，嘉阳肯定会发很大的火！我突然觉得嘉阳长大了，像个小男子汉！

虽然游戏时间到了，三角形还是没有修复好。但我相信今天发生的这一切会深刻地影响着他们。

嘉阳在学习对他人要有同理心，学习包容、理解他人。而小杜也在今天的活动中感受到什么叫责任——团队合作时，每个人都肩负起责任是很重要的，一个人的过错可能会影响整个团队。

第17次：一个人玩有点失落

11月13日早上，小杜说："我不想玩了，好累呀！"听到小杜这样说，嘉阳有点失落，没办法，只有一个人独自坐在那里玩。一直到游戏结束，他的状态都大不如以前。（见图31）

图31

解读

嘉阳失落于小杜没有和他一起玩，说明他对多米诺骨牌的兴趣逐渐转移到与同伴一起玩游戏上。

在长期的探究过程中，嘉阳已经感受到与同伴一起游戏的快乐，以及同伴带给他的学习力量。有了同伴，探究过程就有了情感，探究也变得更加丰富、有趣，孩子获得的不仅是发现新知后的成就感，还有得到同伴的认可与欣赏后内心的满足感。

因此，当没有同伴的陪伴、交流和分享时，嘉阳感到探究游戏也没那么有意思了。有了这段时间的体验，嘉阳以后可能会更喜欢和同伴一起玩吧。

这样看，失落里也包含着下一步学习的可能性。

反思

从这持续25天的观察、连续17篇的记录中，我们看到了多米诺骨牌带给嘉阳和其他儿童的各种游戏可能，也看到了嘉阳的17次精彩挑战。他不断为自己设立更高的目标，挑战自我，在与环境的互动中认识事物之间的关系。

我们也在解读嘉阳的各种学习可能性。比如，在探索过程中，嘉阳在建构自己的理论——材料的轻重、材料的距离、材料的数量、摆放拐角弧度与“倒不倒”之间的关系。再如，他的手部肌肉的控制能力越来越强，他的耐心、毅力、坚持、专注等学习品质在游戏中得到了极大的锻炼。

更重要的是，嘉阳在学习对他人抱有同理心，学习理解、宽容与包容他人，学习控制和调节自己的情绪，学习如何与他人合作相处。在教师眼里，这些对他来说才更有发展价值。

这些都让我们看到了一个勇于挑战自我、善于观察反思的学习者的形象。

嘉阳的故事也让我们感受到，发现、支持儿童的优势发展的过程，带来的不仅是优势越来越强，而且会带动弱势的发展。扬长不必避短，而是可以补短。

同时，游戏是促进儿童全面发展的一个非常好的途径。但是，并非儿童游戏了就一定有发展，儿童在游戏中要想真正获得发展，需要教师的支持、引导，需要教师将游戏一点点引向更深入、更宽广的空间！

案例点评（一）①

支持幼儿学习与发展的“最近发展区”视角

华东师范大学教育学部学前教育系　郭力平　蒋路易

无论是对科学概念的理解还是问题解决能力的提高，幼儿的发展都不是一蹴而就的，而是存在一定序列的“发展阶梯”的。

与此相应，教师的支持理当顺应幼儿的发展规律，在鼓励自主探索的基础上，敏于观察并发现幼儿的最近发展区，提供适宜的教育支持。

案例中，嘉阳探索多米诺骨牌的历程（见图1）充分反映了幼儿问题解决能力发展的渐进性特征。而教师对嘉阳的观察引导也展现了基于最近发展区的适宜性支持。

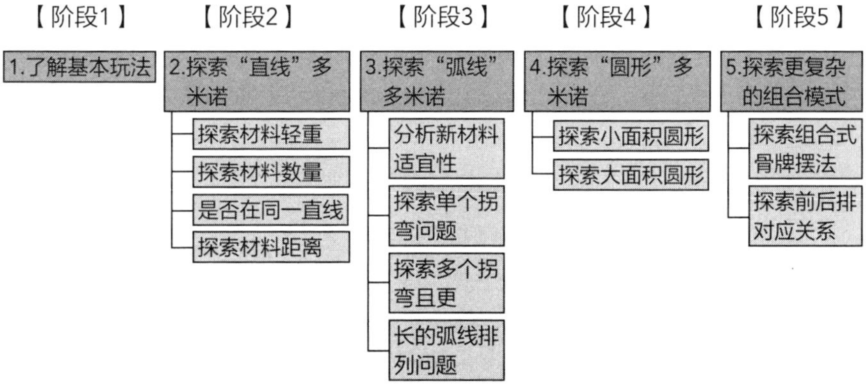

图1　嘉阳探索多米诺骨牌游戏的五阶段

① 郭力平,蒋路易.支持幼儿学习与发展的“最近发展区”视角[J].学前教育，2017（4）：27-28.（有部分文字修改）

从儿童的认知发展角度解析“玩”

我们聚焦17次游戏记录，以嘉阳的最近发展区为线索，重新划分出5个游戏阶段。为具体说明，我们取前三个阶段做重点分析。

阶段1：了解多米诺游戏的基本规则

在第1次游戏中，通过教师示范和同伴介绍，嘉阳知道了多米诺骨牌“一个倒全部倒”的规则，并产生了探索的兴趣。但初探环形多米诺骨牌连遭失败，足见其尚未具备一次性解决拐弯问题的能力。

此时，嘉阳尚缺少解决多米诺相关问题的直接经验和认知准备（解决环形多米诺骨牌一个倒全部倒的问题，需要综合并恰当考虑骨牌与骨牌之间的位置关系、间距等多个因素）。

阶段2：解决单个因素的问题

在第2次、第3次游戏中，教师没有强行教授解决策略，而是耐心等待与观察，为嘉阳充分与自由的探索创设了条件。在这段时间内，嘉阳逐一解决了“重量、数量、线性排列、间距”等单个因素的问题。可见，幼儿有主动探索的意识，但是探索能力的发展是循序渐进的。在探索初期，幼儿能够理解和善于解决单个因素的问题。因此，对于此时的嘉阳而言，解决多米诺骨牌的单一因素问题处于其当前的最近发展区。

阶段3：解决涉及两个因素的问题

在第4—6次游戏中，当嘉阳积累了解决各个单因素问题的充足经验后，他开始主动综合运用这些经验，解决同时涉及两个因素的问题——如综合关于“间距”和“线性排列角度”的经验解决多米诺骨牌的环形拐弯问题。从发展序列来看，解决单因素问题是解决双因素问题的基础，多米诺环形拐弯问题可被视为幼儿解决单一因素问题之后的最近发展区。

以上三个阶段，反映了幼儿认知发展和问题解决的一个基本特点。当一个任务需要幼儿同时综合考虑两个或两个以上因素时，通常这个问题对幼儿来说有相当难度。从幼儿的认知特点来看，需先探索并了解一个因素的特点。当其对一个因素的相关问题有了足够的直接经验之后，幼儿才能结合两个或以上因素，思考并解决问题。

这是幼儿阶段认知发展的一个基本特点，也是我们理解和支持幼儿探索行为的基础。

从最近发展区角度再察“学”

最近发展区理论的阐释视角契合嘉阳的游戏过程，同样可以帮助我们看清嘉阳在游戏中的学习线索。

从最近发展区的角度，我们不难理解“嘉阳刚知晓基本玩法时，无法成功推倒圆形多米诺骨牌”的原因。成功解决圆形多米诺骨牌的拐弯问题，涉及材料、间距、线性排列等多个因素，而当时的嘉阳缺少关于问题情境中各个因素的直接经验，难以同时考虑多个因素来解决相关问题，也就是说，解决这一问题所需要的能力不在嘉阳当时的最近发展区内。

那么，什么样的探索情境才符合他的最近发展区呢?

那就是对某个单一因素的探索和理解。正如案例所示，嘉阳在之后的探索中逐一解决了“重量、数量、线性排列、间距”等几个单一因素问题。从这些单因素问题中所获得的经验为他顺利解决圆形多米诺骨牌问题奠定了基础。

换而言之，解决单因素问题是其最初水平的最近发展区，而在解决这些单因素问题的过程中所获得的能力，又成为下一个最近发展区——综合多个因素来解决问题的基础。

在幼儿科学概念的理解、问题解决能力的发展的过程中，教师应当相信幼儿作为积极探索者的能力，同时也要善于观察，善于站在幼儿的立场上对其发展水平和能力进阶进行适宜的分析，只有这样，教师才能为幼儿的发展提供适宜的台阶（鹰架）。应该说，本案例是最近发展区理论应用于教育实践的一个很好的范例，既体现了了解幼儿学习与发展过程的重要性，也提示着我们以最近发展区为切入口，有效联结幼儿观察与教学支持的重要性。为幼儿提供适宜的教育，教育者应当心存目标，更应强调幼儿学习的过程！

当然，在教育实践当中，对幼儿的自由探索不够尊重；急于求成，只重结果不重过程；忽视幼儿的观察，找不准最近发展区等现象，还很常见。对于教师而言，重视对幼儿最近发展区的观察与了解，以此考察和支持幼儿的学习与发展，使最近发展区理论在提升教育质量的过程中发挥应有作用，绝非易事，亦难一蹴而就。这也恰恰说明研究幼儿、理解幼儿并支持幼儿发展，任重而道远，是新时期幼儿园教师专业能力提升的重要方向。

【专家介绍】郭力平，华东师范大学心理学博士，华东师范大学教育学部教授、博士生导师，美国哥伦比亚大学教育学院富布莱特访问学者，中国学前教育研究会游戏与玩具专业委员会委员。

案例点评（二）①

在日常观察中建构微观的幼儿发展知识

西南大学教育学部　苏贵民

看了付老师和张老师对嘉阳玩多米诺骨牌游戏的观察描述之后，我不禁为嘉阳拥有如此精彩的学习过程而叫好！精彩的学习过程发生了，我们的教师看到、观察到了这一过程，也通过自己的描述，并以“挑战”为关键词，对自己经历过的、看到的过程加以叙述和分析，从而逐步建构起教师自己的儿童发展知识。

连续观察　收集丰富的幼儿发展信息

由于观察者自身和文字描述本身的限制，幼儿的实际学习过程可能比教师呈现给我们的描述更加动人心魄，只是这种精彩永远无法再予以完美地重现了。

但是，在整个过程中，两位教师毕竟可能发现了很多幼儿发展方面的主题：幼儿的学习品质、游戏的社会性水平、同伴交往、幼儿的认知发展、问题解决、创造性表现等。这种幼儿发展的多样和复杂状况也是以现实中幼儿学习行为以及过程的复杂性所决定的。

同时，幼儿园教师也不大可能像研究者那样，围绕事先确定的焦点和行为且只看自己想要看的幼儿行为。虽然幼儿园教师在教育现场更多的是从事非正式的幼儿行为观察，但是一样可以选择一个观察的焦点来收集资料，并对幼儿的学习行为加以理解、分析和解释。

---

① 苏贵民.在日常观察中建构微观的幼儿发展知识[J].学前教育，2017（4）：28-30.（有部分文字修改）

就这一点而言，非正式观察和正式观察在本质上是一样的。

教师以嘉阳为主要的观察对象，对其玩多米诺骨牌游戏的过程进行了长达25天的连续观察记录，抛开观察本身的技术方法和质量不谈，这一行为本身就有着非凡的教育价值。

对教师而言，只有围绕某个幼儿发展的主题对具体的幼儿进行连续的观察记录，才有可能收集到比较丰富和多向度的幼儿发展信息，也才有可能帮助教师比较准确地理解和分析幼儿的行为及其背后隐含的意义。

细致分析　寻找幼儿可能的学习路径

通过两位教师相对客观的叙述，我们大致可以看到嘉阳在玩多米诺骨牌游戏的过程中经历了操作可做骨牌游戏的材料，到探索性游戏，再到赋予活动本身意义（很遗憾，这部分在教师的叙述中没怎么看到）这三个阶段。

嘉阳在认知领域中的具体学习过程（为了焦点突出和叙述方便，对嘉阳社会领域方面的行为不予涉及）可以概述如下。

最开始，教师启发嘉阳和毛毛来尝试用积木玩多米诺骨牌游戏，毛毛玩过，嘉阳没玩过，嘉阳开始效法同伴。

后来，两人开始合作用积木拼摆成圆形和正方形，但是积木并没有全部倒下——开始尝试其他材料，诸如麻将和子弹头材料等，开始意识到材料的重量可能影响骨牌最终能否倒下；进而，嘉阳开始用子弹头材料来做更长的多米诺骨牌——用地板间的类似直线的缝隙来协助自己校准，保证长的多米诺骨牌可以全部倒下。

进而，嘉阳开始用子弹头材料来做更长的多米诺骨牌——用地板间的类似直线的缝隙来协助自己校准，保证长的多米诺骨牌可以全部倒下；接下来，开始意识到两张多米诺骨牌之间的距离可能会对最后的结果产生重要的影响——尝试麻将凉席上的竹片，确定具备某种特征的竹片才可以作为多米诺骨牌；摆出有弧度的造型，注意到拐角处多米诺骨牌要比直线时更近一点才有可能获得成功；接受教师提供的新的刺激和启发后，尝试在两块立着的多米诺骨牌上面平放一块多米诺骨牌；挑战用多米诺骨牌做一个大圆，尝试多次并获得成功。

接着，嘉阳用多米诺骨牌拼摆类似“杨辉三角”的图形（如图1所示），并发现从第二排开始每一排多米诺骨牌与前一排骨牌之间的位置对应关系。

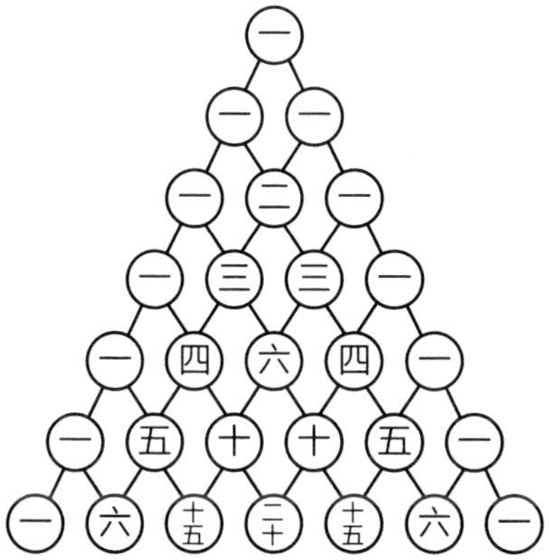

图1

如果将上述过程再简化一下，我们就可以发现嘉阳大致的学习路径如下。

从没有玩过多米诺骨牌游戏开始，先尝试并成功实现沿着直线玩多米诺骨牌游戏，过程中主要探索发现骨牌本身的形状对游戏结果的影响，以及两张骨牌之间的距离对游戏结果的影响——沿着曲线摆，成功实现全部骨牌倒下，并发现拐弯处骨牌摆放的要领——探索尝试非直线和曲线的多米诺骨牌造型。

就嘉阳的这一学习过程而言，我们可能会得到一个初步的猜测或者结论——大班幼儿玩多米诺骨牌游戏的轨迹可能是这样的。

首先，摆出直线，同时探究骨牌本身和骨牌之间的距离。

其次，摆出曲线，主要探究曲线拐弯处摆放骨牌的要领。

最后，可能运用直线和曲线方面的经验摆出更为复杂的造型。

我们也大胆猜测：幼儿在问题解决的过程中，必须经历一个先考虑某个单一维度上的问题。诸如某两个变量之间的关系，接着再解决另一个维度上的困难或者问题，最后才有可能融合更多的维度和因素来思考和尝试。

同时，我们还有可能进一步相信是教师创造了嘉阳在玩多米诺骨牌游戏中学习与发展的可能性，幼儿的发展并不是一个纯粹的自然展开的过程。

自我建构　完善具体和情境性的幼儿发展知识

这样一个思考和推测的过程，其实就是一个教师立足真实的教育情境和现场的观察来自我建构具有高度实践性、情境性的幼儿发展知识的过程。

由于专业研究者和国家的相关文件提供的幼儿发展知识相对比较粗略和概要，缺乏足够的情境性，比如，幼儿在某个年龄段、在某个发展方面的里程碑等这类知识就是如此，而且现有的零散的幼儿发展知识还不能涵盖幼儿发展的所有方面，这样的幼儿发展知识状况对教师在日常的教学情境中与幼儿互动是没法产生期待中的有效影响的。

教师需要更加具体明确的幼儿在某一发展方面的行为表现阶梯或者轨迹的知识，从而来开发课程和进行教学。这就更加显示出幼儿园教师自己建构具体的、情境性的幼儿发展知识是多么重要！

教师基于观察建构出自己的幼儿发展知识之后，紧随而来的问题就是：这样的知识可靠吗？所有幼儿都是如此学习的吗？

这些问题的核心是教师所建构的幼儿发展知识的效度或者普遍性的问题。

解决这个问题可能有两条路径。

一条路径就是教师查阅特定主题的幼儿发展的研究文献，然后将自己建构的幼儿发展经验与该主题的现有研究成果联系起来，对比分析自己建构的经验是否具备一定的可靠性和合理性，当然，这样的方式只有在相关研究文献存在的前提下才能成立。

另一条路径就是教师围绕幼儿发展的特定主题，自己观察不同年龄段更多幼儿的行为表现，同时放长观察的时间跨度，以此来不断扩充和积累幼儿发展方面的数据资料，基于客观的证据来不断修正和完善自己所建构的幼儿发展知识，提高其普遍性和应用范围。

以上，笔者更多是从认知发展领域的角度，粗略分析嘉阳的学习历程。教师当然还可以从幼儿发展的其他具体领域和具体行为，诸如同伴关系、分享行为、学习品质等入手来深入观察、挖掘和建构自己的幼儿发展知识。

从教师自身发展的角度来看，这种基于现场的自然观察来建构教师自己的幼儿发展知识的思路是真正做到以幼儿发展为中心，凸显和强化幼儿园教师的核心专业能力——观察、理解幼儿能力的可能路径之一，也是将教师观察幼儿这一行为的效用最大化的途径之一。期待更多的幼儿园教师参与到观察、建构和完善幼儿发展的专业知识当中来。因为只有基于更加微观的具体的幼儿发展知识，才能真正有效地促进幼儿的发展！

【专家介绍】苏贵民，西南师范大学博士，现为西南大学教育学部副教授。

案例点评（三）[1]

解读游戏录像　关注师幼成长

美国　孟菲斯大学　薛烨

之前，我曾有机会观看关于5岁半的嘉阳玩多米诺骨牌游戏过程的录像。当时，特别为张老师和付老师运用录像的手段来讲故事的生动方式所打动。其实，故事的主题在现在的文本开头的第一段中就有交代，5岁半的嘉阳很有独立探索精神而且很执着，但他常常与班上的活动和其他幼儿格格不入。一个偶然的机会他接触了多米诺骨牌。在后来的几周里，他迷上了这个游戏，认真观察，反复琢磨，不惧挫折，从对多米诺骨牌毫无了解到自我成长为一名小专家。而更重要的是，教师们注意到嘉阳的社会交往能力和受大家欢迎的程度也随之不断增加。随着玩多米诺骨牌方法的增多，信心、能力的增强，嘉阳开始表现出合作意识，愿意分享，乐于帮助同伴。

可以说，这是一个关于幼儿的个人兴趣推动同伴关系发展的故事，也是一个关于幼儿成长的故事。教师们把录像作为一种观察记录的工具，进而又用录像叙述一个故事，描述自己和嘉阳在幼儿园的日常活动中从一个挑战走向另一个挑战。看起来，似乎用不着费太多笔墨时间，就把前因后果说清楚了。

但是，当教师把录像和画外音整理成文本，从录像中截图作为文本的补充，视觉、听觉的感受变成文字，故事似乎就不那么鲜活了。

① 薛烨．解读游戏录像关注师幼成长[J].学前教育，2017（4）：30-31.（有部分文字修改）

当付老师和张老师努力把对录像中的画外音变成文字，难度显然增大了。现在，再读案例文本，我不由得在对比录像和文本这两种记录方式后，就录像这一记录方式再进行思考。

仔细分析，录像有其复杂性，做起来并不容易。虽然录像可以记录很多在幼儿园发生的活动、学习和发展的故事，可以呈现很多有趣的转折、意想不到的成败、迭起的情节，但无论是记录的过程，还是选择录像片段解读的过程，无论是讲述幼儿的故事，还是讲述教师自己的故事，两位教师都会遇到不少故事之外的挑战。

挑战1　避免叙事的跳跃

挑战之一是叙事中不可避免的跳跃性。借助录像讲故事，是把录像的不同片段连接后叙述出来。这样不可避免地要截取不同片段，造成视觉和声音上的跳跃。

因此，我们需要通过多种方式完善对幼儿发展过程的记录，避免跳跃性。

方式1：画外音。以前看这段录像时，令我印象深刻的是，教师们边放录像边进行说明，很像电影中的画外音，对观众了解画面中的故事有很大的帮助。

而从这个案例的文本中，我们可以发现，文本中的解读部分承担了画外音的功能，而且从辅助性的说明变成了主导性的解读。

方式2：记录细节更丰富的中景或广角镜头。跳跃性也体现在录像对嘉阳和周围人、环境的关系的呈现上。

在录像呈现的几周时间内，嘉阳学习成长的一个主题是他与同伴的关系改善、友谊增长。这和班里的游戏大环境，和幼儿之间的互动，都可能有关系。录像中，要是有嘉阳帮助别的幼儿的细节，故事的主题会更突出。有时，中景或广角镜头可能更有助于教师给观众讲清楚嘉阳同伴交往的故事。

当然，如果没有拍摄下这些，我们还可以通过画外音来说明。不论是录像片段的画外音，还是文本中的解读部分，都让观看者不仅知道幼儿在做什么，还能知道幼儿想了什么，从而深入了解发生在幼儿身上的一系列重要感受、认识、决定和行动，使或许跳跃的录像或文字片段在观众心里连缀成故事。而这种画外音旁白和文本解读既是教师在向观众讲解自己的观点，也是教师自己在分析、解读幼儿游戏时的专业学习过程。

挑战2　避免叙事的主观

挑战之二是叙事中不可避免的主观性。关于嘉阳玩多米诺骨牌的录像、文章是有心的学前教育工作者细致、耐心工作的结果。常常不太容易被人注意到的是，即便录像已经在最大程度上记录下现场所发生的事情，但是录像的记录形式也会给观众带来观看限制。课堂上的录像记录本身是一种带有较强主观选择、时空限制、机遇青睐等特点的活动。

比如，每个镜头或镜头之间的转换，体现了拍摄人对构图、画面选择的意图，其中的主观性成分对观众的理解就会有限制。

再如，课堂录像常会面对多种情况。教师需要拍到有情节、戏剧性变化的内容，但是，也可能发生与想捕捉的精彩细节失之交臂的情况。

而且，当教师镜头捕捉不同参与者（包括幼儿、教师等）的角色和游戏活动的整体情景时，对那些镜头外同时发生的事情，以及所记录事件前后发生的事情，很可能难以兼顾。而后期解释录像中观察到的内容，常要补充录像中看不到的信息。比如，幼儿的经历和最近的发展过程是什么样的？幼儿回家后和别人交流有关玩法了吗？教师自己的思想是怎样变化的？为幼儿提供多米诺骨高手游戏视频的理由还有哪些？这类视频是否有不同选择？选择材料是随机的还是有目的的？使用专家录像时，教师都做了或要做什么去帮助幼儿学习？等。为了不给后期的解读增加困难，教师需要在拍摄之前和之后，去寻找相关信息的线索。

挑战3　避免就事论事的局限

挑战之三是就幼儿发展只讨论幼儿发展。我们要记录的不仅是幼儿的成长变化，而且包括了教师的所思、所为。解读嘉阳的过程给了教师各种机会解读自己在协助嘉阳学习成长时想过、做过、有可能会做或下次想做的事情，从而使这个解读幼儿的过程也成为教师自我反思的过程。因此，嘉阳的案例也是一个帮助教师共同成长的有用素材，而且同事之间的讨论往往也有助于教师解读时发现更多的切入点。

作为录像和案例文本的双重观众，我觉得抓住教师观察幼儿活动的各种疑惑、误解、问题或尝试，做进一步思考，是教师专业成长的重要过程。不论是解读录像的拍摄和制作，还是分析文本的记录和整理，都应着眼于关注对教师和幼儿共同成长的解读。

相比录像，案例文本总体上突出了教师对幼儿的解读，但对教师自己的解读相对少一些。读者借助教师的解读看到不少幼儿发展的信息。但是，在这个过程中，教师的发展是什么？教师的学习过程又是什么样的？也许，这些正是教师可能在不久之后会发表的另一篇文章中要讲的故事。这十分令人期待。

【专家介绍】薛烨，哈佛大学教育学博士，现任美国田纳西州孟菲斯大学咨询、教育心理学与研究系副教授，曾与美国亚利桑那州立大学托宾教授、日本东京女子基督教大学唐泽真弓教授合著《重访三种文化中的幼儿园》。

搭一座平衡城市

成都市第十六幼儿园　张玲

在大二班的建构游戏区域中，孩子们在用积木搭建坦克。在搭坦克轮子的时候，涂涂看到了旁边昨天新投放的空心积木，他灵机一动，决定用两个半圆拼成一个圆，给坦克做轮子。只见涂涂将两个半圆合成一个大圆，大圆的两边放上小半圆帮助稳定，并在圆的上面放上一块积木，这时木板开始摇晃（见图1）。这摇摇晃晃的现象引起了旁边天天、迪迪和堆堆的好奇，他们纷纷围过来，开始挑战在圆弧形积木上搭东西，同时又使其不倒。（见图2）

图1

图2

一、怎么在弧形积木上放稳积木

在接下来的一周时间里，孩子们在建构区展开了探索。迪迪、天天和堆堆用两个半圆形拼成圆形底座，在上面横放了一块长方形积木，又在积木上放了三个纸筒，结果却歪向了一边。（见图3）天天随即想到去掉一个半圆以增加底部的稳定性，还调整了长方形积木与纸筒的距离（见图4）。涂涂通过调整长方体积木的位置（寻找重心）减少了摇晃，并且尝试改变积木的配重，比如在一端增加小块积木，使得整体更趋于平衡（见图5）。堆堆在圆形底座上横架一块木板，通过调整圆柱形积木数量和距离中心的位置，最终实现了稳定（见图6）。

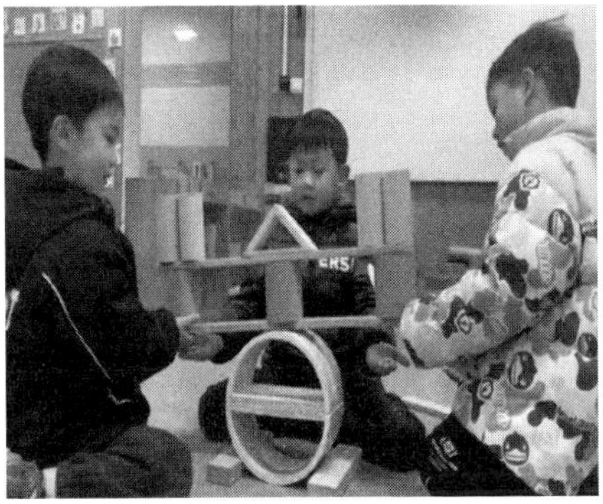

图3

图4

图5

图6

在这一周里，孩子们始终在努力探索如何在弧形积木上放稳积木，保持平衡，但却总是倒塌。于是，教师组织孩子们一起回顾游戏记录，梳理并提炼游戏经验。孩子们自己总结的经验包括以下内容。

第一，自己需要保持安静，调整呼吸，注意底座要比上面重。

第二，放置材料时动作要轻，小心翼翼，放置过重（的东西）会导致不平衡。

第三，要保持对称，材料不能有差异。

第四，底座要宽，往上逐渐变窄。

第五，底座要用最稳固的积木。

第六，要与其他平衡作品保持一定距离。

第七，身体不要过于靠近作品，否则容易倾倒。

第八，选择的积木要一样高，这样重量才会相同。

第九，如果放了一个半圆，难度会增加，要找到半圆的中心点再放置。

第十，留意三角形的高度，因其高度不同重量也不同，需要精心挑选。

第十一，要注意不平衡会导致侧倒，随时关注位置和距离。

第十二，要注意左右平衡，哪边倾斜得低就证明哪边重，要往反方向挪动。

第十三，如果基本保持平衡但稍有倾斜，可以在轻的一边加小积木来调整配重。

第十四，位置和材料尽量对称，距离要保持一致（见图7、图8）。

图7

图8

我的思考

这次搭建的亮点在于，孩子们用的不再是一些常规的做法，即平铺一个很稳定的底座，再往上搭建，而是挑战在不稳定的物体上搭建，寻找平衡点。在游戏过程中，我一直静静地观察和等待，令我欣喜的是，第一，我看到了孩子们不怕困难、敢于尝试、不断试验和调整，努力解决问题的学习品质；第二，我深刻感受到孩子们在游戏中的惊人潜力和学习能力。在和孩子们回顾游戏记录时，孩子们总结了很多有益的经验，这使我深刻地意识到学习是他们作为主体自主建构的过程。

即使孩子们总结了诸多要点，但作品依旧频繁倒塌。鉴于我的能力与经验难以支持孩子们进一步深入探索，加之我们幼儿园孩子的家长主要是铁路、桥梁工程师，而这几个孩子的家长刚好有物理老师和工程师，我决定寻求家长的专业协助。我邀请家长们共同回看了孩子们的游戏视频，了解他们近期的游戏，并邀请家长和孩子们一起尝试搭建平衡高楼。搭建结束后，家长、教师和孩子们一起讨论如何让作品更稳定。家长们凭借专业知识为大家阐释解决问题的方法，堆堆爸爸生动形象地解释了接触面和受力面，迪迪爸爸提出了建构区作品的创新性，涂涂爸爸指出半圆形是光滑的，每放一块积木、每搭一层、每一个细微的动作都会改变平衡的支点（见图9、图10、图11、图12）。

图9

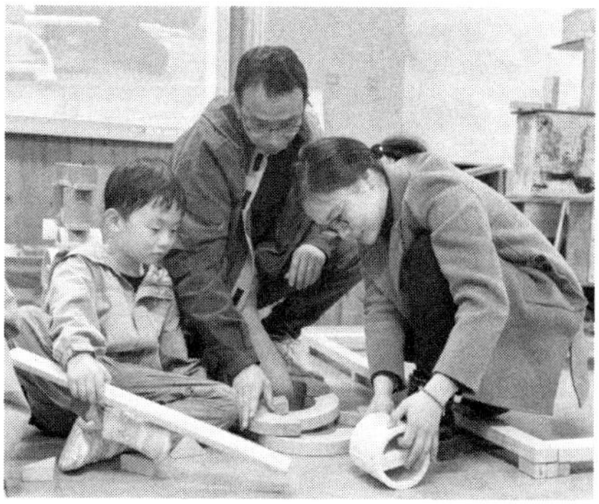

图10

图11

图12

我的思考

通过引入家长的专业知识，为孩子们的探索和学习提供了宝贵的支持。这次活动不仅拓展了孩子们的学习资源，共同营造家园合力的学习氛围，还使家长认识到孩子们在幼儿园所做的事情并非易事，家长高度认可孩子们面临挑战的重要学习价值。

二、搭一座平衡高楼

和家长、教师交流探讨之后，孩子们重新回到游戏现场，确立了新的目标——搭建平衡高楼。为了帮助孩子们搭建更复杂的作品，我丰富了材料的数量和种类。孩子们在追求高楼层高提升的同时，还尝试对材料进行富有创意的运用。然而，因材料的多样化、层数的增多、造型的繁杂，搭建的难度系数大幅提升（见图13、图14、图15、图16）。

图13

图14

图15

图16

由于半圆表面光滑，每一个操作步骤都有可能改变平衡状态，维持平衡变得愈发困难。但孩子们毫不退缩，在反复的试验和调整中，他们又发现了一些新的办法。比如，堆堆说：“每一层都要非常非常稳定，每一层的中心点都可能发生变化，要每一层保持平衡稳定后才能继续往上搭。”（见图17、图18、图19、图20）

图17

图18

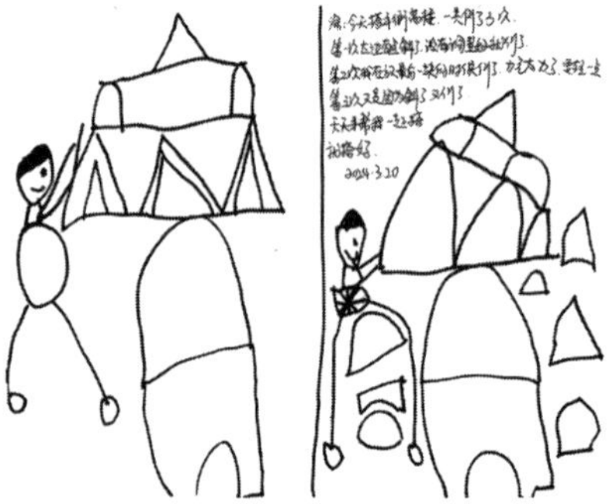

图19

图20

我的思考

我看到孩子们在不断尝试和调整中，逐渐掌握了平衡的概念。他们通过实践发现，底座的形状和重量对整体结构的稳定性至关重要，而上层积木的摆放角度和顺序也会影响平衡。这些发现是他们通过反复试验得到的宝贵经验，这也证明了动手实践对理解抽象概念的重要性。这次活动让我更加坚定了在游戏中融入数学和物理的可能性。孩子们在玩中学、做中学，不仅掌握了一些抽象的概念和原理，更培养了面对挑战的勇气和解决问题的能力。

三、搭一座三维立体的平衡高楼

在成功搭起平衡高楼之后，孩子们就将一栋一栋高楼进行连接，由于每一栋中都有不稳定的因素，因而在连接时对稳定性的要求更高了。涂涂选择了从地面修一条路连接；堆堆选择从两栋楼的中间连接，他拿起一块木板横在两栋楼之间，可刚一松手，积木就倒了。堆堆皱起眉头，咬了咬嘴唇，再次调整积木的角度，额头上都冒出了汗珠。迪迪说："我想连接两座高楼，我发现高楼顶端是半圆形和三角形，我在顶端平放一块积木来连接很难，我就增加了两个三角形，还是不好放稳。我又把三角形分开，把木板放中间，木板就放稳了，连接成功。"几个孩子都把自己搭建的单栋高楼进行连接，忙得不亦乐乎。

在孩子们连接起平衡高楼之后，我问："你们现在修的高楼都只有一面，我们的教室是几个面围起来的？"孩子们立刻意识到高楼应该是多维立体围合的，并在后续的游戏中继续搭建。迪迪全神贯注地盯着自己搭建的平衡高楼，额头上渗出细密的汗珠，忐忑不安地说："这边重了，得往左边挪一点，千万要成功啊。"迪迪抿着嘴唇，微微颤抖的手小心翼翼地调整着前后两面的积木位置，嘴里念念有词。其他孩子也毫不松懈，天天紧握着一块积木，反复比画着角度，迟迟不敢放下。他眉头紧皱，眼睛一眨不眨地盯着眼前的积木，犹豫再三，他终于深吸一口气，缓慢而谨慎地将积木放了下去。涂涂则眯着眼睛，仔细观察着每一层的衔接处，时而歪着头思考，时而用手指轻轻拨动积木，尝试着不同的排列方式。

孩子们在尝试了一段时间之后，也总结了自己的经验。迪迪说："我搭建了四个面，这四个面各不相同，但高度得保持一致，因为只有高度相同才能在顶部实现连接。"（见图21、图22、图23、图24、图25、图26、图27、图28）

图21

图22

图23

图24

图25

图26

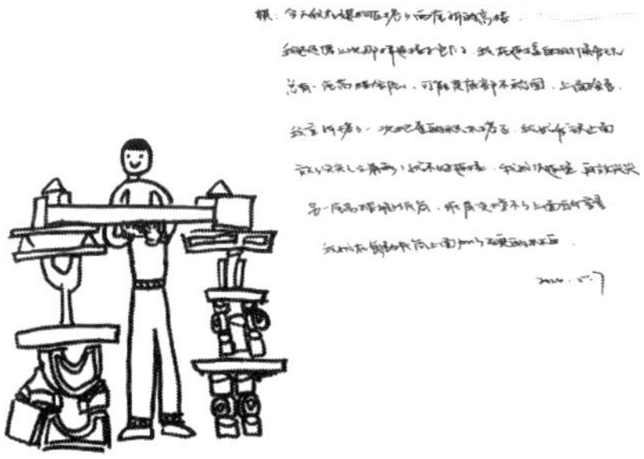

图27

图28

我的思考

首先，孩子们将生活经验巧妙地迁移到游戏中。他们住的楼房是多栋连接的单元楼，因此，他们在游戏中自然而然地尝试搭建三维立体的高楼。迪迪提出的多面建构和保持高度一致的要求，正是他们对日常生活中所见到的建筑结构的一种反映。这种从生活中提取经验并应用到游戏中的能力，显示了孩子们在学习过程中对周围环境的敏锐观察和理解。

其次，孩子们在不断进阶的学习过程中，表现出较强的毅力和专注力。从最初的单面建构，到后来尝试多面连接，每一步的提升都代表了他们对自我目标的不断提高。

四、搭一座平衡城市

孩子们把自己搭的高楼连接起来后，涂涂提议道："我们把修的高楼全部连接起来，就是平衡城市啦！"班级其他孩子听到了平衡城市的想法，也想参加进来。几个女孩也发表了自己的看法，她们对色彩、美观有着更高的要求。

橙子："可以在平衡城市增加一些装饰，或者用我们班级的彩色木块，平衡城市就更色彩斑斓了！”

小果：“可以用彩色小木片修多彩小路把每一栋高楼连接起来，还可以用木片做装饰。”

孩子们开始绘制设计图，设计图绘制成功之后，他们先开始探索在平衡高楼中加入彩色小积木片（见图29、图30）。

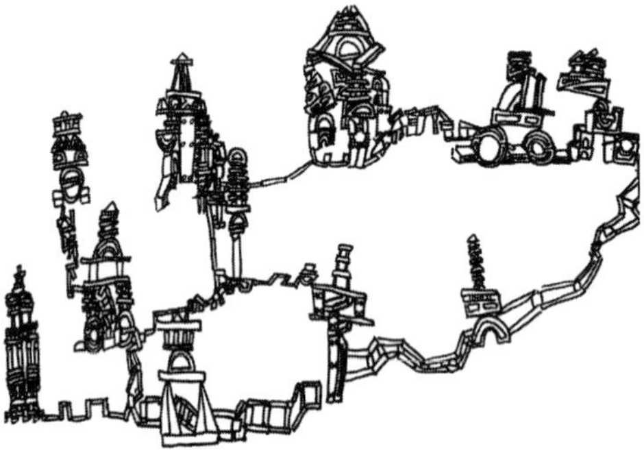

图29

图30

没有想到的是，彩色小木片虽然能提高审美性、艺术感和视觉效果，但是因为它很轻，保持平衡会更难，对更细微地感知平衡、手的力度、动作控制以及专注的要求更高。孩子们一开始尝试时，手忙脚乱，不是放歪了小木片，就是不小心碰倒了已经搭好的部分。可他们没有放弃，互相鼓励着。悦悦轻轻地拿起一片小木片，眼睛紧紧盯着要放的位置，呼吸都变得小心翼翼，慢慢地将小木片放了上去（见图31、图32、图33、图34、图35、图36、图37、图38）。

图31

图32

图33

图34

图35

图36

图37

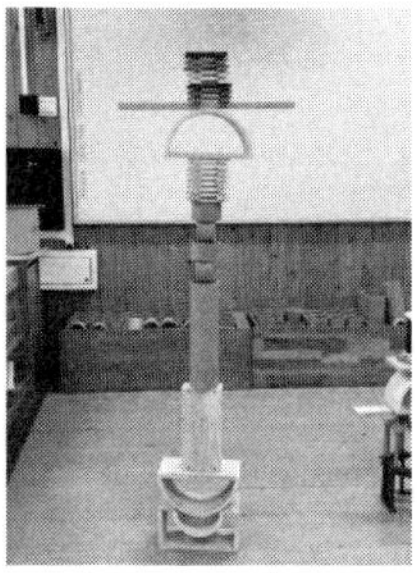
图38

经过多次尝试和调整，孩子们逐渐掌握了技巧。他们不再盲目地尝试，而是开始意识到不同形状和大小的小木片在平衡中的作用是不同的，他们通过观察去判断角度和对称关系的能力更强了。在放置小木片之前，他们会先观察整个结构的重心分布，通过预估小木片可能对平衡产生的影响，选择合适的木片进行搭建。他们发现，放置小木片时，要轻要慢，在出现轻微失衡的情况下，可以通过细微的调整来保持整体的稳定。每成功放上一片小木片，孩子们都会有挑战成功的胜利感和喜悦。

在探索了一段时间的小木片和平衡高楼的融合挑战后，孩子们决定，先修建自己的高楼，最后一起用小木块进行连接。经过两个小时的搭建，孩子们完成了平衡城市的游戏想法。原本散落各处的积木和小木片，组合成了一座充满创意与平衡之美的“城市”（见图39、图40）。

图39

图40

这座平衡城市见证了孩子们从构思到实践，从失败到成功的全过程，每一个瞬间都凝聚着孩子们的努力和成长。教师和孩子们一起庆祝，教室里充满了欢声笑语。教师赞扬着孩子们的努力和创造力，孩子们兴奋地互相拥抱，眼中满是自豪。

随后，教师还邀请了朋友和家长们来参加，将平衡城市进行了为期一周的展览。家长们看到孩子们的作品，惊叹不已。在这一周里，平衡城市成了幼儿园里最引人注目的地方，也让更多的人看到了孩子们在游戏中获得的成长和进步（见图41）。

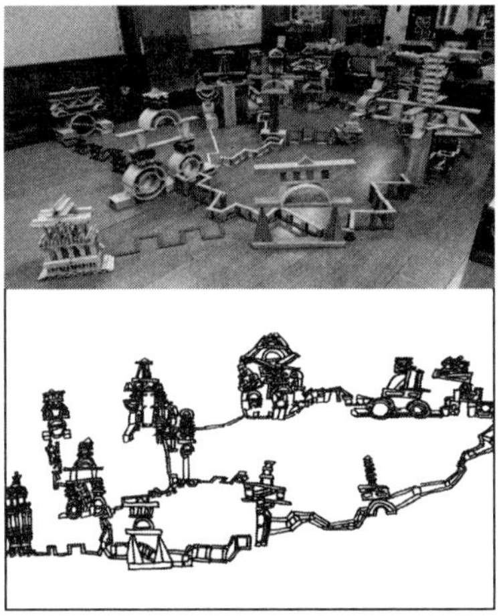

图41

我的思考

从最初的搭建单个高楼，到尝试连接多栋高楼，再到最终构建平衡城市，每一步都体现了孩子们对自我目标的不断提高和追求。在孩子们尝试将彩色小木片融入平衡城市的过程中，我看到他们在美学和艺术上的追求。女孩们提出的装饰和彩色方案，不仅提高了平衡城市的美感，而且增加了游戏的难度，要求孩子们更加精细地控制手部动作和感知平衡。看到孩子们在游戏中获得的成就感和自豪感，我深感欣慰。作为教师，我将继续为孩子们创造更多类似的机会，让他们在游戏中充分发挥自己的潜能，体验学习的乐趣和成长的喜悦。

五、游戏总结

（一）幼儿的建构游戏过程丰富、拓展了已有的建构技能发展理论

目前理论界对幼儿建构游戏技能发展阶段基本达成了共识，认为幼儿建构技能的发展包含以下阶段：非建构活动→平铺→垒高→架空→围合→模式→表征→为游戏而建构，这些阶段为幼儿园教师观察幼儿的建构游戏水平提供了重要指导。但是，同一技能在发展过程中的复杂样态并没有被充分关注和揭示。比如，一般认为，将积木一块一块地往高处搭就是垒高，用一块积木盖在相互之间有一定距离的两块积木之上，从而把它们连接起来就是架空。但在搭建平衡城市的案例中，由于幼儿所使用积木的多样性，我们看到了幼儿垒高、架空等技能的复杂性（见图42）。

图42

第一，在小接触面上的垒高。尽管幼儿知道用细的积木垒高比用粗的积木更有难度，但是，幼儿一旦能让摇摇欲坠的积木保持平衡和稳定，他们就会获得更大的成就感和自我满足。并且，为了加大难度，幼儿还在又细又高的积木上一层一层地垒加积木，正是在这个过程中，幼儿能够更丰富地感知、探索和了解平衡、重心等物理概念。

第二，在不稳定基础上的垒高。幼儿尝试在圆弧形的积木上垒高和架空，但由于圆弧形的积木表面缺乏稳定的平面，放在上面的积木，很可能由于重心不在圆弧形积木的中心位置，很容易受到重力的影响而倒下。而且由于圆弧形积木上的积木本身已经处于不稳定状态，即使是很小的外部干扰（如轻微的震动、风吹或触碰）都可能导致积木失去平衡。这使得幼儿面临更大的挑战，幼儿需要准确地寻找重心，使施加的力均匀分布，并很好地控制自己的动作才能完成。

第三，以中心为支点，两端悬空的架空。与传统上理解的架空不同，在搭建平衡城市的游戏中，幼儿通过以中心为支点，两端悬空的架空结构，试图理解和探索如何在一个支点上保持两端的平衡。这种建构活动帮助幼儿直观地理解重心、平衡和支撑力等基本物理概念。他们通过实际操作，体验这些抽象概念的实际应用。

在这个游戏中，我深刻地体会到，幼儿实际的游戏过程，远比书本中的理论更复杂，作为一名幼儿园教师，我们应该基于理论，同时又基于幼儿的实践，不断地补充、深化理论。

（二）幼儿的建构游戏过程使教师更加理解幼儿在游戏中学习的发生机制

第一，幼儿心中的目标意识是学习发生的动力机制。正是因为幼儿心中有明确的“挑战平衡”、搭建“平衡高楼”和“平衡城市”的目标，幼儿在游戏中才能不怕困难、专注投入，即使不断倒塌、反复失败，也依然坚持，不断尝试。在幼儿的游戏记录中，堆堆连续四天都在叹气，但是他依然选择积木区，并最终实现了自己的游戏目标（见图43）。

图43

第二，幼儿的学习是一个不断猜想—假设—验证—发现因果关系的过程。当幼儿的积木倾倒之后，幼儿会改变积木的位置（调整支点），或给轻的一端加上小积木（配重），幼儿的行为实际上是对自己内心猜测的验证。通过一个即时、可观察、可变结果的出现（变得更稳定或者更不稳定），幼儿建立起了因果连接（即知道怎样做会导致怎样的结果），这些因果关系的建立会帮助他们对出现的问题做出合理的解释。

第三，幼儿经验的稳固建立需要大量的重复和练习。在搭建平衡城市的游戏中，尽管幼儿在初步探索平衡的阶段，就已经能总结出一些保持平衡的经验，但是，尽管幼儿知道这些方法，但这并不意味着他们能很好地实现平衡的目标。在后续的游戏中，尽管难度不断增加，但幼儿关于如何保持平衡的经验在一直重复，幼儿自己乐此不疲，在重复之后，幼儿的经验不断稳固。

（三）幼儿高水平游戏的出现需要教师构建适宜的学习场域

第一，游戏材料内在的数理逻辑与科学性。在这个游戏中，积木是非常重要的材料之一。这一套积木内部蕴含着形状和数量关系等数理知识（比如，两个半圆组成一个圆，两个直角三角形组成一个对称的等边三角形），这为幼儿在组合图形中感知、学习数学提供了帮助。材料本身的科学性、系统性也是幼儿高水平游戏的重要保障。

第二，教师目光的转向影响着幼儿游戏的走向。我对幼儿的行为充满了好奇，并且我相信幼儿的行为一定反映着他们的某种兴趣与需要。我的关注进一步激发了幼儿的游戏兴趣，这一简单行为对幼儿的游戏有非常重要的影响。作为幼儿园教师，我们应该对自己的一言一行保持敏感。

第三，游戏回顾环节能够帮助幼儿梳理经验。在搭建平衡城市的过程中，幼儿在操作中有很多实际的体验和感性认知，每次游戏后，教师让幼儿记录自己的游戏过程，在游戏中做了什么、遇到了什么问题、怎么解决的以及下一步的游戏想法，这为幼儿提供了非常好的反思与解释的机会。在这个过程中，幼儿把自己的感性认知总结为操作性经验。